32.-

DONNA CUNNINGHAM
ASTROLOGIE UND ENERGIEARBEIT

Donna Cunningham

Astrologie und Energiearbeit

Der heilende Umgang mit Saturn und Uranus

Verlag Hier & Jetzt

Deutsche Erstveröffentlichung
Hamburg 1993

Die Originalausgabe erschien 1988 bei
Cassandra Press
P.O. Box 868
San Rafael, CA 94915, U.S.A.

Übersetzung: Renate Vincenz, Norderstedt
Lektorat: Rolf Schanzenbach, Hamburg
Herausgeber: Wolfgang Bartolain, Hamburg
Umschlag: Uli Breyer, Hamburg
Satz: Verlag Hier & Jetzt, Hamburg
Druck: Fuldaer Verlagsanstalt, Fulda

Jürgen Mellmann und Ingrid Münchow aus Hamburg
gaben den Anstoß zur deutschen Übersetzung
dieses Buches – Danke!

ISBN 3-926925-12-4

Inhalt

Einleitung: 9

Kapitel 1 Astrologie und Homöopathie 13

Das Grundkonzept der Homöopathie 13
Gleiches heilt Gleiches 15
Wir können uns selbst heilen 16
Die vier Ebenen und die äußeren Planeten 18
Anfälligkeit und Individualität 19
Der Zodiak: Der Bereich des Lebens 21
Eine homöopathische Betrachtungsweise der Transite 24
Saturn-Transite 24
Uranus-Transite 27
Neptun-Transite 30
Pluto-Transite 33

Kapitel 2 Heilmittel und ihre astrologischen Entsprechungen 36

Farbe als Heilmittel 37
Das System der Chakren und sein Heilungspotential 38
Die Lichtwirbel-Übung zur Reinigung der Chakren 42
Heilende Planetengesänge 44
Planeten-Rosenkränze 45
Bach-Blüten 50
Die Heilkrise 53
Jedem das Seine 55
Der saturnische Mensch 55
Der uranische Mensch 56
Der neptunische Mensch 57
Über den verantwortungsvollen Gebrauch der Heilmittel 58

Kapitel 3 Das Wesen Saturns 61

Das Spektrum Saturns 61
Saturn und Starrheit 63
Etwas über die Zeit 65
Eine Meditation über Saturn und Zeit 65
Alles geschieht zu seiner Zeit 67
Glück, Pech und Planung 68
Die Gefahren des Perfektionismus 69
Blüten-Essenzen für Saturn-Probleme 70
Saturn-Aspekte 71
Saturn/Sonne-Aspekte 71
Saturn/Mond-Aspekte 72
Saturn/Merkur-Aspekte 74
Saturn/Venus-Aspekte 75
Saturn/Mars-Aspekte 77
Saturn/Jupiter-Aspekte 78
Saturn/Uranus-Aspekte 79
Saturn/Neptun-Aspekte 80
Saturn/Pluto-Aspekte 81

Kapitel 4 Saturn und Angst: Neurose oder innere Weisheit? 82

Angst - der Ursprung aller Neurosen 82
Die positive Funktion der Angst 83
Negative Saturn-Eigenschaften und Angst 85
Das Steinbock-Rad und die Überwindung von Angst 89
Saturn-Aspekte und Ängste 96
Die Heilkrise der Angst 102
Fragebogen: Eine Bestandsaufnahme unserer Ängste 104
Visualisierungen und Affirmationen für Saturn-Probleme 107
Versagen als Strategie 108
Farbtherapie für Saturn-Probleme 110
Eine Übung zur Befreiung von Ängsten 111
Angst und der Saturn-Rosenkranz 111
Welche Gebetsschnur bei welcher Angst? 112

Blüten-Essenzen gegen Angst ... 113
Eine Sieben-Tage-Kur gegen Angst ... 114

Kapitel 5 Der Kampf gegen die Trauer: Astrologische Erkenntnisse über die Depression ... 115

Woran man eine schwere Depression erkennt ... 115
Negative Saturn-Eigenschaften und ihre Auswirkungen auf die Depression ... 117
Die Depression als Heilungsprozeß ... 118
Saturn und das «Absturz»-Phänomen ... 120
Fallbeispiele zur Depression ... 124
Saturn-Transite und Depression ... 130
Saturn-Transite (Sonne bis Pluto) ... 131
Saturn-Transite zum AC und zur MC/IC-Achse ... 134
Den Ursprung der Depression erkennen ... 135
Astrologische Hilfen bei der Überwindung von Depressionen ... 137
Blüten-Essenzen gegen Depression und Entmutigung ... 140
Über die Anwendung der Saturn-Gesänge und -Gebetsschnüre ... 141
Saturn-Gebetsschnüre und -Gesänge gegen Depression ... 142

Kapitel 6 Gespräch mit Uranus

Eine eindrucksvolle Begegnung ... 143

Kapitel 7 Der Jugendliche, der ewige Jugendliche und der 40jährige ... 155

Zweck und Ziel der Entwicklungsjahre ... 156
Der ewige Jugendliche ... 165
Wie man mit Würde 40 wird ... 176
Das Leben mit 14 und mit 40 ... 181

Kapitel 8 Uranus-Transite: Wie man Scheidungen und andere Erdbeben übersteht 182

Das Erdbeben als Metapher für Uranus-Transite 183
Die Wirkungsweise eines Uranus-Transits 185
Uranus und Individuation 185
Scheidung und Trennung 187
Je mehr sich verändert 189
Es gibt keinen direkten Weg 191
Wofür das alles? 192
Uranus-Transite (Sonne bis Pluto) 193
Uranus-Transite zum AC und zur MC/IC-Achse 195
Blüten-Essenzen für Uranus 195

Kapitel 9 Uranus und Unfälle 197

Warum Unfälle passieren: Ich brauche eine Pause 197
Das Wassermann-Rad und Unfälle 200
Wann kommt es zu Unfällen? 203
Einige Fallstudien 205
Die Verhütung von Unfällen 216
Blüten-Essenzen zur Unfallverhütung und zur Behandlung von Unfallfolgen 219

Kapitel 10 Heilen durch Astrologie und Energiearbeit 221

Astrologie und Energiearbeit 222
Astrologie und alternative Heilmethoden 224
Astrologie und kollektive Heilung 225

Literaturempfehlungen 228

Einleitung

Wie es für ein Buch, das sich – neben anderem – mit Saturn beschäftigt, angemessen erscheint, war eine Reifezeit von sieben Jahren erforderlich. Es kam zu einem Fehlstart im Sommer 1980, als ich Tonbandaufzeichnungen von Vorträgen transkribierte und einige Notizen ordnete, das Projekt aber wieder fallenließ und an dem Buch *Being a Lunar Type in a Solar World* weiterarbeitete. Ich fuhr fort, Ideen, Zitate und veröffentlichtes Material zu sammeln und in Ablageordner zu stecken. Außerdem verkündete ich in der astrologischen Gemeinschaft weiterhin meine Absicht, über die äußeren Planeten zu schreiben. Weil ich so oft davon gesprochen hatte, glaubte man mir allmählich nicht mehr – aber ich war davon überzeugt. Ich wußte, daß die Zeit für diese Arbeit noch nicht reif war und setzte mich nicht unter Druck. Anfang 1983 unternahm ich einen neuen Versuch und machte einen Entwurf. Diesmal begann ich mit dem Abschnitt über Pluto, welcher dann – wie es seine Art ist – die Führung übernahm und ein Buch über sich selbst schuf: *Erkennen und Heilen von Pluto-Problemen.*

Zu dieser Zeit erfuhr ich in bezug auf die Astrologie eine tiefe Desillusionierung – weil sie nicht weit genug geht. Sie eignet sich ausgezeichnet zum Aufdecken von Problemen, doch sie bietet keine Lösungen. Sie beschreibt die Krankheit, gibt aber kein Rezept an die Hand. Wenn du siehst, daß dieser Mensch einen schwierigen Mars hat (was auf Probleme mit Zorn und Wut hindeutet) – was machst du dann? Schickst du ihn für Jahre in die Therapie? Dafür besteht keine Zeit – weder für unseren Klienten noch für uns als menschliche Rasse in ihrer Gesamtheit. Wir alle müssen uns so schnell wie möglich von Negativität freimachen, um zu überleben und eine bessere Welt zu schaffen.

Um diesen Mangel zu beheben, beschäftigte ich mich mit dem Heilen. Ich verwandelte mich von einer Astrologin, die in ihrem Metier aufging, in eine Heilerin, deren wichtigstes diagnostisches Hilfsmittel die Astrologie ist. Nun liegt der Grund für die Verzögerung beim Schreiben dieses Buches auf der Hand. Ich wollte mich nicht darauf beschränken, Saturn, Uranus und Neptun aus einer anderen Perspektive zu schildern. Diese Planeten wurden bereits von so ausgezeichneten Astrologen wie Doris Hebel, Stephen Arroyo und Liz Greene wunderbar beschrieben. Ich wartete auf die fehlende Komponente, welche das Fachwissen über Heilung bot.

Dieses Buch ist in gewisser Weise der zweite Band einer Reihe. Das letzte Buch dieser Serie, das unter dem Titel *Astrologie und spirituelle Entwicklung* erscheinen wird (ebenfalls im Verlag Hier & Jetzt; voraussichtliches Erscheinungsdatum: 1994) enthält zwei Kapitel, die dein Verständnis für einen Teil des Materials aus diesem Band vergrößern werden: ein Kapitel über das Wesen der Planeten und ein Kapitel über allgemeine Beobachtungen im Hinblick auf Transite. Das Material über das Wesen Neptuns, über Neptun-Transite und Heilmittel für Neptun-Probleme macht – neben speziellem Arbeitsmaterial für Berufsastrologen – den Hauptteil dieses dritten Buches aus. Obwohl diese beiden Bücher die äußeren Planeten behandeln, ist Pluto in keinem von ihnen in aller Ausführlichkeit dargestellt. Er ist bereits in aller Breite (man könnte auch sagen, mit zwanghafter Besessenheit) in *Erkennen und Heilen von Pluto-Problemen* abgehandelt worden.

In allen Bänden werden, neben dem Material zur Heilung, einige aufregende Entdeckungen über die äußeren Planeten präsentiert. Sie enthalten auch die Erkenntnisse und Heilungsmöglichkeiten des homöopathischen Ansatzes bezogen auf die Astrologie. Was ich durch meine Arbeit mit dem Tierkreis herausfand, sind nicht meine Entdeckungen – es ist vielmehr so, daß der Zodiak sich durch mich enthüllte. Dieselben Entdeckungen kann jeder machen, der das Leben durch die Linse der Astrologie betrachtet. So kann ich mit vollkommener uranischer Distanz und Objektivität sagen, daß dieses Buch eine Menge wundervollen Materials enthält. Das ist kein Eigenlob, sondern eine Anmerkung über das Wunder Astrologie.

Ein Astrologe, der in bezug auf den Tierkreis etwas Neues entdeckt, ist nicht fähiger oder besser als zum Beispiel Kolumbus bei der Entdeckung Amerikas. Amerika wartete darauf, von einem Abenteurer entdeckt zu werden – und es war auch schon vor 1492 entdeckt worden. So ist auch alles «Neue» über die uralte Wissenschaft der Astrologie zweifellos früher schon einmal bekannt gewesen. Das Aufregende an der heutigen Astrologie ist jedoch, daß es so viele Menschen wie Kolumbus gibt, die sich auf Entdeckungsreise begeben.

Unglücklicherweise bilden wir uns sehr viel auf unsere Weisheit ein, die eigentlich die Weisheit des Sonnensystems ist. Wir erhaschen von ihr gelegentlich einen schwachen Schimmer, den wir wieder verlieren, sobald wir uns auf einen Punkt konzentrieren und ein System entwickeln. Auch wir Astrologen teilen die menschliche Eigenschaft, recht haben zu wollen (tatsächlich scheint sie bei uns in besonders reichlichem Maße vorhanden zu sein). Recht zu haben ist eine Angelegenheit des Planeten Jupiter – und in der Tat fand die französische Forscherin Françoise Gauquelin in einer ihrer Studien heraus, daß für Astrologen ein stark gestellter Jupiter charakteristisch ist (dasselbe gilt übrigens auch für Nazis). Sobald wir ein System oder eine Theorie haben, ignorieren wir alle Tatsachen, die nicht in das Schema passen. Indem wir diese Theorie um jeden Preis verteidigen, machen wir uns nur allzuoft selbst zum Narren.

Auch wenn du nicht besonders erpicht darauf bist, recht zu haben, hängt doch dein wirtschaftliches Überleben als Astrologe und deine Anerkennung davon ab. Niemand lädt dich ein oder hört dir zu, wenn du nicht davon überzeugt bist, recht zu haben. Deine Klienten erwarten von dir, daß du recht hast – das ist es, wofür du von ihnen bezahlt wirst. Deine Studenten sind besonders versessen darauf, daß du recht hast. Du wirst also schnell lernen, recht zu haben, sogar dann, wenn du nicht im Recht bist.

Je länger ich die Astrologie – und durch Astrologie die Menschen – studiere, desto weniger Dinge weiß ich mit Bestimmtheit. In meinem zweiten oder dritten Jahr als Astrologin wußte ich viel mehr als heute ... und war vermutlich ein großer Narr. Nach fünf Berufsjahren als Astrologin war ich eine Art Gottesgeschenk für die Astrologie und hielt bereits Vorträge bei Konferenzen. Nun, nach 19jähriger Tätigkeit auf diesem Gebiet, bin ich so berühmt, wie man es als seriöser Astrologe oder seriöse Astrologin sein kann, und ich erkenne mehr und mehr, wie wenig ich weiß. Tatsächlich bin ich in letzter Zeit am Rande von Demut und Bescheidenheit. Wohlgemerkt, ich bin noch nicht da, aber ich bin nahe dran. Und ich bin mir dessen voll bewußt, daß meine Haltung des «Nicht-recht-haben-Wollens» nur eine andere Form der Rechthaberei ist. Und das ist eben die Art und Weise, wie es läuft.

Kapitel 1

Astrologie und Homöopathie

Bevor ich die Astrologie zu meinem Beruf machte, war ich zehn Jahre lang Sozialarbeiterin in Krankenhäusern und Kliniken. So lange der traditionellen Medizin ausgesetzt zu sein, war desillusionierend, was mich nach Alternativen suchen ließ. Eine der faszinierendsten war die Homöopathie, die sehr umstritten ist, weil sie so anders als die traditionelle Medizin und nicht so gut erforscht ist. Ob es sich bei ihr nun um eine lebensfähige Alternative zur Schulmedizin handelt oder nicht – meine Meinung ist jedenfalls, daß die ihr zugrundeliegende Philosophie uns viel lehren kann. Es reizte mich, dieses Konzept auf die Astrologie anzuwenden, und ich erkannte, daß es sich gut dazu eignet, insbesondere die psychologische Komplexität der äußeren Planeten und ihrer Transite zu verstehen. Außerdem führt diese Denkweise, wie wir noch sehen werden, zu erfolgversprechenden Heilungsansätzen.

Das Grundkonzept der Homöopathie

Wenn wir das Wort «Homöopathie» aufteilen, erhalten wir «homöo», was soviel wie *ähnlich* oder *gleich* heißt, und «pathie», was *Krankheit* bedeutet. Das ist, in aller Kürze, die Grundtheorie der Homöopathie: Man kuriert eine Krankheit mittels einer Substanz, deren Auswirkungen den Krankheitssymptomen gleichen. Zum Beispiel würde ein homöopathischer Arzt gegen Fieber ein Mittel – wenn auch in starker Verdünnung – geben, das bei einem gesunden Menschen Fieber hervorruft. Dadurch werden die körpereigenen Abwehrkräfte angeregt, was dem Homöopathen wichtig ist, weil er von der Selbstheilungsfähigkeit des Körpers überzeugt ist. Für ihn sind die Symptome nicht Krankheitszeichen, sondern Anzeichen für Genesung, die daraus entstehen, daß der Körper versucht, seine Heilkräfte zu mobilisieren, um die Krankheit zu bekämpfen.

Die traditionelle (oder *allopathische*) Medizin unterdrückt in den meisten Fällen die Symptome. Sie wendet eine Substanz an, deren Auswirkungen gegenteilige Symptome erzeugen. Bringt man die Symptome zum Verschwinden, ohne sich deren zugrundeliegenden Ursache zu widmen, treten früher oder später an irgendeiner anderen Stelle des Körpers neue Probleme auf. An zwei Stellen akzeptiert die allopathische Medizin die Regel, Gleiches mit Gleichem zu heilen: bei der Impfung, bei der eine schwache Konzentration des Krankheitserregers injiziert wird, um die Bildung von Antikörpern anzuregen, und bei der Behandlung von Allergien, bei der wiederholte Injektionen mit der allergieauslösenden Substanz zur Desensibilisierung des Menschen benutzt werden.

Ein anderes Grundkonzept der Homöopathie ist, daß der Mensch aus Geist, Körper und Seele besteht. Wenn alle drei Bereiche in Ordnung sind, ist der Mensch gesund; wenn es in einem zu Störungen kommt, wird die Person krank. Dabei ist der Mensch schon krank, bevor sich Störungen im Körper zeigen, weshalb es oberflächlich ist, lediglich die stofflichen Veränderungen zu behandeln, wie es die allopathischen Ärzte tun. Der homöopathische Arzt glaubt, daß wir gleichzeitig auf vier verschiedenen Ebenen existieren: auf der physischen, der mentalen, der emotionalen und der spirituellen Ebene. Von den Zweigen der traditionellen Medizin kommt die Psychosomatik dieser Ganzheit noch am nächsten. Doch selbst hier wird nur die Interaktion von Emotionen und Körper anerkannt, nicht aber die Rolle des spirituellen Faktors. Viele Formen des alternativen Gesundheitswesens, wie Homöopathie und – mit Einschränkungen – die Chiropraktik, betonen den holistischen Ansatz.

Ein Schlüsselbegriff in der Homöopathie ist die Empfänglichkeit oder Anfälligkeit. Wir sind immer von Viren umgeben, und wir erleiden häufig Verletzungen, doch meistens gehen sie vorbei, ohne uns zu schaden. Wir werden nur dann krank, wenn auf einer der vier Ebenen eine Störung besteht. Während einer Grippe-Epidemie erkranken nicht alle Menschen, sondern nur diejenigen, die dafür empfänglich sind.

Eine verwandte Vorstellung ist die der Individualität. Die Gesamtheit eines Menschen, einschließlich seiner Krankheitsgeschichte und seines Zustands auf allen vier Ebenen, ist völlig individuell, was es erforderlich macht, die Behandlung auf diese Individualität zuzuschneiden. Wenn zwei Menschen erhöhten Blutdruck haben, liegen bei beiden verschiedene Umstände vor, was eine unterschiedliche Behandlung erfordert. Der Homöopath untersucht den Menschen in seiner Gesamtheit und richtet die Bestimmung des Arzneimittels auf diese aus. Die Homöopathie ist viel komplexer als hier dargestellt, aber diese fünf Ideen bilden ihre Basis. Unser nächster Schritt ist es, diese Ideen aufzunehmen und auf die Astrologie anzuwenden.

Gleiches heilt Gleiches

Da das Prinzip *Gleiches heilt Gleiches* die Basis der Homöopathie bildet, sollte es auch die Grundlage für die homöopathische Astrologie sein. Stehen wir also einem Saturn-Problem gegenüber, sollten wir eine Saturn-Arznei wählen. Ich sah einmal ein Plakat, das verkündete, Arbeit sei eine bessere Arznei gegen Kummer und Sorgen als Whisky. Kummer und Sorgen sind Saturn-Merkmale, was auch für harte Arbeit in Verbindung mit einem disziplinierten Vorgehen auf ein bestimmtes Ziel hin gilt. Konkretes Tun, das zu greifbaren Resultaten führt, bringt bei Kummer und Sorgen Erleichterung. Wie das Plakat zu verstehen gibt, ist Trinken keine Lösung, um Sorgen zu entfliehen. Das würde bedeuten, bei einem Saturn-Problem eine Neptun-Medizin anzuwenden – was ein allopathisches Mittel wäre. Das Symptom würde zeitweilig unterdrückt (man wird berauscht und vergißt seine Sorgen), wäre aber im nüchternen Zustand wieder vorhanden.

Wir werden das Konzept *Gleiches heilt Gleiches* anwenden, um Arzneien für psychische Komplexe im Zusammenhang mit den äußeren Planeten zu finden. Es handelt sich dabei um eine der nützlichen Anwendungen homöopathischer Astrologie. Zum Beispiel zeigt das Kapitel über Furcht nicht nur, woher Furcht kommt, sondern auch, wie man sie überwindet. Wenn die Angst vor öffentlichem Sprechen den Erfolg beeinträchtigt – beides saturnbezogene Schwierigkeiten –, ist auch das Heilmittel saturnisch. Mache in diesem Falle einen detaillierten Plan von dem, was du sagen willst, und übe, übe, übe!

Wir können uns selbst heilen

Der Homöopath glaubt an die Fähigkeit des Körpers zur Selbstheilung. Er ist überzeugt davon, daß die Symptome Anzeichen wiederkehrender Gesundheit infolge mobilisierter Abwehrkräfte des Körpers sind. Auf die Astrologie angewendet bedeutet dies, daß Menschen fähig sind, ihre Probleme zu lösen, wenn sie die richtige Stimulierung erhalten. Da wir unsere eigene Realität schaffen, können wir bestimmte Situationen heraufbeschwören, um uns selbst zu heilen. Viele der scheinbar neurotischen Handlungen im Hinblick auf die äußeren Planeten entspringen unserer inneren Weisheit. Steht zum Beispiel im Geburtshoroskop Uranus schwach, haben wir oftmals mit Unsicherheit zu kämpfen. Daß wir dann Menschen oder Situationen wählen, bei denen diese Unsicherheit zum Tragen kommt, mag dem Hobby-Psychologen neurotisch erscheinen. Doch Uranus steht auch für Unabhängigkeit, und indem wir ständig Unsicherheit wählen, können wir es zu immer größerem Selbstbewußtsein und Selbstvertrauen bringen.

Der Gedanke, daß Symptome ein Zeichen wiederkehrender Gesundheit sein können, läßt bestimmte Verhaltensweisen bei Transiten äußerer Planeten in einem anderen Licht erscheinen. Das Symptom ist Teil des Prozesses zur Überwindung des Problems, eine Art Mobilisierung der Abwehr gegenüber einer neuen Anforderung. Diese Abwehr hat etwas vom Wesen des Transit-Planeten an sich. Zum Beispiel zieht sich ein Mensch während eines Pluto-Transits vielleicht von seinen Freunden und Bekannten zurück. Dieses Verhalten kann in dem Fall zu Sorgen Anlaß geben, wenn wir in dem Glauben aufgewachsen sind, daß am Alleinsein etwas Falsches ist. Eine Zeit der Zurückgezogenheit ist aber vielleicht genau das, was dieser Mensch nun braucht – Zeit, um über alles nachzudenken und zu entscheiden, wie eine quälende Lebenssituation verändert werden kann. Schwierigkeiten, die wir uns unter Transiten selbst bereiten, können uns zur intensiven Auseinandersetzung mit dem Problem veranlassen, das wir zu überwinden suchen – zum Beispiel eine Beziehung, die uns großen Schaden oder viele Verletzungen bringt. Auf diese Weise kommt es dazu, daß wir alle unsere Kräfte mobilisieren, um eine Veränderung herbeizuführen.

Transite intensivieren oft die Energie eines Planeten. Es ist, als ob wir eine «doppelte Dosis» von Saturn oder Neptun erhielten. Aufgrund dieser Intensivierung verlieren viele Leute während eines Transits das innere Gleichgewicht. Dies gilt besonders für Uranus. Manche Menschen haben sich selbst so lange unterdrückt, daß sie, wenn sie sich schließlich für die Freiheit entscheiden, über das Ziel hinausschießen. Andererseits können jene, deren Berufslaufbahn stagniert, bei einem Saturn-Transit zwanghaft zu arbeiten beginnen, um die verlorene Zeit aufzuholen. Ähnlich ist es, wenn wir bestimmte Emotionen unterdrückt haben; durch einen Neptun-Transit können wir mit diesen – uns dann vielleicht überdimensional erscheinenden – Gefühlen in Berührung kommen. Doch indem wir lernen, uns die Lage vor Augen zu führen, können wir immer besser mit ihr umgehen. Meine Lieblingstheorie von C. G. Jung hierzu ist das Beispiel des Pendels. Sie besagt, daß, je stärker der Ausschlag zu einer Seite erfolgt, desto weiter die Schwingung in die entgegengesetzte Richtung sein wird, bevor wir schließlich einen Zustand des Gleichgewichts erreichen können. Wir mögen uns zunächst ziellos vor- und zurückbewegen (der Planet läuft im Transit mehrmals über dieselbe Stelle) – zu guter Letzt aber können wir eine Position erreichen, die von größerer Ausgewogenheit und Harmonie gekennzeichnet ist.

Statt die zugrundeliegenden Probleme zu erforschen, neigen wir im Leben wie in der Medizin dazu, Symptome zu unterdrücken. Du kannst einen schwierigen Transit mithilfe des emotionalen Äquivalents eines Schmerzmittels überstehen; du kannst – vielleicht monatelang – trinken, um deinen Sorgen zu entfliehen. Du wirst aber damit dein Problem nicht lösen, sondern es, weil du dich nicht darum gekümmert hast, noch verschlimmern. Durch das Weglaufen vor Schwierigkeiten, welche durch die äußeren Planeten hervorgerufen oder verstärkt werden, versäumst du eine Gelegenheit für Wachstum und Erkenntnis.

Die vier Ebenen und die äußeren Planeten

Eine weitere Regel der Homöopathie besagt, daß alle vier Ebenen der Existenz – die physische, die mentale, die emotionale und die spirituelle – bei der Diagnose und Behandlung berücksichtigt werden müssen. Für den Astrologen ist dies eine Erinnerung daran, auf wie vielen Ebenen wir uns zum Ausdruck bringen. Die Horoskop-Interpretation muß ganzheitlich sein und alle diese Ebenen berücksichtigen, bevor ein bestimmter Aspekt oder Transit bewertet wird.

Bei einem externen Problem (Geld, Gesundheit, Karriere, Beziehungen) kann der metaphysisch und psychologisch geschulte Astrologe vielleicht zurückverfolgen, welche mentalen, emotionalen und spirituellen Schwierigkeiten damit in Beziehung stehen. Er muß sich vor Augen führen, daß hinter einem Problem ein höheres Ziel stehen kann. Eine holistische Betrachtungsweise bedarf der Erkenntnis, daß die Lösung in einem Zustand der Ausgewogenheit liegt. Wenn es sich zum Beispiel um ein Venus-Problem (Beziehungen) handelt, sind doch die Bedürfnisse der anderen Planeten wie die der Sonne (Selbstausdruck), Saturn (Leistung) usw. zu berücksichtigen.

Wenn wir uns ins Gedächtnis rufen, daß Symptome ein Zeichen für wiederkehrende Gesundheit sind, bedeutet das unter

Umständen, daß wir unsere Betrachtungsweise erweitern müssen. Was wie ein körperliches Problem aussieht, kann zum Beispiel eine Methode des Höheren Selbstes sein, eine Balance auf der spirituellen oder emotionalen Ebene herzustellen. Empfindliche Menschen mit dem Steinbock als aufsteigendem Zeichen können zum Beispiel krank werden, wenn Neptun im Transit den Aszendenten erreicht – was aber nur eine der Möglichkeiten dieses Aspektes ist. Die positivere Möglichkeit wäre ein psychisches oder spirituelles Erwachen oder eine Entwicklung der Kreativität.

Die Abgeschiedenheit und das ruhige Nachdenken, die mit einer Krankheit einhergehen, können manchmal der Katalysator sein, der das positive Potential an die Oberfläche bringt. Das Auftreten einer Krankheit könnte sehr wohl die Wiederherstellung des inneren Gleichgewichts zum Ziel haben. Menschen mit einem Steinbock-Aszendenten zum Beispiel streben nach Selbständigkeit; sie verlassen sich ungern auf andere. Im Krankheitsfall sind sie gezwungen, ihre Hemmungen fallen zu lassen und die Hilfe anderer anzunehmen. Krankheit ist oftmals ein Schachzug des Höheren Selbstes, Menschen mit Problemen zu konfrontieren, mit denen sie sich andernfalls nicht auseinandersetzen würden. Menschen mit einem Steinbock-Aszendenten sind denn auch bekannt für ihre zarte Gesundheit, was sich vielleicht aus dem eben beschriebenen Grund ergibt, ein Gleichgewicht herzustellen. Natürlich könnte das Muster des Krankwerdens dadurch ersetzt werden, daß man bewußt die Verantwortung dafür übernimmt, im Inneren einen Zustand der Ausgewogenheit herzustellen.

Anfälligkeit und Individualität

Ein wichtiger Begriff in der Homöopathie ist der der Anfälligkeit. Nur diejenigen, die infolge einer Störung auf einer der vier Ebenen anfällig sind, werden unter einer bestimmten Krankheit zu leiden haben. Auf die Astrologie übertragen erklärt das vielleicht, warum einige Menschen bei bestimmten Transiten Probleme bekommen, während andere positive oder auch gar keine Reaktionen zeigen. Bei einem Saturn-Transit über die Sonne reagiert der eine zum Beispiel mit Depressionen, Angst vor dem Alter und dem Gefühl des Versagens, ein anderer gelangt zu plötzlicher Reife, übernimmt auf einmal Verantwortung und schafft für sein Leben eine stabile Grundlage. Beide Reaktionen sind saturnisch, wobei die zweite den positiven und die erste den negativen Ausdruck verkörpert. Man ist allerdings anfälliger für die negativen als für die positiven Auswirkungen.

Die Frage, warum Anfälligkeit existiert, führt zum Prinzip der Individualität. Die Astrologie hat den Vorteil, daß sie Hinweise auf Anfälligkeiten der Persönlichkeit gibt, die von der Stärke der Planeten im Geburtshoroskop und vom Verlauf der kürzlich erfolgten Transite abhängen. Menschen, deren Neptun im Geburtshoroskop eine starke oder auch eine problematische Stellung einnimmt, versuchen oft, schwierigen Gefühlen auszuweichen. Bei ihnen können während eines Neptun-Transits ungelöste emotionale Probleme an die Oberfläche kommen. Diejenigen, deren Neptun im Geburtshoroskop weniger stark ist, haben es bei Neptun-Transiten vielleicht leichter, weil sie nicht so viel verdrängt haben. Ähnlich ist es mit Menschen, bei denen einige Planeten im Zeichen Krebs stehen. Sie werden von jedem Transit über ihren Mond und allem, was mit dem Transit-Mond geschieht (wenn zum Beispiel ein Vollmond oder vielleicht sogar eine Mondfinsternis auf einen wichtigen Faktoren des Horoskops fällt), emotional in einem sehr starken Ausmaß berührt.

Eine erhöhte Anfälligkeit kann entstehen, wenn jemand gerade verschiedene Transite eines äußeren Planeten hatte – insbesondere dann, wenn diese wesentliche Punkte wie die Sonne, den Mond, das Medium Coeli (MC) oder den Aszendenten berührten. Eine erhöhte Anfälligkeit kann auch daher resultieren, daß mehrere der äußeren Planeten kurz nacheinander einen bestimmten Punkt des Horoskops im Transit überquerten. Geht zum Beispiel erst Neptun und dann Saturn im Transit über die Venus, kann es geschehen, daß sich der Mensch in Beziehungen sehr verletzlich fühlt. Er wird dann gewissermaßen eine Sensibilisierung erfahren. Auf ganz ähnliche

Weise kann es zu einer lebenslangen Sensibilität kommen, wenn man im Kindesalter wiederholt dem Transit-Einfluß eines bestimmten äußeren Planeten ausgesetzt war. Das wäre zum Beispiel dann der Fall, wenn im Alter von vier Jahren eine Neptun/Sonne-Konjunktion bestand, die dann im Alter von fünf Jahren von einem Neptun/Mond-Quadrat abgelöst wurde. Deshalb ist es nützlich, bei der Beurteilung der Anfälligkeit die Vergangenheit eines Menschen zu berücksichtigen.

Der Zodiak: Der Bereich des Lebens

Als logische Erweiterung der homöopathischen Astrologie habe ich während der letzten Jahre eine Technik entwickelt, die dem Zodiak beziehungsweise dem «Bereich des Lebens» gerecht werden soll. Der Name ist vielleicht ein wenig hochtrabend gewählt – allerdings bedeutet das griechische Wort «zodiac» letztendlich *Bereich* oder auch *Zone des Lebens.* «Zodiak» oder auch »Tierkreis» haben also nichts anderes als den Begriff *Lebensbereich* zum Inhalt. Hört sich das nicht großartig an? Der Tierkreis ist allerdings tatsächlich etwas Großartiges, und er ist es, in dem alles Leben enthalten ist.

Das Rad des Zodiaks ist uns eine unerschöpfliche Quelle der Erkenntnis über die menschliche Natur. Die Leser meines Buches *Being a Lunar Type in a Solar World* werden sich an das Rad des aufsteigenden Krebses erinnern, das ich benutzte, um mondbezogene Angelegenheiten zu erklären (zum Beispiel das prämenstruelle Syndrom, die Fettleibigkeit und das Erschöpfungs-Syndrom bei Müttern). Wir werden in diesem Buch andere Zeichen mit derselben Methode untersuchen, um anderen Problemen auf die Spur zu kommen. Du wirst überrascht sein, wieviel Licht das in die Sache bringt. Das Problem trägt immer die Saat für die Lösung in sich – vergleichbar etwa der Stundenastrologie, die auf der Überzeugung basiert, daß der Zeitpunkt der Frage die Antwort beinhaltet.

Für jene, die mit meiner Technik noch nicht vertraut sind, hier eine Erklärung: Zuerst entscheidet man, welcher Planet mit dem Problem am meisten zu tun hat. Dann macht man ein

Horoskop-Diagramm beziehungsweise erstellt ein auf das zugehörige Zeichen basiertes Rad, indem man dieses in das 1. Haus setzt. Um die Zeit der Adoleszenz zu verstehen, die viel mit dem Planeten Uranus zu tun hat, würde man zum Beispiel Wassermann als aufsteigendes Zeichen eintragen. Dann geht man durch den ganzen Tierkreis, indem man die restlichen elf Zeichen der Reihe nach einsetzt. Haben wir Wassermann als aufsteigendes Zeichen, kommen die Fische ins 2. Haus, der Widder ins 3., der Stier ins 4. usw.

Jedes Haus repräsentiert einen bestimmten Lebensbereich, und die Haus/Zeichen-Kombinationen helfen uns, das wahre Wesen des Problems zu verstehen. Zum Beispiel zeigt der Widder im 3. Haus (Kommunikation) des Wassermann-Rades die Neigung der Heranwachsenden, sich auf aggressive Weise zum Ausdruck zu bringen und die Dinge beim Namen zu nennen. Das Zeichen Skorpion fällt ins 10. Haus, welches die Beziehung zu Autoritätspersonen zeigt. Damit wird veranschaulicht, daß Jugendliche dazu neigen, sich der Autorität zu widersetzen, auf Disziplin heftig zu reagieren und sich auf Machtkämpfe einzulassen. Das Wassermann-Rad wird in Kapitel 7 eingehend erläutert. Durch Anwendung anderer Räder kann man bei der Erforschung von psychischen Schwierigkeiten interessante Erkenntnisse gewinnen. Der Leser ist eingeladen, mit dieser Technik zur Erhellung anderer Lebensbereiche zu experimentieren.

Es muß darauf hingewiesen werden, daß die Räder nur symbolisch aufzufassen sind. Wenn wir das Steinbock-Rad zur Erforschung der Depression verwenden, sprechen wir nicht über Menschen mit einem Steinbock-Aszendenten, sondern über das Phänomen der Depression. Menschen mit einem Steinbock-Aszendenten sind oftmals depressiv veranlagt, was bedeuten kann, daß sie Erkenntnisse hierzu als hilfreich empfinden mögen. Aber auch andere Menschen leiden an Depressionen – und das Steinbock-Rad erklärt ganz allgemein den Gemütszustand und die Einstellung depressiver Menschen, unabhängig von dem Zeichen, das im Horoskop aufsteigt.

Meine Studenten haben damit experimentiert, ihre Horoskop-Planeten in die verschiedenen Räder (0 Grad eines Zeichens als jeweilige Häuserspitze) einzuzeichnen, was ihnen gewisse Einsichten vermittelt hat. Ich würde aber empfehlen, daß du zunächst die hier besprochenen Räder studierst, um zunächst einmal die Natur der Probleme zu erkennen. Erst dann solltest du dein eigenes Horoskop untersuchen. Das Tiefgründige liegt eher in der Zeichen/Haus-Kombination als in der Tatsache, daß die eigene Venus oder Sonne in ein bestimmtes Haus fällt.

Das Rad kann erstaunliche Erkenntnisse bringen, und das vielleicht Aufregendste daran ist, daß es nicht nur das Problem, sondern auch dessen Lösung beinhaltet. Dies entspricht der homöopathischen Theorie, nach der Gleiches durch Gleiches geheilt wird. Das Ausleben des negativen Ausdrucks einer Zeichen/Haus-Kombination schafft das Problem, wobei die Lösung darin besteht, auf einem höheren Niveau den positiven Ausdruck zu finden. Auf diese Weise fanden wir in *Being a Lunar Type in a Solar World* Lösungen für Probleme, die mit dem Mond zusammenhängen. Beim Krebs-Rad kommt Skorpion ins 5. Haus, welches nicht nur Kinder, sondern auch Kreativität und Freizeitaktivitäten repräsentiert. Der negative Skorpion-Ausdruck ist Zorn und Unmut, während der positive in der Regenerierung durch Einsamkeit besteht. In der Auseinandersetzung mit prämenstruellen Spannungen zeigt Skorpion im 5. Haus, daß man in diesem Zustand manchmal außerordentlich heftige Gefühle hat, die mit Gewalt zusammenhängen können. Der positive Gebrauch dieser Kombination wäre, in diesem Zeitraum dafür zu sorgen, daß man für eine Weile in Ruhe und Zurückgezogenheit den eigenen Interessen nachgehen kann. In diesem Buch werden wir die Räder wieder mit der homöopathischen Betrachtungsweise verbinden, um auf die Probleme, die wir untersuchen, Antworten zu finden.

Wir haben angefangen zu erforschen, wie diese Prinzipien in der Astrologie auf möglichst erhellende Weise angewendet werden können. Als nächstes werden wir uns über die Transite Gedanken machen, insbesondere im Hinblick darauf, wie die Methode der Homöopathie zu einer produktiveren Anwendung der Energien führen kann. Dieses Buch behandelt die äußeren Planeten, sowohl, was das Geburtshoroskop als auch die Transite angeht. Hierbei ist aber anzumerken, daß es oftmals der Transit ist, der uns dazu motiviert, Probleme zu klären, die mit dem Geburtshoroskop in Beziehung stehen.

Eine homöopathische Betrachtungsweise der Transite

Da es unser Thema ist, Parallelen zwischen der Astrologie und der Medizin zu ziehen, könnte es vergnüglich sein, in der Erforschung der Auswirkungen des Transits eines äußeren Planeten dem ärztlichen Vorbild zu folgen. Für jeden Planeten werden wir also, wie Ärzte das zu tun pflegen, vier Dinge in Betracht ziehen:
1. die Symptome, 2. die Anamnese (Vergangenheit),
3. die Diagnose und 4. die Behandlung.

♄ Saturn-Transite

Symptome auf der physischen Ebene: Wenn Saturn-Transite die Gesundheitshäuser (Haus 1, 6 oder 12) des Horoskops betreffen, können verminderte Widerstandskraft gegenüber Krankheiten die Folge sein, weil Menschen unter diesem Einfluß infolge Überarbeitung und Streß zu Erschöpfung neigen. Die Saturn-Zyklen stehen mit dem Alterungsprozeß in Verbindung, was bedeutet, daß man jetzt die altersbedingten physischen Anzeichen und Gewebeveränderungen wahrnimmt – auch wenn dieser Prozeß bereits seit einiger Zeit im Gange ist. Auf der materiellen Ebene werden Rechnungen fällig, oder andere Verpflichtungen müssen erfüllt werden. Die Menschen müssen schwer arbeiten, mehr Verantwortung übernehmen und die Dinge, die beim ersten Mal nicht richtig erledigt worden sind, in Ordnung bringen.

... auf der mentalen Ebene: Menschen können Angst vor der Zukunft haben und sich selbst Vorwürfe machen, weil sie der Meinung sind, nichts erreicht zu haben oder nicht gut genug zu sein. Sie hegen vielleicht pessimistische Gedanken über ihre

Talente und Möglichkeiten angesichts dessen, was ihnen als Ideal vorschwebt. Unabhängig von ihrem Alter können sie sich im Übermaß Sorgen um den Alterungsprozeß machen und das Verlangen verspüren, sich besser abzusichern.

... auf der emotionalen Ebene: Unter Saturn-Transiten können Menschen infolge perfektionistischer Ansprüche in Depressionen oder auch in Melancholie versinken. Diese Menschen werden oftmals von Sorgen, Ängsten und Unsicherheit überwältigt. Häufig haben sie Angst vor dem Altern, vor Versagen oder vor Armut. Im Hinblick auf die aktuellen Lebensumstände sind oftmals Frustration und Entmutigung zu beobachten. Dabei herrscht durchaus der Wunsch, es zu etwas zu bringen und Anerkennung zu finden.

... auf der spirituellen Ebene: Materielle Wünsche und das Streben nach Erfolg können das Gefühl der spirituellen Verbundenheit mit den Mitmenschen vollständig in den Hintergrund drängen. Auf der anderen Seite wäre es allerdings auch möglich, daß man es frustrierend findet, durch Pflichten auf der materiellen Ebene von der spirituellen Entwicklung abgehalten zu werden. Unsicherheit über Materielles und ein Verlangen nach Perfektion entstammen vielleicht der Unfähigkeit, darauf zu vertrauen, daß Gott für uns sorgt und daß die Seele auch über das gegenwärtige Leben hinaus Bestand haben wird.

Vergangenheit: Saturn hat mit Leistung, Dauerhaftigkeit, Stabilität und Struktur zu tun. Vielleicht solltest du herausfinden, welche Lebensziele sich diese Menschen gesetzt haben und wie weit sie glauben, diese erreicht zu haben. Es ist wichtig zu wissen, in welchem Ausmaß sie sich verwurzelt fühlen und wie gut sie mit festen Strukturen zurechtkommen.

Der Saturn-Zyklus, der 28 beziehungsweise 29 Jahre umfaßt, kommt alle sieben Jahre in ein kritisches Stadium. Frage die Menschen, wie sie sich fühlten oder was sie erlebten, als sie 7, 14, 21 und besonders 28 Jahre alt waren, sowie zu allen weiteren 7-Jahres-Phasen. Sicher möchtest du noch erfahren, wie diese Menschen mit den Forderungen Saturns nach Reife und Verantwortungsbewußtsein zurechtgekommen sind. Zusätzlich solltest du auf Sensibilisierung durch gerade überstandene wichtige Saturn-Transite achten, zum Beispiel darauf, ob Saturn die Sonne, den Mond, den Aszendenten oder das MC berührt hat.

Sieh nach, ob im Geburtshoroskop Saturn-Aspekte zur Sonne, zum Mond, zum Aszendenten oder zum MC oder sonst einige andere Saturn-Aspekte vorhanden sind. Du mußt dies tun, um zu erfahren, ob diese Menschen für Saturn-Transite besonders anfällig sind. Ein starkes 10. Haus oder wichtige Planeten im Steinbock wären andere Anzeichen dafür. Andererseits hat ein Mensch mit wenigen Aspekten zu Saturn vielleicht nicht so viel Erfahrung im Umgang mit den Anforderungen dieses Planeten.

Diagnose: Saturn repräsentiert einen ständigen Wachstums- und Reifeprozeß hinsichtlich unserer Fähigkeit, verantwortungsbewußt, selbstdiszipliniert, kompetent und effektiv vorzugehen. Er verkörpert das Realitätsprinzip, das uns zwingt, die Lebensbedingungen auf der materiellen Ebene zu akzeptieren – die wir schließlich aufgrund der Fortschritte, die wir machen können, gewählt haben. Die Prüfung besteht in der Aufrechterhaltung des inneren Gleichgewichts: sich mit materiellen Gütern und Erfolg zu befassen, ohne sich von diesen verführen oder gefangennehmen zu lassen; Selbstdisziplin zu lernen, ohne dabei zu vergessen, das Leben zu genießen; mit der eigenen Autorität und der von anderen so umzugehen, daß man weder zu dominierend noch zu unterwürfig wird; Ordnung und Beständigkeit zu schaffen, ohne streng und unbeweglich zu werden.

Wir sprachen zuvor über den homöopathischen Standpunkt, daß Symptome ein Anzeichen für den Versuch eines Menschen sind, seine Kräfte zu mobilisieren und Streß zu bekämpfen. Die Symptome, die man häufig bei Saturn-Transiten findet (Furcht, Depression, Pessimismus und Perfektionssucht), können ein Zeichen dafür sein, daß ein Mensch sich mit den Realitäten auseinanderzusetzen versucht, denen er zuvor immer ausgewichen ist. Vielleicht kommt es vorübergehend zu Entmutigung oder Selbstverurteilung, wenn er den gegenwärtigen Stand an dem mißt, was er hatte erreichen wollen. Wenn er aber den Transit benutzt, um seine Ziele zu verwirklichen, sind diese Symptome ein Zeichen für wiederkehrende Gesundheit. (In den Kapiteln 4 und 5 werden diese Reaktionen und Gegenmaßnahmen noch ausführlicher untersucht.)

Behandlung: In Entsprechung zu dem homöopathischen Gesetz *Gleiches heilt Gleiches* sollten bei Saturn-Problemen Saturn-Arzneien Anwendung finden. Es sollte eine Zeit der Bestandsaufnahme und der Inventur sein, in der die Menschen Ziele festlegen und konkrete Schritte unternehmen, um diese zu erreichen. Bestehen Mängel (zum Beispiel in der Ausbildung), dann ist es jetzt die richtige Zeit, um realistische Pläne zur Abhilfe zu schaffen. Menschen, die sich über ihre Finanzen Sorgen machen, sollten einen Haushaltsplan aufstellen (und sich daran halten), Einsparungsmöglichkeiten herausfinden und Geld zurücklegen, wie gering der Betrag auch sein mag. Was immer dich beschäftigt und welches Gebiet es auch ist, auf dem du Probleme hast – Saturn-Transite sind die beste Zeit, um in den sauren Apfel zu beißen und dich der Realität zu stellen. Du bist jetzt imstande, auf konkrete, selbstdisziplinierte und zielgerichtete Weise zu handeln. Im Abschnitt über die Heilung von Saturn-Problemen finden sich noch weitere Anregungen hierzu.

♅ Uranus-Transite

Symptome auf der physischen Ebene: Wenn die Gesundheitshäuser des Horoskops (Haus 1, 6 oder 12) betroffen sind, können diese Transite Bluthochdruck oder Kreislaufprobleme hervorrufen. Ebenfalls denkbar wäre eine Neigung zu Unfällen für den Fall, daß der betroffene Mensch zu Unvorsichtigkeit neigt. (Präventiv-Vorschläge findest du in Kapitel 9: *Uranus und Unfälle*). Auf der materiellen Ebene kann Uranus abrupte Veränderungen oder schockierende Neuigkeiten anzeigen: Ein vermeintlich angepaßter Mensch verläßt seinen sicheren und gutbezahlten Job und wird alternativer Aussteiger, die scheinbar vollkommene Ehe bricht über Nacht auseinander, der Kapitän der Fußballmannschaft verkündet, daß er schwul ist.

... auf der mentalen Ebene: Bestürzend neuartige Gedanken tauchen auf – politisch radikale, gesellschaftlich unkonventionelle und auch bloß exzentrische. Manchmal bekommt das Denken einen Zug von Eigensinn oder Halsstarrigkeit – keine andere Meinung zählt, und man ist davon überzeugt, seiner Zeit um Jahre voraus und «erleuchtet» zu sein. Diese Menschen anerkennen im allgemeinen keine Autorität außer sich selbst. Sie treffen plötzlich, aus der Eingebung eines Augenblicks heraus, weitreichende Entscheidungen.

... auf der emotionalen Ebene: Diese Menschen sind rastlos, nervös und explodieren leicht. Wenn sie erst einmal herausgefunden haben, was sie wirklich wollen, kann es ihnen nicht schnell genug gehen. Ziemlich oft sind sie in egozentrischer, aufrührerischer oder einfach auch launischer Stimmung. Und wenn der Chef will, daß etwas auf diese oder jene Weise gemacht wird, müssen sie aus Trotz unbedingt das Gegenteil davon tun. Die Notwendigkeit, sich anzupassen und das zu tun, was von der Gesellschaft oder von Autoritätspersonen erwartet wird, bringt ein hohes Maß an Spannung, die sich oft in impulsiven Akten der Rebellion entlädt.

... auf der spirituellen Ebene: Keine der traditionellen Religionen wird dich in dieser Zeit befriedigen können. Du gehst deinen eigenen, oftmals außergewöhnlichen Weg. Menschen unter diesem Einfluß sind davon überzeugt, daß sie – und nur sie allein – die Wahrheit kennen, mit der Folge, daß sie versuchen, andere zu bekehren. Wenn man mit ihren «erleuchteten» Ideen nicht einverstanden ist, gilt man als Feind oder – schlimmer noch – als Ignorant.

Vergangenheit: Wahrscheinlich möchtest du untersuchen, wie sich diese Menschen bei früheren Uranus-Transiten verhielten, vor allem im Hinblick auf die Sonne, den Mond, den Aszendenten und das MC. Insbesondere solltest du auf kritische Uranus-Transite während der letzten fünf Jahre achten. Die Zeit des Heranwachsens ist eine uranische Periode, und du wirst wissen wollen, ob sie stürmisch verlaufen ist. Rebellische Jugendliche, die später ein konservatives, konformistisches Erwachsenenleben führen, könnten bei wichtigen Uranus-Transiten eine besondere Neigung zu abrupten und umfassenden Veränderungen zeigen. Besonders im Alter von etwa 40 Jahren, wenn der laufende Uranus in Opposition beziehungsweise im Abstand von 180 Grad zu der Geburtsposition steht, kann es zu einer zweiten Adoleszenz kommen, in der viele der früheren Probleme noch einmal auftauchen. Diese Lebensphasen werden in Kapitel 7 ausführlich behandelt.

Menschen, deren Geburtshoroskop einen Uranus-Aspekt zur Sonne, zum Mond, zum Aszendenten oder zum MC beziehungsweise viele Aspekte zu Uranus aufweist, können für Transite dieses Planeten besonders anfällig sein. In gleicher Weise könnten auch wichtige Planetenstellungen im Wassermann wirken. Andererseits haben Menschen mit einem schwachen oder nicht aspektierten Uranus und ohne Planeten im Wassermann vielleicht Schwierigkeiten damit, mit Uranus-Transiten umzugehen, weil sie mit Nonkonformismus und dem Ausdruck ihrer eigenen Individualität nicht vertraut sind.

Diagnose: Uranus repräsentiert den Prozeß der Individualisierung, der verlangt, sich vom schützenden, aber einengenden Schoß der Familie, der Heimatstadt oder konventionellen Gesellschaft loszusagen und ganz der zu werden, der man wirklich ist. In diesem Prozeß geht es um unser wahres Selbst, das unabhängig von dem ist, was wir nach Meinung von Eltern, Freunden und Gesellschaft sein sollten. Weil der Druck zur Anpassung so stark ist, neigen wir dazu, unser wahres Selbst zu unterdrücken – was ein sehr hoher Preis ist. Je überraschender und ungewöhnlicher die Symptome sind, die während eines Uranus-Transits auftreten, desto unterdrückter ist das wahre Selbst gewesen. Impulsives und rebellisches Verhalten repräsentiert jedoch nicht das wahre Selbst; es zeigt nur, wie weit ein Mensch glaubt, gehen zu müssen, um zu seinem Recht zu kommen. Beim Versuch, neue Lebensmuster zu finden, schlagen wir anfangs oft über die Stränge, um dann schließlich unser befreites Selbst in abgeschwächter und angemessenener Weise auszuleben.

Behandlung: Nach der Regel *Gleiches heilt Gleiches* kann die schockierende Wirkung von Uranus abgeschwächt werden, wenn wir auf harmonische Weise das Uranische in uns aufnehmen. Uranus regiert die Astrologie – eine Horoskop-Interpretation durch einen guten Astrologen kann uns helfen, frei von gesellschaftlichen Definitionen mit unserem wahren Selbst in Berührung zu kommen. Mithilfe der Astrologie können wir uns auf bevorstehende Uranus-Transite einstellen, vielleicht, indem wir Urlaub machen oder auch Geld sparen, um so die Freiheit zu haben, neue Facetten des eigenen Wesens zu erforschen. Wenn wir uns zu dieser Zeit größere Freiräume schaffen, werden der Aufruhr und die Rebellion wahrscheinlich weniger intensiv zum Ausdruck kommen. Auch Gruppen, Organisationen und Freundschaften gehören zu Uranus, und so könnten wir uns nun ganz bewußt auf Menschen und Gruppen einlassen, die uns neue Teile unserer Persönlichkeit entwickeln helfen. Es ist oftmals angenehm und geistig anregend, diese Erfahrung mit gleichgesinnten Menschen zu machen.

♆ Neptun-Transite

Symptome auf der physischen Ebene: Wenn die Gesundheitshäuser des Horoskops (Haus 1, 6 oder 12) betroffen sind, kann es zu einem Zustand der Lethargie oder Erschöpfung kommen, mit einer Neigung zu merkwürdigen, verschwommenen Beschwerden, die kein Arzt zu diagnostizieren vermag. Was die materielle Ebene betrifft, ist anzumerken, daß der von Neptun beeinflußte Mensch dazu neigt, Luftschlösser zu bauen – und in diese einziehen will. Vielleicht ergibt sich aber auch tatsächlich ein Umzug – nämlich dann, wenn seit Monaten keine Miete mehr bezahlt worden ist. Das kann seinen Grund dann darin haben, daß es diesem Menschen in seiner Spiritualität zuwider ist, sich um solch konkreten Dinge zu kümmern – oder daß er zu vertieft in seine Musik, seine Kunst, seine Sauferei oder seine Nabelschau ist.

… auf der mentalen, emotionalen und spirituellen Ebene: So oft ich es auch versuche, ich kann diese drei Symptom-Gruppen nicht auseinanderhalten, wenn es sich um neptunische Menschen handelt. Aber auch die Neptunier schaffen es nicht, mir die Unterschiede dazwischen klarzumachen. Neptunier sind alle gleich, alles bedeutet alles, und es ist wirklich ein Jammer, daß sie die wundervollen, tiefen Einsichten, die sie gewinnen, niemandem mitteilen können. Tatsächlich können diese Menschen mit uns gewöhnlichen irdischen Sterblichen überhaupt nicht kommunizieren. Sie sind in einem Nebel, und ihr Denken ist subjektiv, emotional und unscharf. Sie neigen dazu, sich selbst und anderen etwas vorzumachen und das zu sehen, was sie sehen wollen.

Emotional scheinen diese Menschen ein unheilbarer Fall von Langeweile und Überdruß zu sein. Sie sind von allem, was es auf der materiellen Ebene gibt, enttäuscht; sie würden sich sofort in ein Flugzeug setzen und alles hinter sich lassen – wenn sie nur wüßten, wo der Flughafen ist. Weil sie es aber nicht wissen und weil sie finden, daß es sich nicht lohnt, etwas zu tun, sitzen sie herum und rauchen noch einen Joint.

Vergangenheit: Neptun arbeitet an der Transzendierung des Selbstes auf die unterschiedlichste Weise: durch Schizophrenie, Mißbrauch von Alkohol, harten und weichen Drogen auf der negativen Seite und durch Kreativität, Dienst an der Menschheit und spiritueller Hingabe in positiver Auswirkung. Vielleicht kannst du vorsichtig (Neptunier sind hypersensibel!) nachforschen, ob es mit den negativen Aspekten Probleme gibt, und, falls dem so ist, was versucht worden ist, um damit fertigzuwerden. Versuche auch herauszufinden, welche Einstellung diese Menschen gegenüber den positiven Aspekten Neptuns haben und wie weit sie bereit sind, sich auf diese einzulassen. Um die Anfälligkeit zu diagnostizieren, achte darauf, welche Neptun-Transite in der letzten Zeit stattgefunden haben und darauf, ob im Geburtshoroskop Aspekte zur Sonne, zum Mond, zum Aszendenten oder zum MC bestehen. Prüfe, ob sich im Horoskop ein Anzeichen dafür findet, daß es sich um einen Neptunier handelt. Auch ein betontes 12. Haus oder wichtige Planetenpositionen in den Fischen können einen Menschen zum Neptunier machen.

Diagnose: Neptun verkörpert die Qualität des Grenzenlosen und Unermeßlichen. So klein und hilflos der Mensch ist, kämpft er gegen die Ewigkeit und die Totalität des Universums. Manche machen dabei den Versuch, es aus ihrem Bewußtsein zu löschen, indem sie mit oder ohne chemische Hilfe versuchen, der Realität zu entfliehen. Andere kämpfen, indem sie sich mit Menschen identifizieren, die noch hilfloser sind als sie selbst, und diese bei der Überwindung ihrer Probleme unterstützen. Manche schließlich verbinden sich mit irgendeiner Sache oder Überzeugung, die größer ist als sie selbst. Im großen und ganzen scheint spirituelle Verbundenheit der beste Weg zu sein, um mit der Erkenntnis der eigenen Begrenztheit fertigzuwerden. Da religiöse Menschen sehr einseitig und fanatisch werden können, ist es notwendig, zwischen der materiellen und der spirituellen Welt einen Zustand des Gleichgewichts zu finden – ich für meine Person vermute hinter jedem -ismus eine neptunische Form der Unausgewogenheit. Das Kapitel *When Does Psychic Becomes Psychiatric?* im Buch über Neptun behandelt dieses Thema noch ausführlicher.

Welchen Weg dieser innere Kampf auch nehmen mag – es handelt sich um den Versuch, mit unserer Begrenztheit fertigzuwerden. Wir müssen nur darauf achten, daß dieser Weg den Menschen zur Erfüllung und damit zu einem besseren Umgang mit der Realität führt. Negative Neptun-Symptome (jede Art von Flucht oder Abhängigkeit von Drogen oder Alkohol) sind nur Irrwege, auch wenn sie unternommen werden in dem Versuch, zur positiven Seite Neptuns, der spirituellen Verbundenheit mit dem Kosmos, Gott und den anderen Menschen, vorzudringen.

Behandlung: Ausführlichere Empfehlungen werden in den einzelnen Kapiteln des Neptun-Buches gegeben. Nirgends kann die Regel *Gleiches heilt Gleiches* so klar demonstriert werden wie bei Neptun-Problemen. Der Erfolg der Anonymen Alkoholiker und ähnlicher Selbsthilfegruppen basiert auf dem Prinzip, daß ein Alkoholiker, ein Spieler beziehungsweise ein Abhängiger einem anderen zuhört, sich in dessen Lage versetzt und ihm hilft. Die allopathische Methode hilft kaum – wenn ein

Nicht-Alkoholiker versucht zu helfen, zieht sich der Alkoholiker auf neptunische Abwehrhaltungen (ausweichende Antworten, Manipulation, Täuschung und vorgespielte Willfährigkeit) zurück.

Ein anderes Prinzip der Anonymen Alkoholiker und anderer ähnlicher Gruppen ist das Bekenntnis der völligen Machtlosigkeit gegenüber der Sucht sowie die Bereitschaft, das eigene Leben und den eigenen Willen der Fürsorge Gottes (was immer der einzelne darunter verstehen mag) zu unterstellen. So paradox es auch scheint – das Bekenntnis der Hilflosigkeit ist die einzige Methode, Alkoholiker vom Trinken abzubringen. Das ist *Gleiches heilt Gleiches* – wenn ein Mensch zugibt, nicht helfen zu können, mobilisiert das Abwehrkräfte gegen diese Hilflosigkeit. Das ist mysteriös – was ja aber für alles gilt, was mit Neptun zu tun hat!

Da in meinem Buch *Erkennen und Heilen von Pluto-Problemen* der homöopathische Ansatz nicht berücksichtigt worden ist, möchte ich dies hier nachholen.

♇ Pluto-Transite

Symptome auf der pysischen Ebene: Wenn die Gesundheitshäuser (1., 6. und 12. Haus) betroffen sind, können sich bereits latente Krankheiten in dramatischer Form manifestieren. Eine Krankheit tritt deshalb auf, weil wir Heilung brauchen; jetzt beginnt eine Periode, in der Heilung möglich ist, unter der Voraussetzung, daß wir uns auf der mentalen, der emotionalen und der spirituellen Ebene ebensosehr um unsere Wiederherstellung bemühen wie auf der physischen. Auf der äußeren beziehungsweise materiellen Ebene erfahren unsere Ziele, unser Verhalten und unsere Lebenseinstellung innerhalb von zwei Jahren tiefgreifende Veränderungen. Dabei kann es auch zu langen Perioden der Einsamkeit kommen.

... auf der mentalen Ebene: Die Menschen leben möglicherweise in vollkommener Zurückgezogenheit, was auf Außenstehende vielleicht alarmierend wirkt. Manchmal grübeln die Betroffenen zwanghaft über die Vergangenheit nach, wobei sie erlittene Verletzungen und Kränkungen immer wieder mit tiefer Verbitterung durchleiden. Das Denken kann gelegentlich paranoide Züge annehmen. Im Laufe der Zeit wird das zwanghafte Denken analytischer, und es können beträchtliche Einsichten gewonnen werden. Das ist insbesondere dann der Fall, wenn man sich auf eine Therapie einläßt und sich mit psychologischer Literatur auseinandersetzt.

... auf der emotionalen Ebene: Unter Pluto-Transiten arbeiten sich manche Menschen durch Emotionen aus vergangenen Erlebnissen – die bis zur Kindheit zurückreichen können – hindurch, denen sie sich vorher vielleicht noch nie gestellt haben. Für gewöhnlich spielen Empfindungen wie Bitterkeit und Groll eine große Rolle. Die Gefühle hinsichtlich vergangener Ereignisse können intensiv, extrem und sehr schmerzlich sein. Während ein Außenstehender diesen emotionalen Aufruhr als symptomatisch für den Krankheitszustand ansehen mag, ist er für den Betroffenen ein Selbstheilungsprozeß. Die Katharsis, in Verbindung mit analytischen Erkenntnissen, reinigt von den Giften der alten Emotionen, so daß ein Weiterleben unter gesünderen Bedingungen möglich ist.

... auf der spirituellen Ebene: Auf der spirituellen Ebene gehen die Menschen oft durch die Erfahrung von Tod und Wiedergeburt. Vielleicht empfinden sie über irgendein Geschehen (zum Beispiel den Verlust des geliebten Partners) so tiefen Schmerz, daß sie in eine Glaubenskrise geraten: »Wenn es einen Gott gäbe, würde er dies nicht zulassen«. Für den Menschen in einem solchen Zustand ist Gott tot. Dabei handelt es sich hier insbesondere um den Gott des Alten Testaments, der Schuld zuteilt und Strafe verfügt, vor allem im Hinblick auf Sexualität (der rachsüchtige Allmächtige des Alten Testaments ist eine Pluto/Skorpion-Schöpfung). Sobald dieser strafende Gott tot ist, kann der Mensch in seiner Spiritualität wiedergeboren werden, wobei er eigenverantwortlich ein Gefühl für Gut und Böse und gleichzeitig eine neue Beziehung zu Gott entwickeln kann.

Vergangenheit und Diagnose: Beachte, wie stark Plutos Stellung im Geburtshoroskop ist und ob kürzlich Pluto-Transite erfolgt sind, welche die Person sensibilisiert haben könnten. Stelle fest, ob oder wie sehr der Mensch zu Analyse und Introspektion fähig ist beziehungsweise, ob oder in welchem Maße er die Schuld an seinen Schwierigkeiten auf andere projiziert (das Ausmaß seiner Paranoia). Bei Menschen, die ganz allgemein negative Pluto-Züge aufweisen – wie zum Beispiel Isolation, Dominanzstreben und sehr stark kontrollierte Gefühle –, könnten diese Probleme während eines Pluto-Transits eskalieren. Insbesondere solltest du herausfinden, ob diese Menschen jemals selbstzerstörerische Tendenzen gezeigt haben (vor allem, ob es in der Vergangenheit zu einem Selbstmordversuch gekommen ist). Der Selbsthaß während eines Pluto-Transits über wichtige Punkte des Horoskops kann sich bis zu einem kritischen Ausmaß verstärken. Bei einer derartigen Krankheitsgeschichte mußt du dich vergewissern, daß der Klient erfolgreich therapiert wurde oder daß er sich noch in therapeutischer Behandlung befindet.

Behandlung: Heilungsvorschläge für die verschiedenen Arten von Pluto-Problemen finden sich in meinem Buch *Erkennen und Heilen von Pluto-Problemen.* Besonders geeignete Therapie-Methoden sind Rebirthing, Trauerarbeit unter Anleitung und die Primär-Therapie.

Kapitel 2

Heilmittel und ihre astrologischen Entsprechungen

Dieses Kapitel ist nicht als umfassender Schulungskurs in bezug auf die angegebenen Hilfsmittel gedacht. Vielmehr sollst du diese Mittel kennenlernen und soviel Kenntnisse gewinnen, daß du sie zusammen mit der Astrologie anwenden kannst. Das Gute an diesen Mitteln ist, daß du sie benutzen kannst, ohne nochmals die Schule besuchen und ein Diplom machen zu müssen – wie es für den Beraterberuf der Fall ist. Tatsächlich kann man das, worauf es ankommt, ziemlich schnell verstehen und sogleich damit beginnen, diese Mittel in der Arbeit zu testen. Natürlich wird die Teilnahme an Workshops und Kursen oder das Lesen der in der Bibliografie angeführten Bücher dein Verständnis vertiefen. Es ist empfehlenswert, ein spezielles Notizbuch anzulegen, in dem man verzeichnet, was man bei dieser oder jener Gelegenheit angewendet hat, warum man eine bestimmte Methode wählte und welche Reaktionen oder Veränderungen eintraten. Das wird den Lerneffekt steigern.

Bitte glaube nicht, daß ich diese Mittel als magische Lösungen für die Probleme im Zusammenhang mit den äußeren Planeten ansehe. Solche Probleme können sehr tief sitzen, sich hartnäckig jeder Veränderung entziehen und viel Leid verursachen. Du mußt diese Heilmittel vielleicht über einen längeren Zeitraum hinweg, zusammen mit anderen, traditionelleren Methoden wie zum Beispiel der Psychotherapie, anwenden. Nach meiner Erfahrung bewirken sie jedoch hinsichtlich dieser schmerzvollen Muster eine weitaus größere und tiefere Entwicklung und Veränderung als die traditionelle Therapie allein.

Farbe als Heilmittel

Die Kunst der Farbtherapie ist sehr alt. Sie kann bis zu den Ägyptern zurückverfolgt werden. Die Hindus wandten sie als Teil ihres ayurvedischen Medizinsystems an. In England ist sie zur Unterstützung der physischen Heilung allgemein anerkannt. Blaues Licht hat sich zum Beispiel in der Behandlung von Verbrennungen oder Entzündungen als sehr nützlich erwiesen, während rotes Licht zur Anregung depressiver Menschen und als Unterstützung beim Abnehmen Verwendung findet. Nähere Einzelheiten kannst du in der Bücherliste der Bibliografie nachlesen. In den Vereinigten Staaten verbietet das mächtige offizielle Gesundheitswesen das Heilen mittels Farbe – neben anderen nützlichen Mitteln. Deshalb kannst du dich strafrechtlicher Verfolgung aussetzen, wenn du einen Apparat mit farbigem Licht zum Einsatz bringst oder klares Licht zusammen mit verschiedenfarbigen Gels verwendest. Also empfehle ich so etwas nicht, denn, verehrte Leser: Dem Gesetz muß Genüge getan werden.

Niemand hat jedoch (bisher) einen Weg gefunden, dich für deine Gedanken strafrechtlich zu belangen. Oder für die Art der Kleidung, die du trägst (höchstens für das, was du nicht trägst). Und Heiler, Psychologen, ja sogar Industrielle kamen zu der Erkenntnis, daß die Farben ihrer Kleidung oder ihrer Wände eine starke Wirkung auf sie haben. Zum Beispiel wurde festgestellt, daß das Tragen blauer Kleidung beruhigend wirkt, während Rosa die Zusammenarbeit und liebevolle Gefühle fördert. Wir werden über die Farbe Blau im Kapitel über Saturn und Angst ausführlich zu sprechen kommen.

In esoterischen Kreisen hört man viel über Licht. Zum Schutz umgibt man sich mit weißem Licht, man sieht andere Menschen von Licht umgeben, man hofft, jemand möge das

Licht finden. Der Begriff ist genauso populär und beinahe so abgedroschen wie der Ausdruck «Schwingungen». Dabei sind sowohl Schwingungen als auch Licht etwas Reales. Licht ist das machtvollste Heilmittel, das uns zur Verfügung steht. Falls dich das verwirrt – ich spreche nicht von dem Licht, das wir sehen, sondern vom Licht unserer Aura, das durch die Kirlian-Fotografie festgehalten wird. Dieses Licht existiert in allem als Lebensenergie; es ist das winzigste Teil des Atoms, wie Physiker festgestellt haben. Seelisch erwachte Menschen nehmen das uns umgebende Licht in verschiedenen Farben wahr, die unseren emotionalen und physischen Zustand kennzeichnen.

Nicht jeder kann die Aura sehen, aber jeder hat eine. So haben wir alle die Möglichkeit, mit den aurischen Farben zu arbeiten. Die Arbeit mit weißem Licht ist vielen Menschen vertraut, die sich in Workshops oder Seminaren mit Meditation beschäftigten. Außer dem weißen Licht, das sich für alle Situationen eignet, hat jede Farbe des aurischen Lichtes eine Bedeutung und einen Zweck. Die Bedeutung entspricht mehr oder weniger den Interpretationen der aurischen Farben, von denen du vielleicht schon in diesem oder jenem Buch über psychische Entwicklung und Heilung gelesen hast.

Das System der Chakren und sein Heilungspotential

Eine andere Methode mit Auswirkungen auf die astrologische Heilarbeit beschäftigt sich mit dem System der Chakren. Blockierungen eines Chakras entsprechen oftmals den Schwierigkeiten mit einem bestimmten Planeten. In der okkulten und der spirituellen Literatur findet man viele Hinweise auf den Energiekörper oder die Aura. In diesem Körper kann ein medial veranlagter Mensch Zentren oder Chakren sehen, die so etwas wie Energie-Organe sind, welche das Ein- und Ausströmen der Lebenskraft regulieren. Sie erscheinen als Räder oder Strudel aus Energie- und Farbwirbeln. Traumatische Ereignisse oder Lebenssituationen können diesen Energiefluß stoppen und die Beziehung des Individuums zur Außenwelt blockieren. Die Chakren durch bestimmte Techniken (wie jene, die hier vorgestellt werden) auszubalancieren und zu stärken ist eine einfache Heilmethode mit durchschlagendem Erfolg. Auf diese Weise können wir uns und anderen helfen.

Zum Beispiel gibt es im Bereich des Herzens ein Energie-Organ, das als Herz-Chakra bezeichnet wird, welches das Fließen der Liebesenergie beherrscht und anscheinend mit dem Planeten Venus in Verbindung steht. Ist das Herz-Chakra blockiert, überlastet oder beschädigt, kann es zu Beziehungsproblemen oder dem Gefühl, nicht geliebt zu werden, kommen. Solange dieses Lebenszentrum nicht wiederhergestellt ist, wird es schwerfallen, die negativen Beziehungsmuster zu transformieren, die mit Venus-Aspekten zu den äußeren Planeten in Verbindung stehen.

Unter denjenigen, die diese Theorie lehren, besteht über Anzahl, Anordnung oder Funktion der Chakren keine Einigkeit. Über einige Hauptpunkte herrscht jedoch größere Übereinstimmung. Allerdings gibt es auch über die Zuordnung der Planeten zu den einzelnen Chakren Meinungsunterschiede. Zum Beispiel sagen einige, daß die Sonne das Herzzentrum regiert (schließlich ist das Zeichen Löwe sowohl mit der Sonne als auch mit dem Herzen verbunden), während andere meinen, die Sonne sei der Herrscher des Solarplexus – wobei sie einen Zusammenhang herstellen zwischen »Solar« und »Sonne«. In den verschiedenen Kapiteln empfehle ich, mit jenen Chakren zu arbeiten, die dem betreffenden Aspekt am besten zu entsprechen scheinen. Manchmal kann es zur Lösung eines Problems nötig sein, mehrere Chakren zu stärken. Tabelle 1 auf der folgenden Seite zeigt einige Zusammenhänge zwischen Chakren und Planeten.

Das erste Zentrum, das *Wurzel-Chakra*, befindet sich am Ende der Wirbelsäule. Blockierungen infolge früher oder wiederholter Entwurzelungen beziehungsweise traumatischer Kindheitserlebnisse können zu schlechter «Erdung» und zu quälenden Überlebensängsten führen. Eine schwierige Mondstellung, ein problematisches 4. oder 1. Haus oder ein schlecht gestellter Saturn können ein Hinweis auf eine Beschädigung dieses Zentrums sein.

Die Chakren und ihre planetarische Entsprechungen

1	*Wurzel-Chakra*	☽ ♄	Mond und Saturn
2	*Sakral-Chakra*	☽ ♇	Mond und Pluto
3	*Solarplexus-Chakra*	☉	Sonne
4	*Herz-Chakra*	♀	Venus
5	*Kehlkopf-Chakra*	☿ ♉	Merkur und Stier
6	*Stirn-Chakra*	♃ ♅	Jupiter und Uranus
7	*Kronen-Chakra*	♆ ♇	Neptun und Pluto

Mars steht mit dem gesamten Energiekörper in Verbindung

Das zweite beziehungsweise das *Sakral-Zentrum* hat mit der Fortpflanzung und dem Fluß der sexuellen Energie zu tun. Traumatische Ereignisse können zu Spannungen in Form einer Unter- oder Überbetonung der Sexualität, aber auch zu Schwierigkeiten mit dem eigenen Geschlecht oder im Hinblick auf unsere geschlechtsspezifische Rolle führen. Es existieren verschiedene Angaben über den Sitz des Sakral-Zentrums. Einige siedeln es fünf Zentimeter unter dem Nabel an, andere behaupten, daß es bei Männern im Bereich der Hoden liegt. Negative sexuelle Erfahrungen oder schwierige Geburten sowie Probleme bei der Übernahme der weiblichen oder männlichen Rollenklischees unserer Kultur können in diesem Bereich zu Spannungen führen. Es ist offensichtlich, daß dieses Zentrum mit den Planeten Mars und Pluto in Verbindung steht.

Der S*olarplexus*, knapp oberhalb der Taille, ist das dritte Zentrum. Er herrscht über den Selbstausdruck und das Selbstverständnis. Blockierungen hier können die Selbsteinschätzung und das Selbstvertrauen beeinträchtigen – oder auch das Gegenteil (Überheblichkeit, Narzißmus und Egozentrik) hervorrufen. Schwierige Aspekte zur Sonne, insbesondere in Verbindung mit äußeren Planeten, können in diesem Bereich zu Blockaden führen.

Das vierte beziehungsweise das *Herz-Chakra* haben wir bereits besprochen. Es befindet sich im Bereich des Herzens. Wenn Beziehungen auf dramatische Weise zerbrechen, bleiben im Herzen oft Wunden zurück. Solange diese nicht geheilt sind, beeinträchtigen sie die nachfolgenden Beziehungen und die Fähigkeit, Liebe zu geben und von Familie, Freunden und anderen Menschen Liebe zu empfangen. Ein stark verletztes Chakra kann benachbarte Chakren beeinflussen, so daß sich eine Wunde im Herz-Chakra möglicherweise auch auf das Selbstwertgefühl auswirkt.

Das fünfte Zentrum ist das *Kehlkopf-Chakra;* es herrscht über den mündlichen und schriftlichen Selbstausdruck und andere Kommunikationsformen sowie den Umgang mit Geld. Stauungen bedeuten eine Hemmung bei der Selbstdarstellung und wirken dem Wohlstand entgegen.

Das sechste Zentrum wird *Stirn-Chakra* oder auch *Drittes Auge* genannt. Es befindet sich zwischen den Augen. Es hat mit geistiger Klarheit, Kreativität und medialen Fähigkeiten zu tun. Blockaden in diesem Zentrum können zu geistiger Verwirrung, zwanghaften Vorstellungen oder Schwierigkeiten bei der psychischen Aufnahmefähigkeit führen.

Das *Kronen-Zentrum* befindet sich am Scheitel und steht mit inspirativen oder meditativen Zuständen in Verbindung, bei denen man mit dem Göttlichen in Berührung kommt. Blockaden können zu der Empfindung führen, man sei vom spirituellen Leben abgeschnitten und habe die Verbindung zum Universum verloren. Überraschende mediale oder spirituelle Erfahrungen und Entwicklungen sind aber ebenfalls möglich.

Die Übung auf Seite 42 und 43 bewirkt eine allgemeine Reinigung der Chakren. Es ist nicht ratsam, ausschließlich an einem einzigen Chakra zu arbeiten, selbst wenn dies das Kernproblem zu sein scheint. Manchmal wird ein Chakra durch Überbeanspruchung geschädigt, weil man Konflikten in bezug auf benachbarte Chakren ausweichen will. Zum Beispiel könnte ein Mensch mit geringer Selbsteinschätzung (Solarplexus) versuchen, durch zwanghafte sexuelle Betätigung (Sakral-Zentrum) das Problem zu lösen. Letzten Endes könnte aber das Sakral-Chakra dabei selbst Schaden nehmen. Die Chakren sind so eng miteinander verbunden wie die Körperorgane; Überlastung des einen führt in der Konsequenz zu einer Überlastung von allen. Deshalb ist es gut, vor der Heilarbeit an einem Chakra eine allgemeine Reinigung durchzuführen, so daß alle Chakren ausbalanciert sind.

Die Lichtwirbel-Übung zur Reinigung der Chakren

1. Versetze dich auf eine höhere Bewußtseinsebene, entweder mithilfe einer Meditationstechnik, die dir bereits bekannt ist, oder indem du einfach tief aus- und einatmest und dabei immer wieder bis drei zählst.

2. Stelle dir vor, du bist von einem schützenden Raum umgeben. Fülle ihn mit einer bestimmten Farbe, wobei du deiner Intuition folgen solltest. Weißes Licht ist immer eine gute Wahl, weil es alle anderen Farben enthält. Rufe dir nun in Erinnerung, welche Chakren du hast und wo sich diese in deinem Energiekörper befinden.

3. Beginne mit dem Wurzel-Chakra und stelle dir einen Lichtwirbel vor, der sich an dieser Stelle innerhalb deines Energiekörpers befindet. Lasse den Lichtwirbel hell auflodern und alle dunklen Stellen in diesem Bereich verzehren. Hier entstehen die Blockaden aufgrund von Erdungsproblemen oder durch traumatische Erfahrungen, die mit der elterlichen Liebe oder Problemen bei der Selbstbehauptung zu tun haben. Während du zu den anderen Zentren übergehst, wird das Licht so lange weiterwirbeln, wie es für die Reinigung nötig ist.

4. Gehe weiter zum Sakral-Chakra und lege einen weiteren Wirbel, der wiederum auflodert und die Hindernisse verbrennt. Hier besteht die Absicht darin, ein ausgewogenes und gesundes Ausströmen sexueller, kreativer und heilender Energie zu schaffen.

5. Gehe weiter zum Solarplexus und lege auch dort einen Lichtwirbel. Hier soll das flammende Licht alles verzehren, was einem gesunden, realistischen Selbstwertgefühl im Wege steht, einschließlich der Verletzungen des Egos und Gefühle der Minderwertigkeit.

6. Gehe zum Herz-Zentrum und lege auch dort einen Lichtwirbel. Das so wichtige und verletzliche Herz-Zentrum braucht vielleicht mehrere Reinigungsphasen, insbesondere dann, wenn nach und nach die tiefen Verwundungen des Herzens deutlich werden. Hier soll der Lichtwirbel alles wegbrennen, was dich daran hindert, zu lieben und geliebt zu werden.

7. Als nächstes lege einen Lichtwirbel im Kehlkopf-Zentrum, damit alle Blockaden, welche die Kommunikation sowie den freien Fluß des Geldes behindern, verbrennen.

8. Nun folgt das Stirn-Zentrum. Hier befreit dich das lodernde Licht von den Hindernissen, die sich einem freien Fluß der kreativen und psychischen Energie entgegenstellen.

9. Abschließend lege einen Lichtwirbel am Kronen-Zentrum, der alles beseitigt, was Meditation und Inspiration behindert.

***10.** Erkenne nun auf intuitive Weise, in welchen Zentren sich die Lichtwirbel noch drehen, weil diese vielleicht einer besonderen Behandlung bedürfen. Lasse die Flamme in diesen Bereichen nochmals für eine Weile auflodern, bevor du alle Lichtwirbel löschst und den schützenden Raum auflöst.*

Wiederhole diese Übung einige Tage lang, bis die Chakren rein und klar erscheinen. Dann kannst du diese Übung mit bestimmten Farben durchführen, wie sie in den verschiedenen Kapiteln dieses Buches angegeben sind – zum Beispiel Blau für Saturn und Angst. Lasse dich dabei von deiner Intuition leiten. Wiederhole die Reinigung in regelmäßigen Abständen, um emotionale und psychische Überlastungen durch den Alltag zu vermeiden.

Heilende Planetengesänge

Das folgende System wurde vor einigen Jahren auf meine Bitte hin von einem sehr guten Medium namens Andrew Ramer gechannelt. Es handelt sich offenbar um uralte Planetengesänge, deren Klänge – je nach Planet – die entsprechenden Teile unseres Energiefeldes oder Bewußtseins aktivieren. Ihre Heilwirkung ist sehr stark, insbesondere dann, wenn sie von einer Gruppe gesungen werden. Sie bringen die Planeten ins Gleichgewicht, wodurch zum Beispiel sowohl ein sehr starker Mars (Aggressivität, Reizbarkeit) als auch ein sehr schwacher (mangelndes Durchsetzungsvermögen und fehlende Initiative) ausgeglichen werden können. Singt man regelmäßig die ganze Reihe als Meditation, fördert dies die Integration und Ausbalancierung aller Planeten-Energien. Die Gesänge sind in Tabelle 2 angegeben.

Die Planetengesänge

(zur Eröffnung: atme Geräusche, den Wind, die Leere)

Planet	***Symbol***	***singe vier Mal***	***schließe mit***
Sonne	☉	*Oh hay yah*	Oh
Merkur	☿	*Oh hi ti nah*	Ti oh
Venus	♀	*Nah ti nah*	Oh
Erde/Mond	⊕ ☽	*Si idriah*	Neh hah mah set
Mars	♂	*Nay zi day hoh hi mah*	Kah kah
Planetoiden	⚳ ⚴ ⚵	*Si ti yah kah*	Mah si kah*
Jupiter	♃	*Hi su mai yoh*	Ay
Saturn	♄	*Dah ti kah*	Oh ay
Chiron	⚷	*Kah si mah*	Kah
Uranus	⛢	*Nah mitriah*	Nah simitri
Neptun	♆	*Oh mys*	Oh
Pluto	♇	*Ti yah*	Ah

(zum Abschluß: atme Geräusche, den Wind, die Leere)

* Dieser Gesang bezieht sich auf den Asteroiden-Gürtel in seiner Gesamtheit. Wiederhole ihn, bis du das Gefühl hast, daß es reicht. Dann singe zum Abschluß *Ai hey poh.*

In diesem System ist unser Körper die Sonne, das Zentrum des Sonnensystems, umgeben von den Planeten auf ihrer jeweiligen Bahn. So ist Merkur ein sehr kleiner Planet, der unseren Körper in ganz geringem Abstand umkreist, Venus ist auch ganz nahe, die Erde und der Mond (sie gehören in diesem heliozentrischen System zusammen) sind etwa eine Handbreit entfernt. So geht es weiter bis zu Neptun und Pluto, die etwa so weit entfernt sind, als wären sie in dem angrenzenden Zimmer. Gehe bewußt durch das ganze System, indem du dir möglichst viele Details über die einzelnen Planeten vergegenwärtigst und bildlich vor Augen stellst. Denke zum Beispiel daran, daß Venus heiß und feucht ist, daß Jupiter der größte Planet des Sonnensystems ist und daß sich Uranus in eine andere Richtung dreht als die anderen Planeten. In den einzelnen Kapiteln wirst du mehr über die Gesänge und ihre Anwendung erfahren. Diese Gesänge sind phonetisch, was heißt, daß sie klingen, wie sie gelesen werden.

Planeten-Rosenkränze

Gibt es eine planetarische Energie, die du auf konstruktivere Weise nutzen möchtest? Gibt es einen Aspekt in deinem Horoskop, der dir viele Schwierigkeiten bereitet und den du am liebsten gar nicht hättest? Hast du ein Quintil, dessen geniales Potential sich erst noch entfalten muß? Mache dir doch selbst ein Geschenk, mit dem du bestimmte Planeten-Energien verstärken oder ausgleichen kannst, welches die schwierigen Auswirkungen eines Aspektes mildert, indem es das Beste der beiden Planeten zum Ausdruck bringt und so eine harmonische Mischung ermöglicht.

Dieses nette Geschenk für dich wäre ein planetarischer Rosenkranz, eine Halskette oder ein Armband, bestehend aus Perlen, die einen oder zwei Planeten repräsentieren. Wenn du das obige System der Gesänge anwendest, kannst du diese Perlen zur Unterstützung benutzen. Oder du trägst sie als heilendes Amulett. Wenn Rosenkränze oder Gebetsschnüre keine Bedeutung hätten, wären sie nicht von so vielen Religionen der Welt benutzt worden. Mit einem Rosenkranz zu beten ist eine beruhigende, meditative Handlung, die das Bewußtsein verändert und die bei der Wiedererlangung des inneren Gleichgewichts hilft.

Die Perlen müssen aus einem natürlichen Material – etwa Holz, Ton, Glas oder Stein – hergestellt sein. Auch die Schnur muß aus einem organischen Material – wie Baumwolle, Seide oder Leder – bestehen. Wenn du Zeit hast, selbst Perlen herzustellen, kannst du deren heilende Schwingungen verstärken, indem du während der Herstellung laut den entsprechenden planetarischen Gesang von dir gibst und vielleicht auch einen astrologisch günstigen Zeitpunkt auswählst. In den einzelnen Kapiteln findest du nähere Angaben hierzu. Du kannst aus Mehl und Wasser einen Teig bereiten, den du mit natürlichen Mitteln wie zum Beispiel dem Saft der Roten Bete färbst. Dann mußt du die Perlen backen, bis sie hart sind. Mach dir keine Gedanken über die Haltbarkeit der Gebetsschnur – du wirst sie nicht allzulange brauchen. Du kannst sie natürlich für einen «Auffrischungskurs» aufbewahren, für den Fall, daß du merkst, wieder in die alten Muster abzugleiten. Du kannst aber auch Halsketten aus teureren Steinen, aus Holz- oder Glasperlen anfertigen und eine Zeitlang als Amulett tragen und für die Gesänge benutzen.

Die Farben der Perlen, die du benutzen solltest, entsprechen nicht den traditionellen astrologischen Farben für die Planeten. Sie unterscheiden sich auch von denjenigen, die in diesem Buch in den Abschnitten über Heilung durch Farbe angegeben sind. Anscheinend handelt es sich hier um die Farben, die diese Planeten ins Gleichgewicht bringen. Das System scheint eine innere Folgerichtigkeit zu haben, also arbeite damit.

Farben, Planeten-Energien und Gleichgewicht

Planet		**Farbe**	**Planet**		**Farbe**
Sonne	☉	*leuchtend rot*	Merkur	☿	lila
Venus	♀	*leuchtend grün*	Mond	☽	weiß
Mars	♂	*schwarz*	Asteroiden	⚳⚵⚶	marmoriert
Jupiter	♃	*gelb*	Saturn	♄	braun
Chiron	⚷	*grau*	Uranus	⛢	silber
Neptun	♆	*mint oder meergrün*			
Pluto	♇	*wie Glas oder helles Holz*			

Uranus, der Planet des Protestes, stellt eine Ausnahme von der Regel dar. Für ihn sollten vorzugsweise vom Menschen hergestellte Materialien wie zum Beispiel Plastikperlen Verwendung finden. Uranus regiert schließlich die Wissenschaft und die Kunststoffe. Wenn du dich mit einer Uranus-Perle beschäftigst, achte bewußt darauf, daß sie auf irgendeine Art anders ist. Nimm durch diese Tatsache bewußt wahr, daß Uranus immer da ist, wo es eine Abweichung von der Norm gibt.

Wenn du nur Perlen für einen Planeten benutzt – vielleicht, weil du den Ausdruck dieses Planeten verstärken willst –, solltest du für jede Perle, die du auffädelst, die Hauptsilben des betreffenden Planeten singen und die abschließenden Silben erst dann, wenn die ganze Gebetsschnur fertig ist.

Vielleicht möchtest du Perlen für zwei Planeten benutzen, die in deinem Horoskop einen Aspekt zueinander bilden, um deren Energien auf konstruktive Weise zusammenfließen zu lassen oder um ein von ihnen repräsentiertes destruktives Muster zu überwinden. Du mußt dabei darauf achten, eine bestimmte Reihenfolge einzuhalten. Nimm zwei Perlen für den der Sonne näheren Planeten und eine für den weiter entfernten. Bei einem Mars/Saturn-Rosenkranz verwende zum Beispiel abwechselnd zwei schwarze Perlen (für Mars) und eine braune (für Saturn) – bis die gewünschte Länge erreicht ist. Für einen Venus/Mars-Aspekt dagegen mußt du zwischen zwei Venus- und einer Mars-Perle wechseln, da Venus der Sonne näher ist.

Der Mars/Saturn-Gesang würde in ständiger Wiederholung lauten: *Nay zi day hoh hi mah, nay zi day hoh hi mah, dah ti kah*. Selbst wenn du das nur für dich allein singst, wirst du merken, daß dieser Aspekt Antrieb und Hemmung zugleich bedeutet. Wenn du mithilfe der Gebetsschnur längere Zeit singst, lernst du eine Menge über die Art und Weise, wie die Energien der betreffenden Planeten zusammenwirken, und du erfährst, wie sie in Übereinstimmung kommen können. Es verstärkt den Vorgang, wenn du die in den verschiedenen Kapiteln angeführten Schlüsselwörter für beide Planeten von den negativen bis zu den positiven der Reihe nach aufschreibst, um die verschiedenen Kombinationsmöglichkeiten zu erkennen. Zum Beispiel führt eine negative Mars/Saturn-Kombination zu eingeschränkter (Saturn) Energie (Mars), während verantwortungsvolle (Saturn) Führung (Mars) ein positiver Ausdruck ist.

Vielleicht möchtest du eine größere oder kunstvoller ausgeführte Perle in die Mitte der Gebetsschnur geben oder bei einer längeren Schnur mehrere besondere Perlen an verschiedenen Stellen einfügen. Vertiefe dich in das Singen, um diese Perle mit Energie aufzuladen. Nimm dafür die Farbe, die dir besser gefällt oder die du verstärken möchtest. Wenn du die Farbe des näher an der Sonne gelegenen Planeten gewählt hast, kann die größere Perle zwei kleine ersetzen (singe dann trotzdem zweimal für sie). Links und rechts von dieser größeren Perle sollte wieder die normale Anzahl von anderen Perlen sein. Ist zum Beispiel in der Mitte eine große Saturn-Perle, brauchst du links und rechts davon je zwei Mars-Perlen. Ist jedoch die Mars-Perle in der Mitte, dann kommt auf jede Seite nur eine Saturn-Perle. Es wird aber zweimal für die große Mars-Perle gesungen.

Bevor du die Kette anfertigst, solltest du damit beginnen, die Perlen mit Heilenergie aufzuladen. Nimm eine Handvoll Perlen und singe ein oder zwei Minuten lang laut die entsprechenden Silben. Bewahre die Perlen in getrennten Behältern auf. Je öfter du bei der Anfertigung der Gebetsschnur die Perlen zur Hand nimmst und singst, desto stärker werden sie von der Heilenergie durchdrungen. (Ein Grund für die Verwendung von natürlichen Materialien ist der, daß diese die Energie besser bewahren.) Stelle dir bei der Herstellung der Gebetsschnur vor, wie du von dort, wo der betreffende Planet steht, Energie beziehst. Singe für jede Perle einige Male laut die entsprechenden Silben, bis du fühlst, daß es genug ist. Befestige die Perle an der Schnur und nimm die nächste. So verfährst du, bis die Gebetsschnur die gewünschte Länge hat. Dann verknote die Enden und singe zum Abschluß die ganze Kette durch.

Du kannst die Wirksamkeit der Gebetsschnur verstärken, indem du sie zu einer astrologisch günstigen Zeit anfertigst – zum Beispiel dann, wenn der Mond in Konjunktion zu einem der betreffenden Planeten steht. Der wirksamste Zeitpunkt wäre, wenn die beteiligten Planeten einen Aspekt zueinander bilden. Bei den schnellaufenden inneren Planeten kommt das relativ oft vor – du kannst darauf warten. Die langsamer laufenden Planeten bilden seltener Aspekte zueinander, was bedeuten dürfte, daß es in absehbarer Zukunft zu keinem kommt. Ich hatte die Gelegenheit, anläßlich der Saturn/Pluto-Konjunktion im Jahr 1982 eine besonders machtvolle Gebetsschnur herzustellen – aber eine derartige Konjunktion gibt es nur alle 33 Jahre. (Andere wichtige Saturn/Pluto-Aspekte treten etwa alle acht Jahre auf.) Du kannst auch einen Zeitpunkt wählen, zu dem einer der Planeten am Himmel einen Aspekt zu dem anderen Planeten im Horoskop bildet. Arbeitest du zum Beispiel an einem Venus/Saturn-Aspekt, mußt du warten, bis die Venus im Transit einen Aspekt zum Geburts-Saturn bildet oder umgekehrt.

Singe den ganzen Rosenkranz soviele Tage oder Wochen hindurch, wie es dir notwendig erscheint, jedoch nicht öfter als ein- bis zweimal täglich. Du wirst in der Folge die Auswirkungen dieses Aspektes in deinem Leben besser wahrnehmen. Vielleicht wirst du eine Zeitlang mit solchen Situationen öfter und bewußter konfrontiert, weil dein Höheres Selbst dir Gelegenheit bietet, die beiden Energien besser miteinander zu kombinieren. Die Gebetsschnur und die Gesänge bewirken auf subtile Weise einen Ausgleich, und sie bringen schließlich die positiveren Auswirkungen dieser Planetenkombination zum Vorschein.

Wenn du spürst, daß die Gebetsschnur dir gute Dienste geleistet hat und du zufrieden bist, leg sie zur Seite. Falls du dieselben Muster später noch einmal bei dir feststellst, kannst du mit der Gebetsschnur einen «Auffrischungskurs» machen. Vielleicht gibst du sie auch an jemanden weiter, der denselben Aspekt wie du in seinem Horoskop hat. Je mehr die Gebetsschnur benutzt wird und je mehr Leute sie verwenden, desto stärker wird sie. Du kannst auch für jemand anderen eine Gebetsschnur machen, unter der Voraussetzung, daß du in deinem Horoskop denselben Planetenaspekt hast. Andernfalls mußt du der Person einfach die Perlen geben und erklären, was zu tun ist.

Bach-Blüten

Im Herbst 1981 wurde meine Heilarbeit um ein wichtiges Element bereichert, als ich die homöopathischen Mittel von Dr. Edward Bach aus England kennenlernte. Diese flüssigen Arzneien sind dafür bestimmt, emotionale und geistige Zustände wie Furcht, Groll oder Gefühle der Schuld oder der Minderwertigkeit zu bekämpfen. Sie werden als Bach-Blüten-Essenzen bezeichnet. Man gewinnt sie aus Blüten von Bäumen und anderen Pflanzen. Es wird ein Auszug hergestellt, der, wie der anderer homöopathischer Mittel, über der Ebene chemischer Wirkung liegt. Seit ihrer Entwicklung in den 30er Jahren wurden zu ihnen klinische Fallstudien durchgeführt. Von einer bedeutsamen Forschungsstudie werden wir gleich hören.

Die klassischen 38 Bach-Blüten-Essenzen stehen mit verschiedenen emotionalen Zuständen in Verbindung. Sie spiegeln die Bedürfnisse und Ängste der Zeit wider, in der sie entwickelt wurden. Es war die Zeit der Weltwirtschaftskrise und des aufziehenden Faschismus. Demgemäß gibt es eine Anzahl von Mitteln gegen Depression, wobei die verschiedenen Arten von Depression, für die sie sich eignen, genau beschrieben sind. Auch für viele andere starre emotionale Muster, die durch reine Gesprächstherapie schwer zu übewinden sind, gibt es Heilmittel. Die Blüten-Essenzen werden in konzentrierter Form in kleinen Fläschchen (den *stock bottles*) angeboten. In eine Tropfflasche (20 ml) mit Quellwasser gibt man vier Tropfen der Essenz. Ein Teelöffel Brandy oder Apfelessig kann der Verdünnung als Konservierungsmittel hinzugefügt werden. Von der fertigen Mixtur nimmt man für gewöhnlich viermal täglich je vier Tropfen, vorzugsweise nach dem Aufstehen und vor dem Schlafengehen.

Für Alkoholiker nimmt man statt Brandy Essig zum Konservieren. Die Konzentrate selbst sind mit Brandy konserviert, so daß ich für Alkoholiker die Zusammensetzung auf einen Tropfen der Essenz reduziere. Das scheint keine negativen Auswirkungen zu haben.

Während der ersten Tage kann es durch das Mittel zu einer vorübergehenden Intensivierung der Gefühle kommen, die es heilen soll. Diese «Heilkrise» werden wir später näher besprechen. Das Problem verschlimmert sich aber nicht – es wird dir nur mitsamt der ihm zugrundeliegenden Gedankenmuster deutlicher bewußt. Die Bewußtseinserweiterung – auch wenn sie unbequem ist – ist Bestandteil des Heilungsprozesses: Die Gedanken werden schließlich so unangenehm und peinigend, daß man zur Veränderung bereit ist. Nimmt man das Mittel weiter, wirkt es ausgleichend. Vielleicht mußt du mehrere Fläschchen der Mixtur einnehmen, um eine eingefleischte Gewohnheit zu verändern. Es wird aber der Tag kommen, an dem du erkennst, daß du dich verändert hast. Du wirst dann merken, daß eine Situation, die früher bei dir Angst oder Depression ausgelöst hätte, keine der alten Reaktionen mehr hervorruft.

Ich verwende diese Mittel seit einigen Jahren in meiner Arbeit als Astrologin und Lebensberaterin, und ich finde sie von unschätzbarem Wert. Das Geburtshoroskop zeigt auf, welche Eigenschaften der Persönlichkeit mit Problemen behaftet sind, während die Transite verdeutlichen, welche aktuellen Schwierigkeiten im Hinblick auf unsere Pläne bestehen. Geburtshoroskop und Transite zusammen ermöglichen es mir, Heilmittel zum psychologisch besten Zeitpunkt zu verabreichen. Für einen Klienten ist es frustrierend, bei all den Informationen der Horoskop-Interpretation so wenig Anhaltspunkte zu bekommen, wie er etwas verändern kann.

Eine äußerst sorgfältig durchgeführte Studie über die Wirksamkeit der Bach-Blüten-Essenzen wurde von Dr. Michael Weisglas im Rahmen seiner Dissertation erstellt. Er wollte testen, ob die Mittel nur aufgrund innerer Überzeugung wirken und unternahm deshalb einen Placebo-Versuch. Zuerst führte er mit drei verschiedenen Gruppen eine Reihe von psychologischen Tests durch. Dann erhielt die erste Gruppe braune Tropffläschchen, in denen sich nur Quellwasser und Brandy – also ein Placebo – befand. Der zweiten Gruppe wurden Fläschchen gegeben, die Quellwasser, Brandy und vier Bach-Blüten-Essenzen enthielten. Die dritte Gruppe erhielt dasselbe, aber mit sieben Blüten-Essenzen. Da sämtliche Essenzen mittels Brandy konserviert wurden, hatten alle dasselbe Aussehen und denselben Geschmack. Es war ein Doppel-Blindversuch – auch die Leute, welche die Fläschchen verteilten, wußten nicht, in welchen die Placebos und in welchen die echten Mittel waren.

Nach drei- beziehungsweise sechswöchiger Einnahme der Mittel wurden mit den Versuchspersonen nochmals dieselben psychologischen Tests durchgeführt. Dabei zeigte sich bei der Gruppe mit den Placebos keine nennenswerte Besserung, während die beiden anderen Gruppen eine bemerkenswerte Zunahme an Selbstbewußtheit, Selbstvertrauen, Wohlbefinden, Vitalität und Kreativität aufwiesen. Die Gruppe mit den sieben Essenzen erlebte jedoch mehr Streß und hatte die starke Neigung, den Versuch abzubrechen. Daraus schloß Dr. Weisglas, daß man nicht mehr als drei oder vier Mittel gleichzeitig verwenden sollte, um gegenseitige Beeinträchtigungen zu vermeiden.

Zusätzlich zu den klassischen Blüten-Essenzen wurden während der letzten 15 Jahre viele andere Mittel entwickelt, einschließlich derjenigen, die mittels Edelsteinen auf ähnliche Weise gewonnen werden wie die Pflanzen-Essenzen. So wie die Bach-Blüten die Zeit der Weltwirtschaftskrise widerspiegeln, in der sie entwickelt wurden, weisen die neueren Essenzen den Geist der 70er Jahre auf, der von der ökologischen Bewegung sowie von der zunehmenden Aufgeschlossenheit für spirituelle Lehren, die nicht aus dem Westen stammen, geprägt ist. Die Essenz *Blackberry* fördert zum Beispiel den bewußten Selbstausdruck und das kreative Denken, *Manzanita* fördert die Erdung, und *Sunflower* bringt das Ego mit dem Höheren Selbst in Einklang. Die besondere Nützlichkeit dieser Gruppe von Essenzen besteht darin, daß sie die Stärken einer Person in den Vordergrund stellt und aus den positiven, wachstumsorientierten Persönlichkeitsteilen Nutzen zieht. Im Gegensatz dazu scheinen die Bach-Blüten-Essenzen mehr auf das Ausmerzen von Negativem ausgerichtet zu sein. Beide sind für die emotionale Wiederherstellung notwendig, denn die Verwirklichung unserer Stärken und Talente ist genauso wichtig wie die Verringerung von Kummer und Schmerz.

Möchtest du mehr über diese Mittel erfahren, dann solltest du die Bücher konsultieren, die in der Bibliografie angeführt sind. In den anderen Kapiteln wir sehen, welche Mittel bei den verschiedenen Problemen helfen, die wir durch Aspekte mit äußeren Planeten (im Geburtshoroskop oder im Transit) erfahren. Diese Blüten-Essenzen sind ein ausgezeichnetes Hilfsmittel, dessen Anwendung du leicht erlernen kannt und mit dem du deinen Klienten die Möglichkeit bietest, mehr als nur Einsicht zu gewinnen. Wenn du die aktuellen Transite kennst, dann hast du einen Hinweis darauf, welche Problembereiche mithilfe des entsprechenden Mittels gerade erfolgreich angegangen werden können. Transite motivieren den Menschen zur Arbeit an seinen Problemen.*

Die Heilkrise

Wenn du einen Bereich deines Lebens, den du im Begriff bist umzugestalten, einer ernsthaften Prüfung unterziehst, hat es manchmal den Anschein, als ob sich das Problem verschlimmert hätte. Das trifft aber in Wirklichkeit nicht zu. Du hast nur deine Scheuklappen abgelegt und entdeckt, wie sehr sich die Dinge zum Negativen entwickelt haben, während du das Problem ignoriertest. Nicht deine Schwierigkeiten sind im Wachsen begriffen, dein Bewußtsein ist es. Diese Reaktion, die als «Heilkrise» bezeichnet wird, geschieht bei vielen Therapieformen, von der Psychotherapie bis hin zu den esoterischen Methoden. Manchmal stellt der Transit an sich schon eine Heilkrise dar, auch ohne Bemühungen deinerseits, die Konflikte, die er hervorruft, durchzuarbeiten. Unterdrückte Emotionen müssen ans Tageslicht kommen, damit du das Problem lösen kannst. Dadurch scheint es manchmal, als hätten sich die Dinge verschlechtert. Wenn du zum Beispiel den Ärger über das Benehmen eines Mitarbeiters schon seit geraumer Zeit unterdrückt hast, wird vielleicht eine Auseinandersetzung nötig sein, um die Atmosphäre zu reinigen und die Situation zu ändern.

---

* In Deutschland sind Bach-Blüten-Essenzen nicht frei erhältlich. Du kannst deinen Arzt bitten, sie dir zu verschreiben. Ansonsten besteht die Möglichkeit, dich in einer esoterischen Buchhandlung oder in entsprechenden Zeitschriften über Bezugsquellen zu informieren.

Wie ich bereits in *Erkennen und Heilen von Pluto-Problemen* darlegte, kann bei dieser zeitweiligen Intensivierung des inneren Kampfes fast der Eindruck entstehen, als würde das Problem erkennen, daß seine Macht über uns in Gefahr ist. Es bläht sich so groß und bedrohlich auf wie nur möglich, damit wir wieder klein beigeben. Das Es, welches sich auf diese Weise bemerkbar macht, existiert nicht losgelöst von uns – es ist ein unbewußter Bestandteil unseres Wesens. Früher hatte dieses Es einmal seine Daseinsberechtigung als Überlebenshilfe, doch dann blieb es weiter bestehen. Es kommt jetzt im Hinblick auf neue Situationen auch dann zur Anwendung, wenn es nicht angemessen ist.

Als Experiment kannst du einmal versuchen, mit deinem Neptun- oder Uranus-Anteil Verbindung aufzunehmen, indem du dich zum Beispiel hinsetzt und einen Brief schreibst, der mit den Worten «Lieber Neptun» oder «Lieber Uranus» beginnt. Frage Uranus, warum du in deiner Beziehung zu Autoritätspersonen ständig ein bestimmtes Verhaltensmuster wiederholst. Du kannst davon ausgehen, daß der Uranus-Anteil versucht, dich zu beschützen oder dir zu helfen – selbst dann, wenn das Verhaltensmuster sehr schmerzhaft ist. Er antwortet vielleicht schon, während du noch schreibst – vielleicht aber auch in anderer Form, zum Beispiel im Traum. Wenn du ehrlich dazu bereit bist, mit diesem Teil von dir in Verbindung zu treten, wirst du von ihm hören.

Du darfst, wenn du an deinen Problemen mit den äußeren Planeten arbeitest, nicht verkennen, daß es zu einer Heilkrise kommen kann. Die angewandten Mittel könnten dich mit unwillkommenen Erinnerungen und Emotionen konfrontieren. Wenn du zum Beispiel die Übungen aus dem Kapitel über Angst machst, wird dir vielleicht bewußt, wieviel Angst du mit dir herumträgst. Diese Angst mag aus Ereignissen der Vergangenheit stammen, und du versuchst vielleicht, sie auf etwas Gegenwärtiges zu übertragen, weil es schwierig ist, zu derart lange zurückliegenden Ereignissen so intensive Gefühle zuzulassen. Versuche nicht, Gefühle wegzurationalisieren. Sie zu erfahren und herauszufinden, woher sie stammen, ist Bestandteil des Loslassens und führt schließlich zur Befreiung. Vermeide Alkohol, allzu üppiges Essen und Nikotin und nimm keine Drogen oder Beruhigungsmittel, denn das würde den Prozeß blockieren oder seine Wirkung abschwächen. Wenn du auf die Emotionen weder impulsiv reagierst noch etwas tust, um sie einzukapseln, hast du bessere Heilungschancen und bist mit allem schneller durch.

Ist die Heilkrise vermeidbar? Können wir nicht einfach plötzlich geheilt sein? Wahrscheinlich geht das nicht – das Bewußtsein ändert sich nicht so schnell, daß sich die Schwierigkeiten in Luft auflösen könnten. Probleme, die mit den äußeren Planeten zusammenhängen, sitzen sehr tief, und du wirst sie nicht auf die einfache Tour loswerden. Die meisten von uns ziehen ihre Hände erst dann vom Feuer weg, wenn sie sich einmal verbrannt haben. Du kannst aber nun die Entscheidung treffen, ohne diese schmerzhaften Erfahrungen auszukommen.

Jedem das Seine

Jedem das Seine – das sollte der Leitsatz des Astrologen sein. Natürlich benutzt du für einen uranischen Menschen nicht dasselbe Heilmittel wie für einen Saturnier, und ein Neptunier ist von Dingen abgestoßen, auf die ein saturnischer Mensch gut reagieren würde. In *Erkennen und Heilen von Pluto-Problemen* habe ich ein ganzes Kapitel der Frage gewidmet, wie Plutonier auf eine astrologische Konsultation und auf Heilungsversuche reagieren. Da wir in diesem Buch auf Saturn, Uranus und Neptun nicht in der gleichen Ausführlichkeit eingehen können, zeige ich hier ein paar grundlegende Prinzipien auf.

Der saturnische Mensch. In der Heilarbeit solltest du auf die Tatsache vorbereitet sein, daß ein Saturnier gegenüber subtiler Beeinflussung große Widerstandsfähigkeit zeigt. Vielleicht muß ein Mittel über Monate hinweg angewendet werden. Neptunier oder Menschen, deren Transite sie an einen Punkt gebracht haben, an dem sie zur Heilung wirklich bereit sind, können schnell Wirkung erfahren, bei einem engstirnigen Saturnier dagegen kann das länger dauern. Ein Faktor ist das Kristallisations-Prinzip, das am negativen Saturn-Spektrum einen großen Anteil hat, sowie die Furcht, daß eine Veränderung die liebgewonne und mühsam errichtete Struktur zerstören könnte. Andere Faktoren sind Pessimismus, Negativität und Vorsicht des Saturniers. Wenn du ihn dazu bringst, zum Ausgleich seines negativen Denkens Affirmationen anzuwenden, wird die Heilung schneller voranschreiten. Etwas Positives hat der Saturnier: Wenn man ihn davon überzeugen kann, daß etwas gut für ihn ist, wird er hart und bewußt an seiner Heilung arbeiten.

Der uranische Mensch. Uranische Menschen reagieren im allgemeinen gut auf Gruppen, besonders auf Selbsthilfe-Gruppen, in denen sie ihre Unabhängigkeit bewahren können und in denen keiner ihnen sagt, was sie zu tun haben. Manchmal reagieren sie am besten auf die paradigmatische Methode, was, einfach ausgedrückt, die Psychologie der Umkehrung ist. (Was mußt du sagen, damit der Wassermann das tut, was er machen soll? »Du darfst auf keinen Fall dieses oder jenes machen!«) Du mußt bei ihm an den Intellekt oder an die Neugierde appellieren statt an die Gefühle – was auch dann gilt, wenn die Abspaltung der Emotionen das Hauptproblem ist.

Trifft letzeres zu, mußt du diesen Menschen damit fangen, daß du ihn neugierig darauf machst, was es mit den abgespalteten Gefühlen wohl auf sich hat. Vielleicht kannst du ihm auch aufzeigen, wie der Mensch von der Gesellschaft darauf programmiert wird, seine Gefühle zu ignorieren. Vielleicht entschließt er sich dann, der Gesellschaft die Stirn zu bieten und seine Empfindungen zuzulassen. Wenn du ihm das Gefühl geben kannst, er sei selbst darauf gekommen, ist das natürlich noch besser.

Wenn das Verhalten eines Uraniers als gesellschaftsfeindlich oder als unkonventionell angesehen wird, glaubt er im allgemeinen, daß dies das Problem der Gesellschaft sei und nicht sein eigenes, und daß sich die Gesellschaft ändern müßte und nicht er. Es hat also keinen Sinn, ihm zu sagen, daß er sich anpassen muß. Sein Mantra ist: »Selber schuld, wer keinen Spaß versteht.« Vielleicht hört er eher auf dich, wenn du ihm gesellschaftliche Trends aufzeigst, die sich auf sein Problem beziehen. Vielleicht kannst du ihm sogar das Gefühl vermitteln, daß er seiner Zeit voraus ist. Die beste Therapie für alle uranischen Menschen ist, sich in sozialen Aktivitäten zu engagieren – die Verbesserung der Gesellschaft ist schließlich einer der Hauptgründe für ihre Inkarnation.

Was die eher esoterischen Heilmethoden dieses Buches betrifft, geben sie für Uranier nicht sehr viel her. Du wirst bemerken, daß der Abschnitt über Uranus in bezug auf Heilmittel nur sehr wenig enthält. Der Uranier wird dich wahrscheinlich mit Gelächter überschütten, wenn du ihm unsichtbares Licht, Blüten-Essenzen oder Planeten-Gesänge empfiehlst. Du kannst ihm wissenschaftliche Beweise an die Hand geben – und trotzdem wird das Medizinfläschchen, das du ihm überreichst, Schimmel ansetzen und niemals gebraucht werden. Schlage ihm als Experiment vor, herauszufinden, warum die Medizin wirkt, obwohl er nicht daran glaubt, beweise ihm, daß das Establishment alternative Heilmethoden unterdrückt. Vor allem aber beziehe keine zu dogmatische Position, weil er darauf mit Rebellion reagieren wird. Vielleicht haben diese Menschen ja auch recht, und es ist das Problem der Gesellschaft!

Der neptunische Mensch. Auf der anderen Seite stehen die neptunischen Menschen, die so gut wie alles schlucken, was du ihnen empfiehlst – mit Ausnahme des Falls, daß es dem widerspricht, was ihnen ihr geistlicher Führer oder Guru gesagt hat. Schreibe die Instruktionen klar und in allen Einzelheiten nieder, weil der Neptunier zu Vergeßlichkeit oder auch zu Verdrängungen neigt. Das Problem ist, ihn dazu zu bringen, eigenverantwortlich zu handeln – du stehst in der Gefahr, sein nächster Guru zu werden und die ganze Nacht hindurch hysterische Telefonanrufe zu erhalten. Gibt es in dir einen Teil, der gerne den Retter spielt, dann ist der Neptunier genau richtig für dich, und ihr beide seid ein passendes Gespann – ob im Himmel oder in der Hölle. Vielleicht solltest du das einnehmen, was ich als *Retter-Heilmittel* bezeichne (um es von der

Bach-Blüten-Essenz *Rescue* zu unterscheiden). Das *Retter-Heilmittel* besteht aus den Essenzen *Red chestnut* (für übertriebene Mutterliebe), *Centaury* (für Menschen, die sich von anderen ausnutzen lassen), *Chicory* (für jene, die andere ändern oder bessern wollen) und *Pine* (für Menschen mit übertriebenen Schuldgefühlen, die für die Fehler der anderen die Verantwortung übernehmen).

Ein anderer Teil des neptunischen Charakters, vor dem du dich in acht nehmen mußt, ist seine Neigung zur Abhängigkeit oder Sucht. Der falsche oder übermäßige Gebrauch einer Substanz – ob es sich dabei um Alkohol, Drogen oder auch um Essen handelt –, wird eure gemeinsame Arbeit beeinflussen. Solche Dinge blockieren nämlich die Gefühle und behindern den Heilungsprozeß. Frage gezielt nach diesbezüglichen Gewohnheiten. Behauptet er, nicht allzuviel zu trinken, mußt du dich erkundigen, wieviele Cocktails oder Biere es täglich sind und ob sich die Menge am Wochenende erhöht. Wenn er sagt, daß er nur ein Mittel zur Entspannung nimmt, frage ihn, wie oft er sich entspannen muß. Manchmal unterscheidet sich seine Vorstellung vom «Es-sich-gut-gehen-Lassen» ganz erheblich von der der Mitmenschen. Bedenke auch, daß ein Neptunier mit seiner zur Abhängigkeit neigenden Persönlichkeit über seine Gewohnheiten sehr überzeugend lügen kann, vor allem deshalb, weil er sich selbst belügt. Leugnen ist ein starkes Verteidigungsmittel beim Entstehen von Sucht. Vielleicht wäre es besser, du würdest mit akut Süchtigen nicht arbeiten, es sei denn, daß sie dazu bereit sind, sich einer Gruppe wie zum Beispiel den Anonymen Alkoholikern anzuschließen.

Über den verantwortungsvollen Gebrauch der Heilmittel

Da du nun einen Überblick über verschiedene Heilmittel hast, ist es wichtig, darauf hinzuweisen, daß du bei deren Anwendung sehr vorsichtig sein mußt. Jedes dieser Mittel ist für sich allein schon machtvoll; miteinander kombiniert, verstärkt sich die Wirkung. Es ist daher erforderlich, daß du sie behutsam und vorsichtig einsetzt und langsam vorgehst, um die Empfindlichkeit gegenüber jedem einzelnen Hilfsmittel zu testen. Einige Menschen sind den Blüten-Essenzen gegenüber so empfindlich, daß es sofort zu starken Reaktionen bis hin zur Heilkrise kommt. Andere dagegen brauchen ziemlich lange, bis sich auch nur die kleinste Besserung einstellt. Auch Farben können beschleunigte Reaktionen hervorrufen, und bei manchen Menschen kommt es durch einige Farben zu einer schweren Katharsis – während andere wiederum die Farbheilung als sehr angenehm empfinden. Die Reaktion eines jeden Menschen auf jedes einzelne Mittel muß genauestens überwacht werden. Das erfordert deine Bereitschaft, allen Reaktionen und Ergebnissen auf etwas, was du empfohlen hast, nachzugehen.

Außerdem muß die ganze Person berücksichtigt werden, wofür sich das Horoskop ausgezeichnet eignet. Menschen mit schwierigen Saturn-Aspekten müssen zum Beispiel unbedingt ihre Furcht bekämpfen; es ist aber damit zu rechnen, daß sie auf blaues Licht und die Bach-Blüten-Essenzen gegen Furcht äußerst empfindlich reagieren. Wenn die Katharsis eintritt, werden sie dem Geschehen wahrscheinlich mit extremer Angst begegnen. Im Grunde haben diese Menschen Angst vor der Angst. Du mußt wissen, mit wem du es zu tun hast und welcher Teil des Horoskops zur Zeit durch Transite betont ist. (Ich finde, daß Heiler, Therapeuten und Menschen im Gesundheitswesen, die nicht auf die Astrologie zurückgreifen, ein großes Handicap haben. Ich räume aber gerne ein, daß man diesen Standpunkt von einer Astrologin erwarten kann.)

Auch wenn man über die betreffende Person in einem gewissen Ausmaß Bescheid weiß, muß man behutsam vorgehen. Es versteht sich von selbst, daß eine beiläufige Verordnung von Heilmitteln unverantwortlich ist. Zum Beispiel sind viel zu viele Menschen ohne formales Hintergrundwissen und ohne Erfahrung mit Heilpflanzen, Anatomie, Chemie, Pathologie oder zumindest in der Botanik bereit, dir nach einem kurzen Gespräch zu sagen, welche Heilpflanzen du nehmen solltest. Das ist, als würde die Nachbarin dir die Pillen geben, die der Arzt ihr letztes Jahr verordnete, als sie so ähnliche Symptome hatte wie du jetzt. Genauso vorsichtig sollte man mit Licht, Farbe, Schwingung oder jedem anderen Mittel umgehen, das in diesem Buch besprochen wird.

Kapitel 3

Das Wesen Saturns

Jupiters guter Ruf in der traditionellen Astrologie wird nur vom schlechten Ruf des Saturn übertroffen. Meiner Meinung nach ist beiden Urteilen mit Vorsicht zu begegnen. Wie kann Saturn so schlimm sein, wo doch sein Ring etwas von einem Heiligenschein hat? Tatsächlich können wir durch die Entwicklung positiver Saturn-Eigenschaften – Selbstdisziplin, Ausdauer, Stabilität und Verläßlichkeit – in unserem Leben etwas Bleibendes schaffen.

Das Spektrum Saturns

Das Wesen von Planeten ist neutral, da es verschiedene Ausdrucksformen ihrer Energien gibt. Negative Eigenschaften sind nur ein extremer Ausdruck des Positiven. Viele Eigenschaften Saturns sind – wie die der anderen Planeten auch – positiv, solange sie nicht übertrieben werden. Die Stabilität von Saturn ist wunderbar, solange sie nicht zu starr wird. Zielstrebigkeit ist in Ordnung, solange man sie nicht bis zur Skrupellosigkeit betreibt. Nichts gegen Ordnung und Organisation – solange sie nicht in Zwanghaftigkeit ausarten und man nicht Listen von seinen Listen macht oder aus der Fassung gerät, wenn sich etwas Unvorhergesehenes ergibt. Verantwortungsbewußtsein und Gewissenhaftigkeit sind gute Eigenschaften, solange man nicht übertreibt und von Schuldgefühlen übermannt wird. Realismus und Vorsicht sind in Ordnung, solange man sie nicht auf die Spitze treibt, schüchtern und pessimistisch wird und

Angst vor allem Neuen hat. Man kann hier eine Zweiteilung in *positiver* und *negativer* Saturn vornehmen.

Der positive Saturn wird zum negativen, wenn

Qualitätsstreben	*zu Perfektionssucht wird*
hohe Maßstäbe	*zu unrealistischen Erwartungen werden*
Ordnung	*zu Unbeweglichkeit wird*
Struktur	*zu Rigidität wird*
Pflichtgefühl	*zu Schuldgefühlen führt*
Vorsicht	*zu Schüchternheit und Angst wird*
Realismus	*zu Zynismus oder Pessimismus wird*
Ehrgeiz	*zu Skrupellosigkeit wird*
Stabilität	*zu Schwerfälligkeit wird*
Organisation	*zu Zwanghaftigkeit wird*

Saturn kommt auf zwei Arten zum Ausdruck – auf eine *vernünftige* und eine *unvernünftige*. Die *unvernünftige* Weise ist die des rigiden Super-Egos, das Perfektion erwartet. Es ist ein innerer Dämon, der uns antreibt und bestraft. Ständig vergleicht er uns mit anderen und stellt fest, daß wir nicht gut genug sind. Menschen mit Saturn-Aspekten zu persönlichen Horoskop-Punkten (der Sonne, dem Mond, dem Aszendenten und dem MC) haben eine besondere Neigung zu diesem Saturn-Ausdruck. Dasselbe gilt, wenn ein Mensch einige Planeten oder andere wichtige Horoskop-Faktoren im Steinbock hat.

Der *vernünftige* Saturn, ein Verbündeter in unserem Drang nach Selbstbeherrschung und Vollkommenheit, sagt: »Ich möchte dieses oder jenes erreichen, also mache ich mich daran und entwickele einen Aktionsplan. Ich überlege, wie dieses Ziel Wirklichkeit werden könnte, wie ich den Weg in kleine, überschaubare Etappen aufteilen und dadurch den Gipfel des Berges erreichen kann. Was muß ich im Rucksack mit mir führen, und was kann ich zurücklassen?« Kommt Saturn auf diese Weise zum Ausdruck, ist er ungemein hilfreich, weil er Struktur und Selbstdisziplin bringt. Bestimmte Wertvorstellungen zu haben und viel von sich zu erwarten, ist gut; keine Nachsicht mit sich zu haben, führt zur Selbstzerstörung.

Saturn und Starrheit

Saturn herrscht über Kristalle und Kristallisierung, über die Struktur, die sich zur Form verdichtet. Im menschlichen Körper regiert er das Knochensystem und die Haut – ohne ihn würden wir einer Qualle gleichen. In unserem Leben repräsentiert er Struktur – welche wir zu einem gewissen Grad brauchen –, aber auch die Neigung, in Mustern zu erstarren oder zu kristallisieren. Unser Abwehrmechanismus und die Art, wie wir mit sich wiederholenden Situationen umgehen, lassen uns oftmals starr und unbeweglich werden. Mangelnde Anpassungsfähigkeit könnte man als Dinosaurier-Effekt bezeichnen, das heißt, wir verhalten uns noch immer auf eine Art und Weise, die früher einmal angemessen war, den heutigen Anforderungen aber nicht mehr entspricht. Vielleicht hast du aufgrund von harter Saturn-Arbeit Erfolg – wenn du aber in der heutigen, sich rasch verändernden Welt nicht flexibel bist, wirst du nicht lange erfolgreich sein. Schauspieler, die auf einen bestimmten Typ festgelegt sind, begrenzen ihren Erfolg, und so geht es auch Akademikern und Geschäftsleuten.

Saturn-Muster werden schon früh festgelegt, zumeist beim ersten Saturn-Quadrat zur Geburtsstellung im Alter von sieben Jahren. Anpassungsmechanismen aus der Kindheit, die für den Erfolg in der Familie notwendig waren, sind später oftmals nicht mehr zweckdienlich. Zum Beispiel waren Menschen mit Venus/Saturn-Aspekten möglicherweise zu einem bestimmten Verhalten gezwungen, um von ihren Eltern geliebt zu werden. Doch in der Außenwelt rufen diese Verhaltensweisen nicht unbedingt Liebe hervor. Wir werden darauf noch zurückkommen.

Menschen mit Saturn-Aspekten zu persönlichen Horoskop-Punkten (zum Aszendenten oder MC oder auch zur Sonne oder zum Mond) waren oftmals schon in jungen Jahren gezwungen, sich als Saturnier zu präsentieren und große Ernsthaftigkeit und viel Verantwortungsgefühl zu zeigen. Diese Menschen haben die Neigung, zu früh, auf einer unreifen Stufe, zu kristallisieren. Die Saturn-Zyklen repräsentieren den Reifungsprozeß; paradoxerweise kann aber die Saturn-Position aufzeigen, wo wir am wenigsten reif sind oder wo die Reife im Namen der Pflicht geopfert wird. Kein siebenjähriges Kind kann wirklich ein Erwachsener sein, daher bleibt ein Siebenjähriger, der die Verantwortung eines Erwachsenen übernehmen muß, in bezug auf andere wichtige Entwicklungsaufgaben und gesellschaftliche Fähigkeiten auf dieser Altersstufe stehen. Es könnte sein, daß die harte Schale des Erwachsenen immer gegenwärtig ist, hinter dieser aber ein verängstigtes Kind steckt, das sich angesichts der unerfüllbaren Forderungen klein und minderwertig fühlt. Bis in die Zeit unseres Erwachsenenlebens hinein kann diese Erstarrung reichen. Wir fürchten uns so sehr vor Fehlschlägen, daß wir eine starre Abwehrhaltung einnehmen, die unsere Entwicklung behindert.

Der Grad unseres Geburts-Saturns gibt uns Hinweise, *wann* diese Kristallisierung aufgetreten sein könnte, während Haus, Zeichen und kritische Aspekte uns zeigen, in welchem *Lebensbereich* es dazu kam. Hierzu ein Beispiel: Ein Mensch, dessen Saturn auf 16 Grad im Skorpion im 10. Haus steht, mußte mit 16 Jahren, als sein Vater an Alkoholismus starb, viel Verantwortung übernehmen. Er empfand viel Groll über diese Belastung, die es auch erforderlich machte, einen Job zu finden und nach dem Schulunterricht zu arbeiten. Als Erwachsener hatte er Machtkämpfe mit Autoritäten und zeigte bei der Arbeit ein böswilliges und verantwortungsloses Verhalten. Es ist wohl unnötig zu sagen, daß dies seinen Erfolg einschränkte. Bei der Saturn-Wiederkehr aber begann er, sich ernsthaft damit zu beschäftigen, wie sich der Tod seines Vaters und sein eigener unbewältigter Schmerz ausgewirkt hatten. Er schaffte es, für seinen Anteil an den Machtkämpfen mit Vorgesetzten die Verantwortung zu übernehmen sowie für den lange verdrängten Groll über den Zwang, zu früh erwachsen zu werden. Wenn du in den Saturn-Bereichen deines Lebens unter Hemmnissen leidest – oder einer deiner Klienten –, kann eine ähnliche Analyse vielleicht zur Identifizierung der Ursachen beitragen. Die Heilmittel aus den anderen Kapiteln können helfen, eine Strategie für die Beseitigung der Barrieren zu finden.

Etwas über die Zeit

Mit meinem Venus/Saturn-Aspekt bin ich ein Glückspilz, was zeitliche Abstimmung oder Koordinierung betrifft. Je älter ich werde, desto deutlicher spüre ich, wie perfekt der Zeitfaktor in meinem und im Leben anderer Menschen wirkt. Das «Timing» ist immer perfekt – lediglich unsere Wahrnehmung und unser Verständnis sind unvollkommen und erzeugen Frustrationen. Spirituelle Lehrer sagen, daß Zeit eine Illusion ist und den Versuch unseres bewußten Denkens repräsentiert, unsere Erfahrungen zu strukturieren und zu ordnen. Einige sagen, alles Leben geschähe gleichzeitig, im Ewigen Jetzt.

In unserer jugendorientierten Kultur haben wir alle eine übermäßige Angst vor dem Älterwerden entwickelt. Deshalb sind die Transite und Zyklen von Saturn, die im allgemeinen ein gesteigertes Bewußtsein für den Lauf der Zeit mit sich bringen, für uns problematischer als für Kulturen und Epochen, in denen Weisheit und Erfahrung des Alters geschätzt werden.

Eine Meditation über Saturn und Zeit

Atme langsam und entspanne deine Muskeln. Lasse die Spannungen los. Atme immer langsamer.

Benutze das Ticken der Uhr, um immer tiefer in dein Zentrum hinabzusteigen. Der Rhythmus des Tickens ist wie der Herzschlag, der seinen eigenen körperlichen Rhythmus hat. Unser Leben muß rhythmisch sein – nicht unseren Anstrengungen angepaßt.

Gewinne ein Gefühl dafür, daß Zeit zwar wichtig ist, aber immer weiter fortläuft. Es geht immer weiter. Wir selbst bestimmen unser Tempo, und insgeheim wissen wir, daß sich alles zur rechten Zeit erfüllen wird.

Ebensowenig wie den Tagesablauf kannst du deinen eigenen inneren Zeitplan beschleunigen, in dem festgelegt ist, wann sich etwas entwickelt und in Erscheinung treten wird. Vertraue darauf, daß alles richtig abläuft, so wie du darauf vertraust, daß es acht Uhr wird, nachdem es sieben Uhr gewesen ist, und daß nach der achten Stunde die neunte kommt. Du mußt dich nicht darum kümmern – es wird neun Uhr, ohne daß du etwas dazu tun mußt. Genauso wird es mit deiner weiteren Entwicklung ablaufen, friedlich und allmählich, ohne jeden Zwang. Man kann Wachstum genausowenig beschleunigen, wie man Mitternacht vorverlegen kann.

Alles geschieht zu seiner Zeit

Ständig beurteilen wir uns nach perfektionistischen Leistungs-Standards und verkennen, welche Weisheit in den scheinbar unergiebigen Perioden liegt. In der Steinbock-Zeit ruht die Erde – es wächst nichts, aber der Boden regeneriert sich. In unseren Ruhepausen spielen wir, bewegen uns auf vertrautem Boden und bereiten uns auf die Zukunft vor.

Verzögerung ist kein Hindernis, sondern eine Gelegenheit, sich vorzubereiten und Fehler auszumerzen, die das Gelingen gefährden könnten. Wir wissen, daß Saturn eng mit Zeit und mit Geduld verbunden ist. Wenn wir ungeduldig vorwärtsdrängen, um das aufzubauen, was wir möchten, zu dem Zeitpunkt, den wir uns ausgesucht haben, dann kann uns der Sensenmann (Saturn) niedermähen und uns eine Lektion erteilen.

Verzögerungen können produktiv genutzt werden, indem man plant, wie man der Herausforderung entgegentritt. Eine gute Planung und sorgfältiges Nachdenken machen den Unterschied zwischen Erfolg und Mißerfolg aus. Du kannst die Zeit dafür nutzen, die erforderlichen Fähigkeiten zu erwerben oder auf ein höheres Niveau zu bringen. Im allgemeinen bedeutet eine Verzögerung, daß einige Handlungsteile noch nicht zusammengefügt sind. Es braucht ein solides Fundament, damit das Gebäude fest steht und nicht einstürzt. Richtig angewandt, tragen Verzögerungen gute Früchte, denn sie bereiten unser

Denken für die Arbeit auf einer höheren Qualifikationsebene vor. Oft müssen Menschen ihr Selbstkonzept ändern und sich als jemand erkennen, der die neuen Aufgaben bewältigen kann. Du kannst die Verzögerung nutzen, um in dieser Zeit die benötigten Fähigkeiten zu entwickeln, zusätzliche Informationen zu sammeln und dich in dem zu üben, was von dir verlangt werden wird. Man könnte Zeit als Abkürzung ansehen für den Satz: Zuerst ein intensives Training. Wenn du an einem 5000-Meter-Lauf teilnimmst, kannst du nicht schon in der ersten Runde gewinnen. Du kannst dich an den Leuten, die schon länger dabei sind, orientieren und von ihnen lernen, aber du solltest dabei dein Licht nicht unter den Scheffel stellen, nur weil du noch nicht so gut bist wie sie. Anstatt dich hart zu kritisieren, weil du noch nicht so weit bist, solltest du einfach den ersten Schritt machen. Irgendwann wirst du an deinem Ziel ankommen.

Ich habe im Leben meiner Klienten oft folgenden Ablauf beobachtet: Es bietet sich eine Gelegenheit, worauf für eine ganze Weile gar nichts geschieht oder scheinbar endlose Verzögerungen entstehen. Die Klienten sind dann frustriert und kommen zu einer Konsultation, um herauszufinden, wann sie mit einem Fortschritt rechnen können. Die astrologische Korrelation zu diesem Vorgang besteht im Transit eines äußeren Planeten (oft ist es Saturn) über einen Horoskop-Planeten, worauf ersterer in der Nähe stationär wird und dann rückläufig weit über die ursprüngliche Position hinausgeht. Wenn äußere Planeten rückläufig sind, beginnen wir oft im Inneren, uns auf die Arbeit vorzubereiten. Wenn der Planet wieder direktläufig wird und dabei wieder an die Transit-Stelle kommt, scheint sich nochmals die gleiche oder eine ähnliche Gelegenheit zu bieten. Geschieht dies bei dir oder einem deiner Klienten, mußt du sorgfältig überprüfen, welche vorbereitenden Schritte noch erforderlich sind, um die Aufgabe erfolgreich zu bewältigen. Benutze die rückläufige Periode, um für alles gerüstet zu sein!

Menschen, die auf einen New-Age-Beruf abzielen, sind oftmals von den scheinbar endlosen Verzögerungen frustriert, die sich bei der Manifestation ihrer Visionen ergeben. Oft haben sie das Gefühl, ihr Leben zu vergeuden, da sie bis zur Saturn-

Wiederkehr (zwischen 27 und 29) häufig von einem Job zum anderen treiben und nichts zu erreichen scheinen. Darin unterscheiden sie sich von ihren Altersgenossen, die für Routinearbeiten bestimmt sind und die es dem Anschein nach schon zu etwas gebracht haben, wenn sie 28 sind. Solche Muster finde ich oft bei Menschen mit starkem Uranus, Neptun oder Pluto, insbesondere dann, wenn sich der Planet im 6. oder im 10. Haus befindet oder das MC aspektiert. In dieser Verzögerung liegt ein Sinn, denn die meisten von uns sind nicht fähig, mit den Energien dieser Planeten vor der Saturn-Wiederkehr weise umzugehen. Ausgeglichenheit, Reife, Selbstdisziplin, eine gewisse Lebenserfahrung, die Fähigkeit, das Ego zu vergessen und eine Menge Wissen sind für eine solche Laufbahn erforderlich.

Glück, Pech und Planung

Von Saturn erwartet man Unglück. Doch oft ist Pech nur eine Folge schlechter Planung und falscher Zeiteinteilung. Durch besseres beziehungsweise regelmäßiges Planen kann vermeintliches Unglück vermieden werden. Zum Beispiel ist dir vielleicht bekannt, daß einige deiner Haushaltsgeräte jeden Moment kaputtgehen könnten. Daher solltest du, bevor es soweit ist, einen detaillierten Plan (oder auch einen Kostenvoranschlag) über die fälligen Reparaturen oder Neuanschaffungen erstellen. Lasse dich von solchen Geschehnissen nicht überraschen, wenn du es vermeiden kannst. Ein Fehlschlag in der Planung ist ein geplanter Fehlschlag.

Ich hatte einmal eine ziemlich flatterhafte Freundin, die ständig in Schwierigkeiten war. Sie fuhr ein schrottreifes Auto, an dem die Scheinwerfer fehlten und das jeden Moment auseinanderzufallen drohte. Eines Tages wurde sie wegen der fehlenden Scheinwerfer angehalten, und als sich herausstellte, daß sie ohne Führerschein unterwegs war, kam sie ins Gefängnis. Ihr Kommentar war: »Ich habe eben Pech.« Ich konnte nicht umhin zu äußern: »Nein, meine Liebe, das ist nur deine falsche Beurteilung der Lage.« Im Saturn-Bereich deines Horoskops wirst du viel weniger Pech haben, wenn du die positiven Saturn-Eigenschaften wie Planung, Vorsicht, Organisation und Selbstdisziplin einsetzt. Ziemlich oft zeigt sich: Je schwerer wir arbeiten, desto mehr Glück haben wir.

Die Gefahren des Perfektionismus

Helen DeRosis, die Verfasserin außerordentlich hilfreicher Bücher über Saturn-Probleme wie Angst und Depression, empfiehlt bei Furcht oder plötzlich auftretender Depression, sich die Frage zu stellen, welche unmöglichen Erwartungen oder Maßstäbe man für sich aufgestellt hat. Das Saturn-Haus und -Zeichen in unserem Horoskop können uns Hinweise geben, worauf sich diese unerfüllbaren Forderungen beziehen. Zum Beispiel haben Menschen mit Saturn in den Zwillingen den Anspruch an sich, daß sie immer klug sind und alle Dinge intellektuell bewältigen können. Menschen mit Saturn im 11. Haus erwarten von sich, daß sie immer der perfekte Freund sind, und von ihren Freunden, daß diese immer voll und ganz auf sie eingehen. Im allgemeinen haben die Menschen mit dem höchsten Perfektionsanspruch auch die stärksten Minderwertigkeitsgefühle, aus dem Grund, daß es ihnen beinahe unmöglich ist, den eigenen Maßstäben zu entsprechen.

Der Drang nach Perfektion ist kontraproduktiv. Studien haben gezeigt, daß Perfektionisten viel weniger erreichen als Menschen, die damit zufrieden sind, ihr Bestes zu geben und dann loslassen. Hast du etwas mit 90prozentiger Perfektion erledigt, dann reicht das wahrscheinlich. Perfektionismus kann aus Angst vor einem Fehlschlag zum Hinausschieben einer Sache führen. Die Vorstellung, den unvernünftigen Ansprüchen nicht gerecht zu werden, kann Lethargie und Passivität hervorrufen.

Der Versuch, perfekt zu sein, ist reine Zeitverschwendung. Wenn man 17 Stunden damit verbringt, eine Arbeit von einer Stunde zu perfektionieren, dann verschwendet man sein Leben. Erfüllung des Qualitätsanspruchs und Zeitaufwand sollten sich die Waage halten. Es gibt ein ausgezeichnetes Buch mit dem Titel *How to Get Control of Your Time and Your Life*, das sich zur Kompensation von Perfektionismus als nützlich erwiesen hat.

Es unterteilt Aufgaben in Kategorien von «wichtig» und «unwichtig» und listet sie, je nach Priorität, unter A, B oder C auf. Das Buch sagt, daß wir 80 Prozent unserer Zeit für Dinge verwenden, die höchstens 20 Prozent des Aufwandes wert sind. Wenn man nun 80 Prozent seiner Zeit auf die 20 Prozent wirklich wichtigen Dinge verwendet, wird man viel mehr erreichen.

Andererseits kann auch der Verdruß über Unzulänglichkeiten dazu führen, daß du bestrebt bist, perfekte Leistungen zu erbringen. Diese Schwäche irritiert dich vielleicht so lange, bis du etwas Grundsätzliches änderst und möglicherweise sogar etwas sehr Schönes daraus machst – so, wie die Auster das Sandkorn als Anlaß nimmt, eine Perle zu formen. Die Lösung liegt darin, zwischen Qualitätsanspruch und Selbstdisziplin auf der einen und dem Drang nach Perfektion – dem weniger konstruktiven Pol des Saturn-Spektrums – auf der anderen Seite einen Ausgleich zu finden.

Blüten-Essenzen für Saturn-Probleme

Eine Anzahl von Mitteln scheint wie für Saturn-Typen gemacht. Die Bach-Blüten-Essenz *Larch* eignet sich vorzüglich für Menschen, die Versagensängste haben und deshalb gar nicht erst tätig werden. *Beech* ist für den Perfektionisten, der anderen gegenüber kritisch und intolerant ist und auf Fehler gereizt reagiert. Es hilft auch allzu selbstkritischen Menschen. *Oak* ist für das saturnische «Arbeitstier», das sich tapfer durchkämpft und auch in verzweifelten Lagen niemals aufgibt – ein hartes Leben. *Rock water* ist für Saturnier, welche selbstquälerisch einem Ideal folgen. Diese Menschen sind hart, unbeweglich und zeichnen sich durch große Selbstverleugnung aus. *Vine* ist für diejenigen, die dominieren und herrschen wollen. *Water violet* ist das Mittel für Menschen, die sich von anderen fernhalten, dabei aber sehr tüchtig sind und sich ihrer Arbeit widmen.

Manche Heilmittel scheinen sich besonders für Saturn-Transite zu eignen. *Olive*, *Hornbeam* und *Oak* sind bei Ermüdung und Streß in verschiedenen Stadien – gemäß der angeführten Reihenfolge von leichteren zu schwereren Fällen – zu empfehlen. *Chestnut bud* hilft, aus den eigenen Fehlern zu lernen und nicht dieselben Muster ständig zu wiederholen. *Mallow* hilft, in bestimmten Übergangszeiten, die mit dem Saturn-Zyklus zusammenhängen, wie der *Midlife crisis*, den Wechseljahren und der Pubertät sowie bei Angst vor dem Altern überhaupt. *Thyme* hat mit unserer Zeiterfahrung zu tun, die von der Vergangenheit bis in die Zukunft reicht. Es hilft gegen das Gefühl, die Zeit würde zu langsam vergehen; es scheint die Dinge zu beschleunigen.

Saturn-Aspekte

Die hier gegebenen kurzen Interpretationen beziehen sich hauptsächlich auf schwierige Aspekte zum Geburts-Saturn. Diese umfassen die Konjunktion, das Quadrat, das Halbquadrat, das Anderthalbquadrat, das Quinkunx und die Opposition. Natürlich bestehen Unterschiede zwischen einem Saturn/Uranus-Quadrat und einer Saturn/Uranus-Opposition – dieses Buch ist aber nicht als Nachschlagewerk für die Aspekte gedacht. Ziel dieses Abschnittes ist es, dir die Art der Probleme zu Bewußtsein zu bringen, die bei einer bestimmten Planeten-Kombination auftreten können. Das wichtigste dabei ist die Information über die Heilmittel, die du bei auftretenden Blockierungen anwenden kannst.

♄ ☉ Saturn/Sonne-Aspekte

(oder auch Sonne im Steinbock, Sonne im 10. Haus)

Die Selbstachtung hängt von der erreichten Perfektion ab. Das eigene Selbst und der Selbstwert werden mit Arbeit, Karriere oder Erfolg identifiziert. Dieser Aspekt weist oft auf einen Vater hin, der kalt, kritisch, autoritär und anspruchsvoll war. Nichts, was das Kind tat, war jemals gut genug. Vielleicht war der Vater schon älter, sehr erfolgreich oder auf andere Weise sehr ehrgeizig – ob er nun seinerseits Erfolg hatte oder nicht.

Der Mensch erhielt dann eine doppeldeutige Botschaft, die in ihm große Angst vor Erfolg erzeugte, denn eigener Erfolg kann hier bedeuten, den Vater zu übertreffen und dadurch zu verlieren. Es kann dem Vater unangenehm sein, überflügelt zu werden, weil das vielleicht seine Versagensängste verstärkt und einen Autoritätsverlust über das Kind bedeutet.

Mit diesen Aspekten oder auch bei Saturn im 5. Haus können Menschen Angst davor haben, sie selbst zu sein, ihre Möglichkeiten zu verwirklichen sowie sich auf spontane und kreative Art zum Ausdruck zu bringen. Möglicherweise sind sie in einer Umgebung aufgewachsen, in der der Selbstausdruck beschränkt würde und die Qualität des Kindseins darin bestand, sich als kleiner Erwachsener zu geben. Statt ihr eigenes Selbst zu entdecken, mußten diese Menschen vielleicht den Autoritätspersonen nacheifern. Blüten-Essenzen zur Freisetzung der Kreativität sind *Iris* und *Indian Paintbrush.* Das Reinigen des Solarplexus und des Kehlkopf-Zentrums mit grünem Licht ist ebenfalls hilfreich. *Zinnia* hilft, mit dem inneren Kind in Berührung zu kommen.

Hat ein Mensch mit diesem Aspekt seine Perfektionssucht und seine Furcht überwunden, ist er tüchtig, verantwortungsvoll und verläßlich sowie von einer Aura würdevoller Autorität umgeben. Eine Reinigung des Solarplexus-Chakras mit goldenem und blauem Licht wäre hier sehr hilfreich. Nützliche Blüten-Mittel sind *Sunflower* und *Saguaro,* welche beide ausgezeichnet bei Vaterkomplexen wirken. *Mullein* hilft, das eigene Potential zu verwirklichen. *Elm* eignet sich bei Gefühlen der Minderwertigkeit und *Larch* für Menschen, die aus Angst vor dem Versagen passiv bleiben.

♄ ☽ Saturn/Mond-Aspekte

(oder auch Mond im Steinbock oder im 10. Haus, Saturn im 4. Haus oder – in geringerem Ausmaß – Saturn im Krebs)

Diese Stellungen deuten oft auf eine Mutter hin, die auf die Bedürfnisse des Kindes kalt und abweisend reagiert hat. Vielleicht war sie auch schon älter und hatte mit Kindern keine

Geduld. Möglicherweise erwartete sie von dem Kind, schnell erwachsen zu werden, weil sie selbst zuviel Verantwortung zu tragen hatte. Eine Klientin mit dem Mond im Steinbock sagte mir einmal, der Lieblings-Ausspruch ihrer Mutter sei gewesen: »Ich ziehe keine Kinder groß, ich mache sie zu Erwachsenen.«

Vielleicht war die Mutter berufstätig oder hatte aufgrund von Armut große Angst vor der Zukunft. Die Eltern der zwischen 1944 und 46 Geborenen – die den Saturn im Krebs haben –, waren ja ihrerseits Kinder, als sich die Weltwirtschaftskrise abspielte. Zumindest besteht die Wahrscheinlichkeit, daß das Kind zu einer für die Mutter «saturnischen» Zeit geboren wurde – in einer finanziellen oder auf andere Weise krisenhaften Notsituation. Manchmal werden solche Kinder bei der Saturn-Wiederkehr der Mutter oder unter einem anderen Aspekt zu deren Geburts-Saturn geboren.

Ein solcher Aspekt kann dazu führen, daß ein Mensch in Lebensunsicherheit, Angst vor Liebesentzug und Furcht vor Abhängigkeit aufwächst. Sicherheit findet er vielleicht nur durch Leistung und Erfolg: »Das kann mir keiner mehr nehmen.« Doch auch hier besteht eine Ambivalenz – denn Erfolg kann bedeuten, die Mutter und damit jede Chance auf liebevolle Fürsorge zu verlieren. In vielen Fällen war die Mutter auch sehr tüchtig und hätte sich zur Karrierefrau geeignet, was aber aufgrund von familiären Verpflichtungen nicht möglich war. Bei diesem Aspekt richtete sich manchmal der Ehrgeiz der Mutter darauf, daß das Kind Erfolg hat.

Für gewöhnlich hatte die Mutter Angst vor Emotionen, da diese sich hinderlich auf Leistungen auswirken können. So lernten dann die Kinder, daß auf ihre emotionalen Reaktionen nicht eingegangen wurde, und begannen damit, ihre Gefühle unter Kontrolle zu bringen. Die einzig akzeptierte Emotion war die Depression – andere Gefühle (insbesondere die Wut) wurden unterdrückt. Diese Kinder machten die Entdeckung, daß andere Menschen sich dann um sie kümmerten, wenn sie deprimiert waren, und nicht dann, wenn sie sich wütend oder zornig fühlten. Vielleicht war auch die Mutter chronisch depressiv und ängstlich. Möglicherweise litt sie nach der Geburt des Kindes an einer Wochenbett-Depression, welche das Kind übernahm und verinnerlichte. Wahrscheinlich entstand die Depression der Mutter durch die Tatsache, daß sie durch die Geburt des Kindes Pflichten und Verantwortung übernehmen mußte, was ihr die Gelegenheit nahm, ihren eigenen beruflichen Ambitionen zu verfolgen.

Ein Mensch mit diesem Aspekt, der Unsicherheit, Furcht und Depression losgelassen hat, ist gründlich, verantwortungsbewußt und äußerst fürsorglich. Tätigkeiten im Dienstleistungs- oder im Sozialbereich wären denkbar, etwa als Krankenschwester oder -pfleger, Lehrer, Verwalter einer Wohnanlage oder Hotel-Manager. Es wäre wichtig, am Wurzel-Chakra zu arbeiten, insbesondere mit blauem Licht. Die nachfolgenden Kapitel über Depression und Furcht enthalten viele nützliche Heilmittel für die bei diesem Aspekt üblichen emotionalen Schwierigkeiten. *Red Chestnut* eignet sich für die Mutter, die ihr Kind überbehütet hat und für die Menschen, die sich um andere zu sehr sorgen. *Agrimony* ist für Menschen, die emotionale Qual hinter einer fröhlichen Fassade verbergen. *Scarlet Monkeyflower* und *Fuchsia* dienen der Integration verdrängter Emotionen. *Pomegranate* hilft bei der Heilung übertriebener Emotionalität aufgrund unzureichender Fürsorge und Zuwendung im Kindesalter.

♄ ☿ Saturn/Merkur-Aspekte

(oder Merkur im Steinbock, Saturn im 3. Haus oder – in geringerem Ausmaß – Saturn in den Zwillingen).

Menschen mit diesem Aspekt neigen zu Minderwertigkeitskomplexen bezüglich ihrer mentalen oder kommunikativen Fähigkeiten. Oft war es ein älterer Bruder oder eine ältere Schwester, der oder die mit außergewöhnlichen schulischen Leistungen dem Menschen ein Gefühl der Unzulänglichkeit vermittelte. Das Kind litt unter den dauernden Vergleichen und wurde vielleicht als beschränkt eingestuft. Möglicherweise kam es tatsächlich zu Herabsetzungen; wahrscheinlich handelte es sich aber um die unvermeidliche Überlegenheit eines einige Jahre älteren Kindes, das in der Schule schon größere Fertigkeiten erworben hatte.

Gelegentlich haben Menschen mit diesem Aspekt Schwierigkeiten beim Lesen oder Sprechen und sind vielleicht sogar Stotterer. Das kommt im allgemeinen von der inneren Anspannung und dem Druck durch Eltern und Lehrer, die Perfektion verlangen. Das Ergebnis ist manchmal, daß diese Menschen sich für dumm halten – einschließlich einer meiner Klientinnen, die gerade ihren Abschluß als Doktor der Medizin macht. Im allgemeinen reift das Denken solcher Menschen mit dem Alter, so daß sie auf der Universität tatsächlich besser sein können als auf dem Gymnasium. Vielleicht werden sie im hohen Alter als Intellektuelle enden, wenn sie glauben, die freie Zeit verdient zu haben. Albert Einstein, der die Relativitäts-Theorie entwickelte, wurde in jungen Jahren als zurückgeblieben angesehen, weil er in der Schule und in der Kommunikation mit anderen so langsam war. Er hat eine exakte Merkur/Saturn-Konjunktion im Zeichen Widder in seinem Horoskop.

Die Merkur/Saturn-Gesänge oder -Gebetsschnüre sind eine gute Vorbereitung für geistige Arbeit. Meditationen mit einem Mantra und tiefes Atmen können ebenfalls die Klärung des Denkens unterstützen. Hilfreiche Blüten-Mittel sind *White Chestnut* (um aus den eigenen Fehlern zu lernen), *Mountain Pennyroyal* (um negatives Denken zu überwinden) und *Lemon* (für mentale Klarheit und die Aneignung von Fachkenntnissen wie Mathematik oder Computertechnik). Die Reinigung des Dritten Auges mit blauem oder weißem Licht wäre ebenfalls nützlich. Auch hier sind, wie bei vielen Saturn-Aspekten, Zeit und Erfahrung die besten Heiler.

♄♀ Saturn/Venus-Aspekte

(oder auch Venus im Steinbock oder im 10. Haus, Saturn im 7. Haus)

Venus/Saturn-Menschen hatten oft Eltern, die ihnen das Gefühl gaben, Liebe durch Arbeit und Erfolg verdienen zu müssen. Daher glauben sie oft, daß sie nur dann geliebt werden, wenn sie erfolgreich sind, obwohl häufig das Gegenteil der Fall ist, besonders bei Frauen. Unglücklicherweise kommen Menschen durch Erfolg häufig ins Abseits. Vorzügliche, unübertreffliche Leistungen können zur Einsamkeit führen. Im Streben nach Erfolg – was der Suche nach Liebe entspricht – konzentrieren sich diese Menschen so sehr auf die Arbeit, daß für soziale Kontakte wenig Kraft und Zeit bleibt. Schließlich werden die Verbindungen aufgeben, weil man zu beschäftigt ist mit seiner Arbeit. Dabei können es diese Menschen nicht verstehen, wenn sie zurückgewiesen werden: »Warum liebst Du mich nicht? Habe nicht etwas geleistet? Soll ich das alles nochmal aufzählen?« In spiritueller Hinsicht kann ein Venus/Saturn-Aspekt den Zweck erfüllen, dir Raum für große Leistungen und Freiheit für die Entwicklung deiner Fähigkeiten zu geben, ohne daß es durch Ehe und Familie zur Ablenkung kommen kann.

Zu einem Venus/Saturn-Menschen kommt die Liebe oft erst in späten Jahren – aber die reife Liebe ist ja häufig die bessere. Wenn wir unsere eigene Liebeserfahrung mit der des geliebten Menschen verbinden, entsteht etwas ungemein Wertvolles. In diesem Fall haben wir in uns selbst bereits solide Grundlagen geschaffen und aus unseren Fehlern gelernt. Junge Menschen sind manchmal so sehr mit sich selbst beschäftigt, daß sie sich nur dann auf andere beziehen, wenn etwas geschieht, das auch sie berührt. Jemand mit größerer Reife, der von der Welt und vom Leben mehr versteht, erwartet nicht, daß sich bei dem geliebten Menschen alles nur um ihn dreht. In späteren Jahren haben wir von der Erwartung Abstand genommen, daß Liebe Wunder wirkt; wir gehen nicht mehr davon aus, daß sie uns mitreißt, verwandelt und das Zaubermittel ist, mit dem wir die Welt erobern können. Wir sind realistischer und sehen nicht blauäugig einem Happy-End wie in einem Hollywood-Film entgegen. Wir unterliegen nicht so leicht der Täuschung, daß Lust gleich Liebe ist, weil wir Lust zur Genüge genossen haben. Wir achten auf den Charakter und nicht nur auf die oberflächlichen Venus-Werte. Wir sind dann dankbar für Gesellschaft und Gemeinschaft, haben jedoch ein stabileres Selbstgefühl. Wir sehen die Grenzen in der Liebe und sind vielleicht erst jetzt dazu bereit, bei jemandem zu bleiben, der ein gewöhnliches menschliches Wesen ist wie wir selbst.

Häufig wird in bezug auf den Venus/Saturn-Aspekt die Venus als «verdorben» oder «unglücklich» bezeichnet – ich aber finde, daß die Auswirkung eher etwas von einen «glücklichen» Saturn hat. Es ist, als ob man Glück hat und die Menschen sagen: »Du lebst auf die richtige Weise.« Ich selbst habe diesen Aspekt und bin in Saturn-Angelegenheiten ein Glückskind. Ich habe einen gut entwickelten Sinn für den richtigen Zeitpunkt. Wenn ich meine Pflicht tue und meinen Verantwortungen nachkomme, ergeben sich oft glückliche Umstände. Pflichterfüllung macht vielleicht keinen Spaß, aber sie bereitet auf etwas anderes vor. Und manchmal stößt man dabei «ganz zufällig» auf etwas Positives.

Zu den Blüten-Essenzen für den Venus/Saturn-Aspekt gehören *Bleeding heart* (bei unglücklicher Liebe), *Wallflower* (für Vertrauen in die eigene Anziehungskraft) und *Sticky Monkeyflower* (gegen Angst vor Nähe). Außerdem noch *Dogwood* (für Freundlichkeit und Takt in Beziehungen), *Fig* (für gegenseitiges Vertrauen in der Partnerschaft) und *Mariposa Lily* (für Offenheit gegenüber der Liebe und die Überwindung von Gefühlen der Fremdheit und des Getrenntseins). Zweifellos wird eine lange und intensive Arbeit am Herz-Chakra erforderlich sein, damit altes Leid und die Angst, Liebe zu geben und zu bekommen, schwinden. Blaues und rosafarbenes Licht wirken in diesem Zentrum besonders stark.

♄♂ Saturn/Mars-Aspekte

(oder auch Mars im Steinbock, Mars im 10. Haus, Saturn im Widder)

Mit diesem Aspekt ist viel Angst verbunden – Angst vor Wut, Aggression, Selbstbehauptung und Sexualität. Es kann zu Lampenfieber oder Versagensängsten kommen, die vielleicht zu Fehlschlägen führen. Dieser Aspekt ist eines der Kennzeichen für das mißhandelte Kind, obwohl man diesen Schluß erst dann ziehen sollte, wenn er noch durch andere Aspekte nahegelegt wird (das Kapitel über Gewalt in der Familie in *Erkennen und Heilen von Pluto-Problemen* beschäftigt sich ausführlich mit diesen Kennzeichen und bietet auch Beispiel-Horoskope). Vielleicht hatte das Kind eine brutale oder grobe Autoritätsperson, die die eigene Wut fürchtete und zurückhielt oder den Ärger hinunterschluckte, bis sich soviel angesammelt hatte, daß es zur Explosion kam. Oft war ein Elternteil repressiv gegenüber Wut und Selbstbehauptung des Kindes. Vielleicht wiederholt der Betreffende dasselbe Muster, indem er Wut und Ärger so lange zurückhält, bis alles hervorbricht, was die Angst vor der Wut wieder verstärken und so einen Teufelskreis in Gang setzen könnte. Vielleicht hat ein Elternteil auf unschöne Weise mit dem Kind konkurriert, indem er auf dessen Bestrebungen nach Selbständigkeit allzu kritisch oder mit Strafe reagierte.

Heilmittel gegen Wut oder Ärger sind *Beech*, *Impatiens*, *Willow* und *Holly*. *Cherry Plum* richtet sich speziell gegen die Angst, die Wut könnte außer Kontrolle geraten und den Menschen dazu bringen, sich oder anderen zu schaden. Weitere Essenzen sind *Borage* für frohen Mut und *Trumpet Vine* für Selbstbehauptung. Auch das Reinigen der Chakras mit rotem Licht ist nützlich. *Larch* bringt Erleichterung bei Versagensängsten.

♄ ♃ Saturn/Jupiter-Aspekte

(in geringerem Ausmaß auch Jupiter im Steinbock oder im 10. Haus, Saturn im 9. Haus oder im Schützen)

Dieser Aspekt kann zu Vorbehalten gegenüber Wachstum und Entwicklung führen, weil diese Menschen erfahren haben, daß jedes Wachstum einen Rückschlag oder auch zusätzliche Verantwortung mit sich bringt. Oft erfahren sie, daß Wachstum (Jupiter) durch Pflichterfüllung oder andere Saturn-Tugenden entsteht. Ähnlich wie beim Venus/Saturn-Aspekt erleben auch diese Menschen häufig, daß es Glück bringt, seine Pflicht zu tun oder Verantwortung zu übernehmen. Mit diesem Aspekt verfügt man in reichlichem Maße über die Fähigkeit, aus Erfahrung zu lernen.

Die Eltern solcher Menschen waren vielleicht schon älter und dabei weiser. Aufgrund schwieriger Erfahrungen hatten sie möglicherweise Angst vor zuviel Optimismus. Ein Mensch mit diesem Aspekt ist sehr gewissenhaft, kann aber auch steif und verklemmt, wichtigtuerisch oder anmaßend sein. Die natürliche Begeisterung und Ausgelassenheit des Kindes sind hier vielleicht unterdrückt worden, und möglicherweise handelte es sich um eine sehr ernsthafte Familie, in der sehr großer Wert auf Erziehung und Bildung gelegt wurde. Viele von diesen Menschen sind geborene Gelehrte, denen es Spaß macht, bedeutende Dinge zu lernen oder Studien in Religion oder Philosophie zu betreiben. Aus zu großer Perfektionssucht hinsichtlich schulischer Leistungen können Ängste entstehen, so daß sich in diesem Bereich vielleicht erst in späteren Jahren Erfolg einstellt. Diese Menschen glauben im allgemeinen, daß Gelerntes praktisch angewandt werden muß und nicht zu abstrakt sein sollte. Heilmittel für diesen Aspekt sind *St. John's Wort* (für Vertrauen in das Göttliche), *Mountain Pennyroyal* (gegen negatives Denken) und *Opal* (für Hoffnung).

♄ ♅ Saturn/Uranus-Aspekte

(in geringerem Ausmaß auch Uranus im Steinbock oder 10. Haus oder Saturn im Wassermann oder in Haus 11)

Diese Menschen haben vielleicht Angst davor, anders zu sein und ihre Persönlichkeit zum Ausdruck zu bringen – was dann jedoch die Form zwanghafter Handlungen annehmen kann. Sie leisten – vielleicht nicht erkennbar – erbitterten Widerstand, und man kann sicher sein, daß sie Anordnungen, die sie erhalten haben, nicht befolgen werden (jedenfalls nicht zu der angegebenen Zeit oder auf die angegebene Art). Überläßt man sie jedoch ihrer eigenen Intitiative, können sie außerordentlich verantwortungsbewußt sein. Diese Menschen arbeiten am besten für sich allein – zum Teil aus dem Grund, daß sie in gewisser Weise originelle Randfiguren sind, die nirgends richtig dazupassen. Bei konservativen Leuten nehmen sie eine rebellische, nonkonformistische Position ein, während sie sich in einem aufrührerischen Milieu eher traditionell geben. Sie reagieren auf Autorität äußerst widerspenstig, haben aber häufig Angst, das offen zu zeigen. Überläßt man diese Menschen ihren eigenen

Zielen und Neigungen, können sie äußerst verantwortungsbewußt und tüchtig sein und große Eigeninitive zeigen.

Dieses Muster entwickelt sich insbesondere dann, wenn Eltern äußerlich an der Tradition festhielten, sich heimlich aber danach sehnten, auszubrechen und gegen die Verantwortlichkeiten und Verpflichtungen des Saturn-Pfades zu rebellieren. Auf diese Weise wurden die Kinder indirekt dazu ermutigt, anders zu sein und ihren eigenen Weg zu gehen. Vielleicht waren die Eltern aber auch sehr unterschiedliche Persönlichkeiten, etwa ein Uranier und ein Saturnier, und das Kind saß gewissermaßen zwischen den Stühlen, weil es beide zufriedenstellen mußte. Vielleicht wurde das Kind auch in einer Zeit geboren, in der sich kulturelle Werte vermischten oder veränderten – möglicherweise war das politische Klima noch konservativ, während sich im Untergrund bereits die verändernden Kräfte abzeichneten. Das spirituelle Ziel dieses Aspektes scheint die Überbrückung dessen zu sein, was früher als die Kluft zwischen den Generationen bezeichnet wurde. Das bedeutet, einen Weg für die kulturelle Aussöhnung zwischen den verändernden Kräften und dem Bedürfnis nach Erhalt des Wertvollen zu finden. Es geht einfach darum, das Kind nicht mit dem Bade auszuschütten.

Nützliche Essenzen sind *Sagebrush* und *Mullein*. Beide helfen bei der Festigung und Erfüllung unserer Identität und unseres wahren Potentials. *Vervain* ist für Menschen, die unter Ungerechtigkeit leiden.

♄ ♆ Saturn/Neptun-Aspekte

(in geringerem Ausmaße auch Saturn in den Fischen oder im 12. Haus, Neptun im 10. Haus)

Die Eltern und andere Autoritätspersonen waren bestenfalls unbeständig und widersprüchlich, schlimmstenfalls Alkoholiker, schwer gestört oder destruktiv. Die Eltern konnten dem Kind nicht helfen, ein Gefühl für Ordnung und Verantwortung oder Selbstdisziplin zu entwickeln, was vielleicht bedeutet, daß beim Erwachsenen diese Attribute Saturns fehlen. In anderen Fällen könnten Kinder die Aufgabe übernommen haben, für ihre Eltern zu sorgen, so daß sie möglicherweise außerordentlich starke Züge von Verantwortungsbewußtsein – und vielleicht auch Märtyrertum – entwickelt haben könnten. Die Saturn-Wiederkehr kann hier eine schwierige Zeit sein, da sie eine harte Konfrontation mit der Realität bedeutet. Diese Menschen gehen aber im allgemeinen gestärkt aus ihr hervor und weisen dann mehr positive Saturn-Eigenschaften auf. Die Mittel für Angst und Depression aus den folgenden Kapiteln können sehr hilfreich sein. Insbesondere gilt das für die Essenzen *Corn* und *Manzanita*. Beide Mittel unterstützen den Menschen dabei, sich stärker in der praktischen Realität zu verankern.

♄ ♇ Saturn/Pluto-Aspekte

(in geringerem Ausmaß Saturn im Skorpion oder Pluto im 10. Haus)

Dies ist ein extrem schwieriger Aspekt. Eltern oder andere Autoritätspersonen waren möglicherweise äußerst tyrannisch oder von schlechtem Charakter, was schwere Machtkämpfe zur Folge gehabt haben könnte. Andererseits haben vielleicht Not und Elend den Menschen so stark beeinflußt, daß er jetzt in gewisser Weise etwas von der Härte eines Diamanten hat. Saturn/Pluto-Konjunktionen sind immer schwere Zeiten, so zum Beispiel die Jahre 1914/15 oder 1947 bis 49. Mit diesem Aspekt sind die Menschen unter Umständen hart, verbittert und selbstzerstörerisch in der Beziehung zu Autorität, Macht und Erfolg; bestenfalls sind sie verantwortungsbewußte und disziplinierte Heiler oder Forscher. Die Übungen und Heilmittel aus *Erkennen und Heilen von Pluto-Problemen* dürften sich für Menschen mit diesen Aspekten als sehr hilfreich erweisen. Insbesondere möchte ich hier das Kapitel über Schuld und Rachegefühle empfehlen. An Essenzen ist besonders hinzuweisen auf *Holly*, *Willow* und *Pine*. *Wild Rose* hilft bei Angst vor dem Tod.

Kapitel 4

Saturn und Angst: Neurose oder innere Weisheit?

Saturn hat mit Begrenzungen zu tun. Alles, was uns veranlaßt, über unsere Grenzen (oder das, was wir dafür halten) hinauszugehen, ruft Furcht und Angst hervor. Es sind jedoch die Ängste selbst, die die Begrenzungen erzeugen. Wenn wir uns die Ängste vor Augen führen, die unser Leben einschränken, werden wir eine ganze Anzahl von negativen Saturn-Eigenschaften entdecken wie Negativität, Perfektionssucht, Härte und bedingungslose Anerkennung von Autorität. Doch Furcht und Angst dienen auch positiven Zwecken – wie auch Saturn selbst positive und negative Manifestationsformen aufweist. Wir werden über Ängste sprechen, die bei bestimmtem Saturn-Transiten auftreten. Zum Abschluß wollen wir – dem homöopathischen Ansatz folgend – überlegen, wie positive Saturn-Eigenschaften (zum Beispiel Planung) dabei helfen können, Ängste zu überwinden. Techniken und Mittel zur Heilung findest du im letzten Abschnitt dieses Kapitels.

Angst – der Ursprung aller Neurosen

Angst ist schrecklich. Wenn sie uns trifft, fühlen wir uns verletzlich und hilflos. Der Körper zieht sich zusammen, und das Herz verkrampft. Das Gefühl ist so unangenehm, daß wir alles tun, um ihm zu entkommen. Deshalb trägt die Furcht oft eine

Maske. Um uns zu schützen, stürzen wir uns in zwanghafte Aktivitäten, schwächen uns durch übermäßige Genüsse, werden krank oder erstarren in Teilnahmslosigkeit. Werden diese Versuche, Angst zu verdrängen, chronisch, nehmen sie die Maske eines Problems an, wie psychischer Zwang, Abhängigkeit oder Blockierung. Freuds Theorie über die Neurose besagt, daß Symptome den Versuch darstellen, sich von Ängsten zu befreien, und daß Angst immer aus Verdrängung oder Unterdrückung entsteht.

Angst ist die Wurzel vieler selbstzerstörerischer Verhaltensweisen. Wenn ein Mensch 25 Kilogramm verliert, aber schnell wieder auf sein altes Gewicht kommt, geschieht das nicht, weil es ihm an Willenskraft fehlt, sondern weil er Angst davor hat, dünn zu sein. Die Studentin aus einem Slum-Viertel, die ein Stipendium erhält und gleich darauf schwanger wird, ist nicht promiskuitiv – sie hat Angst davor, ihre Familie zu verlassen und einer unbekannten Welt entgegenzutreten. Der Schriftsteller, der zu großen Hoffnungen Anlaß gab, jetzt aber keine Schreibmaschine mehr anrührt, ist nicht faul – er hat Angst vor einem Fehlschlag oder vor dem kreativen Prozeß, der sich seiner Kontrolle entzieht. Die Eigenschaft der Angst, andere Probleme nach sich zu ziehen, ist der Grund für dieses Kapitel. Wenn wir die Angst verstehen und überwinden, klären sich auch andere Schwierigkeiten.

Die positive Funktion der Angst

Wie Seth, der geistige Führer in Jane Roberts *Individuum und Massenschicksal* (Goldmann 1991) ausführte, können Ängste ein Erwachen bedeuten. Das gilt insbesondere dann, wenn du allzu lethargisch geworden bist oder du dich nur noch in ausgefahrenen Gleisen bewegst. Wenn du Vertrauen zu dir selbst hast, ist es leichter, mit solchen Gefühlen umzugehen.

Seth wies auch darauf hin, daß Ängste einen positiven Ursprung und einen nützlichen Zweck haben. Zu einem gewissen Zeitpunkt in unserem Leben sind sie durchaus hilfreich, weil sie eine Schutzfunktion darstellen. Angst ist oft Weisheit, die aus Selbsterkenntnis entsteht. Wenn du zum Beispiel Nichtschwimmer bist und Angst davor hast, dich vom Sprungturm ins Wasser zu stürzen, ist dieser Widerstand berechtigt. Oftmals ist Angst nicht neurotisch, sondern entstammt der inneren Vernunft, die uns vor Situationen warnt, zu deren Bewältigung es uns an Fähigkeiten oder Erfahrung fehlt. Hemmungen wirken wie Bremsen, die uns vor unklugen oder gefährlichen Handlungen warnen.

Ängste bewahren uns davor, mehr auf uns zu nehmen, als wir bewältigen können. Sie sind von unserem Höheren Selbst aufgestellte Hindernisse, die uns vor verhängnisvollen Handlungen schützen, solange wir noch nicht die nötige Reife und Selbstdisziplin entwickelt haben. Im allgemeinen finden wir für diese Gefühle, wenn wir sie näher untersuchen, gute Gründe. Wir sollten ihnen daher Beachtung schenken. Innere Weisheit führt uns und versperrt uns den Zugang zu den Toren, die noch nicht geöffnet werden sollten. Saturn herrscht über die Zeit, und vielleicht kommt Angst aus der inneren Erkenntnis, daß die Zeit noch nicht reif ist. Wir sind unfähig, die richtigen Schritte zu unternehmen, bis bestimmte Bedingungen oder Personen auftauchen, ohne die alle Anstrengungen vergeblich wären. Saturn-Transite bieten oftmals die richtigen Bedingungen oder das Wachstum, um Barrieren zu überwinden.

Wenn du dich blockiert fühlst, solltest du zum Saturnier werden. Finde heraus, welche konkreten Schritte notwendig sind, um eine Sache gut durchzuführen, und beginne dann mit der Beschaffung der erforderlichen Hilfsmittel und Informationen. Nur durch gezielte Vorbereitung und diszipliniertes Vorgehen kann man die nötigen Fertigkeiten erwerben. Vernachlässige nicht die positiven Saturn-Eigenschaften wie Planung, Vorbereitung und Übung. Wenn du dann immer noch Angst hast, mußt du deine Befürchtungen respektieren. Die Zeit ist dann noch nicht reif. Die Vorbereitungen sind jedoch nicht verschwendet – keine Anstrengung ist jemals nutzlos. Die geleistete Vorarbeit wird dir später, wenn es an der Zeit ist, das Vorgehen erleichtern. Du hast geübt, das ist alles. Es gibt keine Fehlschläge – es braucht möglicherweise seine Zeit, bis du das Ziel erreichst.

Saturn kann jedoch auch Starrheit und Kristallisierung bedeuten. Angst kann länger bestehen, als es notwendig ist und über die ursprüngliche unsichere Situation hinaus verallgemeinernd wirken und die Übertragung auf ähnliche Prozesse bedeuten. Übertrieben ängstliche Eltern können in dem Lernprozeß des Kindes einen «Kurzschluß» verursachen, so daß es später Angst hat, etwas zu versuchen. Im Alter von sechs oder sieben Jahre kann Angst vielleicht als Warnung vor einer Gefahr dienen – welche aber nicht mehr besteht, wenn wir älter und erfahrener sind. Wir lernen und erwerben weitere Fähigkeiten, aber bestimmte Ängste werden wir vielleicht nicht mehr los, obwohl das betreffende Warnsignal nun keine Bedeutung mehr hat. Der Rest dieses Kapitels soll dazu beitragen, dir bei der Überwindung von Ängsten zu helfen, die deine Lebensweise unnötig einschränken.

Negative Saturn-Eigenschaften und Angst

Wir haben bereits erwähnt, daß die Saturn-Eigenschaften in mehr oder weniger starkem Ausmaß positiv oder negativ in Erscheinung treten können. Der positive Ausdruck ist für die Durchführung eines Vorhabens unentbehrlich, der negative führt aufgrund von Angst dazu, es gar nicht erst zu versuchen. So nützliche Attribute wie Vorsicht und sorgfältige Einschätzung der Lage können unter Umständen zu lähmenden Befürchtungen werden. Werfen wir nun einen Blick auf die negativen Ausdrucksformen von Saturn-Eigenschaften, und untersuchen wir, inwieweit sie zu unseren Ängsten beitragen. Diesen Eigenschaften liegen bestimmte Vorstellungen zugrunde, so daß die Überwindung von Hindernissen vielleicht einer Veränderung unserer Einstellung bedarf, etwa durch wiederholte Affirmationen.

Kristallisierung. Wenn bestimmte Verhaltensweisen von uns zu starr geworden sind, haben wir Angst, etwas Neues zu versuchen. Veränderung erfordert die Beseitigung des Alten und die Erschaffung neuer Formen. Eine sehr stark kristallisierte

Person fürchtet, daß Veränderung Formlosigkeit und Mangel an Ordnung bedeutet. Sie hat Schwierigkeiten damit, darauf zu vertrauen, daß angemessenere Strukturen in Erscheinung treten werden. Aber auch die vermeintliche Formlosigkeit von Quallen und Amöben hat ihre Grenzen.

Unnachgiebigkeit. Wenn Gedankenmuster zu starr werden, neigen wir dazu, uns gegen neue Ideen zu wehren: »So ist es schon immer gewesen, und so soll es auch bleiben!« Man kann eine Situation auf verschiedene Arten betrachten – eine starre Wahrnehmung und eine unbewegliche Haltung setzen einer effektiven Problemlösung Grenzen. Wenn wir glauben, daß es nur einen Weg gibt, beschränkt uns diese Überzeugung auf eine einzige Vorgehensweise. Wenn diese Methode dann nicht funktioniert, kommen wir so lange nicht weiter, wie wir auf unserer Überzeugung beharren.

Pessimismus/Negativität. Eines der größten Hindernisse für das Erreichen eines Zieles ist die sich selbst erfüllende Prophezeiung eines Fehlschlags. Natürlich werden in der Vergangenheit Fehlschläge aufgetreten sein. Man sollte sich aber immer vor Augen halten, daß man aus Fehlern lernen kann. Erfahrung und Wissen ermöglichen dem reifen Menschen Leistungen, die in jungen Jahren nicht denkbar gewesen wären. Tatsächlich ist der von Saturn beeinflußte Bereich deines Horoskops derjenige, in dem du dich als Spätentwickler zeigst. Projektionen von Fehlschlägen machen dir aber nur Angst, etwas zu versuchen.

Perfektionssucht. Hier handelt es sich um ein großes Hemmnis für den Saturnier beziehungsweise für uns alle in dem von Saturn beeinflußten Bereich unseres Horoskops. Wie schon erwähnt, haben Forschungen ergeben, daß Perfektionisten viel weniger leisten als Menschen, die Fehler und Unvollkommenheit tolerieren können. Mehr noch, Perfektionismus ist höchst anmaßend. Er enthält die dünkelhafte Ansicht, man sei ein so seltenes Juwel, daß man es nicht nötig hätte, aus Fehlern zu lernen – wie es die normalen Sterblichen tun. Von

Anfang an sollen alle Arbeiten perfekt ausfallen. Dieser Anspruch wirkt lähmend, weil er bei aller Großartigkeit eben unmöglich ist, mit der Folge, daß man Angst davor hat, es überhaupt zu versuchen. Die einzige Möglichkeit, den Berggipfel ohne Mühen zu erreichen, ist, dort geboren zu sein.

Autoritätshörigkeit. Viele Ängste basieren auf der Kritik durch Autoritätspersonen. Wir akzeptieren ihre Bewertung unserer Fähigkeiten und begrenzen uns dadurch selbst. Die Autoritäten, die uns als Kind allmächtig vorgekommen sind, sind aber selbst fehlbare Menschen voller Ängste. Im weiteren Verlauf des Buches werden Horoskop-Deutungen zeigen, daß viele Ängste und Sorgen durch die Eltern erzeugt werden.

Ist zum Beispiel der Vater (aus Gründen, die er selbst am besten weiß) mit sexuellen Ängsten aufgewachsen, kann er nicht anders, als sie auf uns zu übertragen, so daß sie zu unseren Ängsten werden. Und wenn die Mutter Angst hatte, dich wilde und ungestüme Dinge tun zu lassen (vielleicht warst du schwach oder oft krank), dann siehst du nun möglicherweise alle körperlichen Aktivitäten als gefährlich an. Angst, die zu einem bestimmten Zeitpunkt völlig berechtigt war, bleibt dann weiter bestehen. In der Jugendzeit deiner Mutter war vielleicht der Tod im Kindbett noch eine Realität und vielleicht hat sie selbst ein Kind bei der Geburt verloren. So könntest du bewußt oder unbewußt ihre Sorge übernommen haben und dich davor fürchten, Kinder zu gebären – auch wenn deine Furcht aus moderner medizinischer Sicht unbegründet ist. Doch Angst erzeugt Verkrampfung, und Angst vor dem Gebären kann den Geburtsvorgang tatsächlich erschweren.

Die Metaphysik lehrt uns, daß das, was wir uns ständig in Gedanken vorstellen, Wirklichkeit werden kann. Saturn steht sowohl für die Angst als auch für die konkrete Form, und wir können unsere Ängste, indem wir bei ihnen verweilen, real werden lassen. Elterliche Prophezeiungen erfüllen sich oft von selbst. Wenn Frau Schmidt sich ständig Sorgen macht, daß ihr Sohn ein Säufer wird wie ihr Bruder auch, drückt sie das in ihrem Verhalten aus, und der Charakter des Sohnes wird durch diese Sorge geprägt. Die Ängste und Befürchtungen unserer

Eltern können schließlich Wirklichkeit werden, wenn wir sie nicht als Trugbild erkennen.

Wenn wir damit aufhören wollen, die Ängste unserer Eltern auszuleben, müssen wir Mutter und Vater als gewöhnliche Sterbliche sehen. Wir müssen erkennen, daß das Bild, das sie sich vor 20 Jahren von uns gemacht haben, auf unsere heutige Persönlichkeit keinen Einfluß mehr hat – es sei denn, daß wir damit zufrieden sind, eingeschränkt zu werden. Es wäre hilfreich, eine Bestandsaufnahme aller Dinge zu machen, die unsere Eltern für uns und für sich selbst befürchtet hatten. Zeichen und Aspekte unseres Saturns (und des Saturns unserer Eltern) können uns hier Hinweise geben. Beachte dazu die noch folgenden Ausführungen in dem Abschnitt über Fähigkeiten und Möglichkeiten.

Das Entweder-Oder-Syndrom. In ihrem Wunsch, alles konkret und überschaubar zu machen, fällen Saturnier Urteile über Dinge, die noch gar nicht abgeschlossen sind. »Entweder ist es Gold, oder es ist keins«, sagt der Saturnier, womit er recht hat. Und dann behauptet er, daß etwas perfekt ist oder daß dieses oder jenes «nur» schrecklich oder gut ist, womit er nicht recht hat. Er hält sich selbst für gut oder schlecht, kompetent oder inkompetent, erfolgreich oder unwürdig, und das ist sein Urteil, das ein für alle Male feststeht – wahrscheinlich solange, bis er mit einem neuen Horoskop wiedergeboren wird. Materielle Güter wie Gold können gemessen und klassifiziert werden, doch menschliche Eigenschaften und Fähigkeiten sind relativ, verändern und entwickeln sich. Oft läßt ein Saturnier der Entwicklung keinen Raum – wenn das erste Gemälde nicht museumsreif ist, hat er offensichtlich nicht das Zeug zu einem Künstler und sieht daher keinen Sinn darin, weiterzumachen. Wer so hart mit sich ins Gericht geht, hat natürlich Angst davor, etwas zu versuchen.

Das Steinbock-Rad und die Überwindung von Angst

Für Saturn-Probleme benutzen wir das bereits vorgestellte Planeten-Rad beziehungsweise, genauer gesagt, das Steinbock-Rad. Um Angst zu verstehen, mußt du die negativen Eigenschaften der Zeichen in den einzelnen Häusern erforschen. Dann mußt du dich den positiven Charakteristiken dieser Kombinationen zuwenden, um das homöopathisch richtige Mittel zu finden. Diese Prinzipien treffen auf uns alle zu, welches Zeichen in unserem Horoskop auch aufsteigt. Menschen mit einem Steinbock-Aszendenten sind jedoch oftmals extrem ängstlich und vorsichtig. Aus diesem Grund mögen sie diese Erklärungen vielleicht als besonders hilfreich empfinden.

Zur Anwendung des (♑☸) ***Steinbock-Rades:***
Man überträgt seine Geburts-Planeten in ein Horoskop, dessen Aszendent auf 0 Grad Steinbock steht (alle Häuser umfassen 30 Grad). Alle Häuser, die jetzt Planeten enthalten, haben eine spezielle Beziehung zu den eigenen Ängsten. Zum Beispiel würde deine Saturn/Sonne-Konjunktion im Widder bei diesem Rad ins 4. Haus fallen, was eine bestimmte Interpretation nahelegt.

Es folgt die Interpretation der Zeichen in den Häusern des Steinbock-Rades.

(♑☸) ***Steinbock im 1. Haus.*** Mit Steinbock im 1. Haus dürften viele saturnbezogene Ängste vorhanden sein. Die Angst vor Veränderungen und vor der Zerstörung von Strukturen bedeutet Starrheit und Kristallisation. Wie bereits erwähnt, wäre es hilfreich, an einer Veränderung der eigenen Einstellung zu arbeiten. Vielleicht hast du eine Mauer um dich herum errichtet, weil du dich davor fürchtest, die Kontrolle zu verlieren. Vielleicht denkst du, daß du immer perfekt sein mußt. Bei einer Frau bedeutet das vielleicht die folgende Vorstellung: Niemals eine Laufmasche in den Strümpfen haben – sonst kommt sie weder in den Sitzungssaal noch in irgendein Schlafzimmer. Vielleicht hast du an deinem Arbeitsplatz Angst davor, dich vor andere hinzustellen und deine Ansicht zu etwas zu verkünden, weil du fürchtest, herumzustottern und deine Zukunft zu gefährden. »Ich bin mir meiner Sache nicht ganz sicher – ich lasse es lieber bleiben. Sie werden mich in der Luft zerreißen, wenn sie meine Unsicherheit bemerken.« Eine solche Einstellung schafft ganze Berge von Ängsten. Überprüfe deine Denkmuster in bezug auf die Dinge, vor denen du Angst hast. Wie kannst du die positiven Saturn-Eigenschaften im 1. Haus für die Überwindung von Angst einsetzen? Strenge dich an, um in einer neuen oder angsterzeugenden Situation zu bestehen. Achte darauf, daß deine Kleidung und du einen guten Eindruck machen. Lasse dir Zeit und bereite dich sorgfältig vor. Ein guter Anfang ist der halbe Erfolg.

(♑ ⊛) ***Wassermann im 2. Haus.*** Eine bedeutsame Erkenntnis von Wassermann in diesem Haus ist, daß die meisten Ängste mit Trennung zu tun haben. Wir fürchten, etwas für uns Wertvolles zu verlieren, seien es nun materielle Güter oder Beziehungen. Wie es aber in dem Buch *Kurs in Wundern** von Helen Schucman heißt: Das, was wirklich ist, kann nicht bedroht werden. Wenn es sich um eine wahre Freundschaft handelt – und nicht nur um Schmeichelei –, um echtes Talent – und nicht nur um Einbildung –, um eine wirklich gute Idee oder was auch immer, kann dies nicht dadurch gefährdet werden, daß man etwas wagt.

Das Heilmittel entspricht ebenfalls dem Wassermann. Löse dich von den materiellen Gütern und klammere dich nicht an Beziehungen. Wassermann steht mit dem Bewußtsein in Verbindung, weshalb du bedenken solltest, daß Bewußtsein das einzige ist, was dauerhaften Wert hat und was du nach dem Tode mitnehmen kannst. Lasse dich nicht von deinen Besitztümern beherrschen und rebelliere gegen die Vorstellung, daß dein Wert von deinem Geld bestimmt wird! Lerne Veränderungen als eine Gelegenheit zur Bewußtseinserweiterung schätzen und werde noch vollkommener, als du ohnehin schon bist.

---

* Bei diesem Buch handelt es sich um ein spirituelles Unterrichtswerk, das von einer Psychologieprofessorin zwischen 1965 und 1972 nach dem Diktat einer inneren Stimme niedergeschrieben wurde. Das Buch erscheint 1994 in deutscher Übersetzung im Greuthof Verlag.

(♑ ⊛) ***Fische im 3. Haus.*** Vernon Howard (ein Selbsthilfe-Autor) schreibt, daß das Sich-Sorgen ein anstrengender Selbstbetrug ist, weil wir uns einbilden, dies würde die Situation verändern. Die Fische im 3. Haus geben uns zu verstehen, daß die meisten Ängste Phantasieprodukte sind. Wir stellen uns die Folgen einer geplanten Handlung vor und halten diese Projektion für Realität. Wir bilden uns ein, andere würden uns auslachen, kritisieren, zurückweisen. In unserer Phantasie verlieren wir alles, was wir haben, und enden im Armenhaus. All das ist Einbildung. Die meisten Dinge, über die wir uns Sorgen machen, werden niemals eintreten. Aus Angst nimmt man falsche Voraussetzungen für Realität.

Diese Wahrheit erkannte ich, als ich einmal eine Periode mit vielen Ängsten durchlebte. Irgendjemand empfahl mir, alle meine Ängste aufzuschreiben und die Zettel in ein Kästchen zu tun, über sie zu meditieren und sie dann loszulassen. Am Ende des Monats öffnete ich das Kästchen und fand 26 Zettel. Von all den 26 Befürchtungen, die jede für sich ein oder zwei Tage lang völlig real für mich gewesen waren, ist nur eine einzige tatsächlich eingetreten!

Einer meiner Therapeuten pflegte (für mein Empfinden viel zu oft) zu sagen, daß wir Angst vor dem haben, was wir uns wünschen. Das heißt in anderen Worten, daß unsere schlimmsten Befürchtungen gleichzeitig unsere stärksten Phantasien sind. Weil wir aber diese Wünsche nicht akzeptieren können, projizieren wir sie auf andere. Ein Beispiel: Wir sind vielleicht wütend auf jemanden (Widder im 4. Haus) und würden ihm gerne etwas antun, drehen aber die ganze Sache um und behaupten, daß der andere uns schaden will. Oder: Wir möchten gerne von allen beachtet werden, sind aber zur Bescheidenheit erzogen worden. Also verdrehen wir unseren Wunsch zu der Befürchtung, alle würden das, was wir tun, genau beobachten und mißbilligen. Diese Verzerrung ergibt keinen logischen Sinn, aber wann wurde den Fischen je vorgeworfen, logisch zu sein?

Wenn negative Vorstellungen Ängste hervorrufen, dann können positive uns helfen, sie zu überwinden. Verwende die Visualisierungs-Technik, um in deinem Denken eine positive Neuordnung vorzunehmen. Stelle dir dabei vor, daß du etwas vollendest, was du nicht in Angriff zu nehmen wagst. Das Zeichen Fische im 3. Haus deutet darauf hin, daß das Geheimnisvolle und Unbekannte die größte Angst hervorruft. Verwende deine Phantasie, um eine Situation zu durchdenken und eine Art Voruntersuchung darüber anzustellen, wie sich alles gestalten könnte. Das dient auch als Generalprobe, die dich mit den neuen Bedingungen vertraut macht.

(♑⊛) ***Widder im 4. Haus.*** Die Wurzel vieler Ängste ist eine Art widder typische Selbstbezogenheit: »Ich, Ich, Ich.» Oder auch: »Alle werden auf mich schauen, ich werde einen Fehler machen, und man wird mich auslachen.« Wir überschätzen unsere Bedeutung im allgemeinen Ablauf der Dinge – meistens werden weder wir noch das, was wir tun, besonders beachtet. Die Lösung ist ebenfalls widder- beziehungsweise mars-typisch: Konzentriere dich nicht auf dich selbst, sondern auf das Ziel. Du mußt dich gewissermaßen an der Pfeilspitze des Mars-Symbols orientieren.

Eine andere Quelle der Angst ist das Konkurrenzdenken. Wir möchten unsere Eltern und andere Autoritätspersonen übertreffen – doch würde das von unserem Unterbewußtsein als ein Akt der Aggression gegen die Menschen ausgelegt werden, die uns großgezogen haben. Wir haben Angst davor, unsere Eltern zu verärgern – unbewußt halten wir sie noch immer für die allmächtigen Riesen, die sie in unserer Kindheit für uns gewesen sind. Wir müssen unsere Aggressionen und unser Konkurrenzdenken erkennen und annehmen. Was ist eigentlich daran falsch? Die Geburt ist ein aggressiver Vorgang, die Mutter alleinzulassen ebenfalls. Mars hat mit Wut zu tun, und die Grundlage der Angst kann uneingestandener Zorn sein. In Konfliktsituationen machen sich alle Tiere zum Kampf oder zur Flucht bereit – und in unserem Falle hätte der Fluchtimpuls den Sieg davongetragen: »Nichts wie weg!« Frage dich, worauf du wütend bist und was deiner Meinung nach geschähe, wenn du diese Wut zum Ausdruck bringen würdest. Wenn du siehst, was dahintersteckt, kannst du besser mit deiner Angst umgehen. Es kann dir vielleicht auch helfen, Bücher über den Umgang mit Wut zu lesen oder dich in Selbstbehauptung zu üben.

(♑ ⊛) ***Stier im 5. Haus.*** Das 5. Haus hat mit Risiken zu tun; es umfaßt so unwägbare Unternehmungen wie Liebesaffären, Kinder, Kreativität und Vergnügen. Findet sich hier das fixe Erdzeichen Stier, kann eine gewisse Starrheit der Risikofreude im Wege stehen. Verwende die erdnahe, praktische Seite des Stiers und erkenne, welches sinnliche Vergnügen in dem liegt, was du machst. Mache dir ruhig die Hände schmutzig, mitsamt den Fingernägeln! Nutze die heitere Gelassenheit des Stiers und genieße, ohne zu verurteilen. Im Gegensatz zu den anderen Erd-Zeichen ist der Stier nicht besonders hart oder kritisch mit sich selbst.

(♑ ⊛) ***Zwillinge im 6. Haus.*** Die Angstvorstellungen in deinem Denken können dich tatsächlich krank machen. Angst erzeugt mentalen Streß, der sich möglicherweise in körperliche Beschwerden verwandelt. Wenn Menschen erklären, daß sie vor Sorgen schon ganz krank sind, sagen sie vermutlich die Wahrheit. Wie kann man diese Zeichen/Haus-Kombination positiv zum Ausdruck bringen? Als erstes solltest du den Humor des Zwillings einsetzen und die Angst bis zur Lächerlichkeit übertreiben. Wenn du keinen Sinn für Humor hast, solltest du versuchen, ihn zu entwickeln. Zweitens solltest du die geistige Beweglichkeit des Zwillings zum «Brainstorming» nutzen. Es gibt Dutzende von Arten, eine Aufgabe anzupacken – manche sind einfacher, manche schwieriger. Niemand verlangt von dir, den schweren Weg zu wählen. Was noch? Reden, reden, reden über die eigenen Ängste – bis sie verschwunden sind!

(♑ ⊛) ***Krebs im 7. Haus.*** Die Angst, etwas nicht zu schaffen, entstammt oft einer starken Abhängigkeit. Finde heraus, ob es eine enge Beziehung zu einem Menschen gibt, der dich mit seiner Zuneigung förmlich erstickt und dir den Eindruck vermittelt, daß du ohne seine liebevolle Hilfe nicht überleben könntest. Wenn dies auf niemanden zuzutreffen scheint, solltest du dir überlegen, wie es um dein Verhältnis zu deiner Mutter bestellt ist. Viele Ängste gehen auf die Person zurück, die früher alles für uns getan hat. Wie können wir eine Wende herbeiführen? Es ist in Ordnung, einen fürsorglichen Partner zu suchen – du darfst dabei aber nicht aus den Augen verlieren, dich selbst weiterzuentwickeln. Dein Partner sollte dir hierzu Ansporn sein.

(♑︎☸) ***Löwe im 8. Haus.*** So mancher Fortschritt wurde frühzeitig durch Stolz zunichte gemacht. Stolz kann die stärksten Bemühungen zur eigenen Vervollkommnung vereiteln. Andererseits macht der Tod des Egos die meisten Ängste überflüssig. Darum geht es doch letzendlich, nicht wahr? Wir haben Angst, daß jemand uns auslacht, daß wir nicht gut aussehen, daß wir in einer peinlichen Situation erwischt werden. All dies dreht sich um Ego und Stolz. Es geht hier darum, eine Veränderung herbeizuführen und den Stolz loszuwerden. Versuche alles, ihn hinter dir zu lassen.

(♑︎☸)***Jungfrau im 9. Haus.*** Diese Kombination bedeutet die Neigung, die eigenen Ideen und Leistungen durch ätzende Kritik abzuwerten, ohne sie ernsthaft erprobt zu haben. Hier kommen die Negativität und der Perfektionsdrang der Jungfrau zum Vorschein: »Laß es – das klappt doch sowieso nicht!« Um aus den positiven Eigenschaften Nutzen zu ziehen, solltest du zuerst deine Gedanken frei fließen lassen (Fische im 3. Haus) und sie dann im Hinblick auf ihre Verwendungsfähigkeit für die jeweilige Aufgabe im einzelnen betrachten und analysieren. Die Jungfrau liebt die Arbeit, und das 9. Haus steht für Wissen – mach dich also ans Werk und lerne alles, was es über das Thema zu wissen gibt. Du wirst dich dann sicherer fühlen.

(♑︎☸) ***Waage im 10. Haus.*** Diese Kombination weist eine weitverbreitete und überflüssige Eigenschaft auf, welche viel zur Angst beiträgt: das Verlangen, von jedem auf der Welt fortwährend und bedingungslos geliebt zu werden. Viele unserer Ängste entstammen dieser quälenden Wunschvorstellung, die alles ins Wanken bringt: »Man wird mich nicht mehr mögen, wenn ich das tue.« Willst du in dem zum Scheitern verurteilten Versuch, niemanden zu verärgern, für immer passiv bleiben? Autoritätspersonen versöhnlich zu stimmen ist ein Charakteristikum der Waage im 10. Haus – allerdings handelt es sich dabei auch das Zeichen der Gleichheit oder Gleichberechtigung, so daß du eine Wende herbeiführen kannst, indem du erkennst, daß du genauso viel wert bist wie deine Vorgesetzten und Eltern.

(♑ ⊛) ***Skorpion im 11. Haus.*** Hier wird das Mißtrauen gegenüber anderen zur Paranoia: »Ich darf keine Schwächen oder Bedürfnisse zeigen – das gibt anderen Macht über mich!« Unterdrückte Angst führt aber zu immer größeren Problemen, während Ängste, die man mit Freunden teilt, transformieren. Ein anderer positiver Umgang wäre, sich zur Überwindung der Ängste einer Selbsthilfe-Gruppe anzuschließen.

(♑ ⊛) ***Schütze im 12. Haus.*** Einige Hauspositionen drücken besonders viel Angst aus. Schütze im 12. Haus zeigt einen Verlust an Glauben oder Hoffnung – man vergißt das göttliche System, das einen erhält, und die Tatsache, daß man spirituelle Hilfe erfahren kann. Es heißt, Glaube sei Angst in der Form von Gebeten. Im Gegensatz dazu pflegte der Lehrer und Metaphysiker Raymond Charles Barker zu sagen, Furcht sei falsch angewandter Glaube – Glaube in seiner negativen Form.

Eine andere Interpretation dieser Position – ähnlich der der Fische im 3. Haus – geht davon aus, daß Angst dann entsteht, wenn wir uns von der Wahrheit abwenden und uns oder andere betrügen. Wie es einmal – womöglich wieder von Seth – formuliert wurde: Jede Krankheit ist der Versuch, der Wahrheit zu entkommen. Nichts ist so geeignet, Furcht zu erzeugen, wie ein schlechtes Gewissen. Eine psychologische Studie ergab, daß die furchtlosesten Menschen gleichzeitig die ehrlichsten waren! Wohlgemerkt, es handelt sich zumeist nicht um eine »richtige« Lüge, sondern nur um eine dieser »berühmten« Schütze-Übertreibungen.

Wenn du sehr ängstlich bist, mußt du herausfinden, ob du vor dir oder vor anderen die Wahrheit verbirgst. Benutze den Wissensdurst des Schützen dazu, das Geheimnis und den Ursprung aller Ängste des 12. Hauses zu entdecken. Das 12. Haus ist ein Gefängnis, und Schütze an dieser Stelle will uns sagen: »Die Wahrheit wird dich befreien!«

Saturn-Aspekte und Ängste

Der letzte Abschnitt dieses Kapitels enthält Hilfsmittel zur Überwindung innerer Hindernisse. Doch zuerst mußt du dir darüber klar werden, worin diese bestehen. Um bei der Bestandsaufnahme zu helfen, beschreiben wir im folgenden die typischen Ängste bei den verschiedenen Saturn-Stellungen. Das Verlangen, angstfrei zu sein, ist eine starke Motivation, und du wirst bemerken, daß du in den Bereichen deiner größten Angst auch die größte Erfüllung erfahren kannst. Das trifft insbesondere auf die Zeit nach der Saturn-Wiederkehr (zwischen dem 27. und dem 29. Lebensjahr) zu, in der viele Menschen den Druck der Einschränkungen nicht mehr zu ertragen gewillt sind und beschließen, etwas zu tun. Allerdings können auch zu den anderen Phasen des Saturn-Zyklus, bei dem es alle sieben Jahre zu wichtigen Aspekten wie der Konjunktion, der Opposition und den Quadraten kommt, Hindernisse überwunden werden.

♄ ☉ Saturn/Sonne-Aspekte

(Saturn im Löwen oder im 5. Haus)

Hier besteht ein Mangel an Selbstvertrauen und die Sorge, nicht gut genug zu sein. Das Ego strebt nach Perfektion. Diese Menschen glauben, sie seien nur dann etwas wert, wenn sie erfolgreich sind und uneingeschränkte Anerkennung finden. Aber auch vor der Aufmerksamkeit, nach der sie sich sehnen, haben sie Angst, weil diese ja ihre Unvollkommenheiten ans Licht bringen könnte. Das Ergebnis ist Lampenfieber und Angst, sich zu profilieren. Ein Elternteil, für gewöhnlich der Vater, war sehr anspruchsvoll und konnte niemals zufriedengestellt werden. Diese Menschen haben unendlich viel Angst davor, sich lächerlich zu machen oder gedemütigt zu werden.

Bei Saturn im 5. Haus macht man sich Sorgen um die Kindererziehung, die als schwere Verantwortung empfunden wird. Der Anspruch, ein perfekter Vater oder eine perfekte Mutter zu sein und vollkommene Kinder zu erziehen, erzeugt große Spannung. Diese Menschen sind ihrem inneren Kind gegenüber gehemmt, was sich auch auf ihren kreativen Selbstausdruck auswirkt. Sie sind nicht dazu bereit, diesem viel Zeit zu opfern, weil ihrer Meinung nach Beruf oder Familie wichtiger sind. Wenn überhaupt kreativen Tätigkeiten nachgegangen wird, muß das Ergebnis perfekt beziehungsweise museumsreif sein.

♄☽ Saturn/Mond-Aspekte

(Saturn im Krebs oder im 4. Haus, manchmal auch Mond im Steinbock)

Erzeugt ausgeprägte Unsicherheit, die in einer ängstlichen Haftung an Heim, Familie, die Mutter oder auch der Nahrung zum Ausdruck kommen kann. Vielleicht ist dieser Mensch von einem sehr unsicheren Elternteil – für gewöhnlich die Mutter – erzogen worden, der seine starken Lebensängste auf das Kind übertragen hat. Manchmal können die frühen Jahren von einem – drohenden oder tatsächlichen – Verlust überschattet gewesen sein. Solche Menschen klammern sich vielleicht an Tradition oder Gewohnheiten aus Angst vor Veränderung. Sie fürchten sich so sehr vor dem Ausdruck von Gefühlen, daß sie sich einzig und allein in der Depression sicher fühlen. Das Kapitel über Depression liefert hierzu nähere Angaben.

♄☿ Saturn/Merkur-Aspekte

(Saturn in den Zwillingen oder im 3. Haus, Steinbock im 3. Haus)

Minderwertigkeitskomplexe im Hinblick auf intellektuelle Angelegenheiten, die sich hinter einer intellektuell-abweisenden Haltung verbergen können. Dieser Aspekt tritt manchmal als Stottern oder als andere Sprechschwierigkeit in Erscheinung. Das hängt damit zusammen, daß Kommunikation Spannung erzeugt, oder auch die Angst besteht, nicht verstanden zu werden. Diese Menschen zeigen oft Lampenfieber, wenn sie öffentlich sprechen müssen, oder kommen unter Druck, wenn sie sich schriftlich äußern sollen. Schriftstücke werden häufig aus Sorge, sie könnten nicht perfekt sein, zu spät abgegeben. Menschen mit Saturn in den Zwillingen haben große Angst davor, sich zu langweilen; sie tun alles, um Langeweile zu vermeiden, was heißen kann, daß sie in den Urlaub einen Koffer voller Bücher mitschleppen.

♄ ♍ Saturn/Jungfrau-Aspekte

(oder Saturn im 6. Haus, Steinbock im 6. Haus)

Läßt Menschen fürchten, ihre Arbeit nicht richtig zu machen und vielleicht ihren Job zu verlieren. Es besteht die Angst, im Beruf nicht erfolgreich zu sein oder nicht hart genug zu arbeiten. Diese Menschen werden zu «Workaholics», um Ängste zu kompensieren, und vielleicht hatten sie überkritische, arbeitsbesessene Eltern. Sie sind ständig besorgt um Gesundheit, Ernährung und Hygiene mit einem Hang zum Hypochondertum oder auch einem Sauberkeitsfimmel.

♄ ♀ Saturn/Venus-Aspekte

(Saturn in der Waage oder im 7. Haus,
Steinbock im 7. Haus)

Zeigt sich als tiefe Angst vor Nähe, weil man als unvollkommen erkannt werden könnte. Diese Menschen befürchten, verlassen zu werden, was sie davor zurückschrecken läßt, Beziehungen einzugehen. Große Angst vor Zurückweisung und die Überzeugung, daß Beziehungen zu viel Verantwortung mit sich bringen, kann diese Menschen veranlassen, Bindungen zu meiden oder nur solche Partner auszuwählen, die ihnen nicht wirklich etwas bedeuten. Sie glauben, nur dann Liebe zu verdienen, wenn sie Erfolg haben. Haben sie etwas erreicht, sorgen sie sich, nicht um ihrer selbst willen geliebt zu werden, sondern aus dem Grund, den Status der anderen Person zu heben.

♄♉ Saturn im Stier

(oder im 2. Haus)

Dies bedeutet Spannungen im Hinblick auf Geld und finanzielle Angelegenheiten und gibt das Gefühl, niemals genug zu haben – wie es um die Umstände auch bestellt sein mag. Manche dieser Menschen sind in Armut aufgewachsen – aber diese Saturn-Plazierung bedeutet nicht, ein Leben in beschränkten Verhältnissen zu verbringen (Jacqueline Onassis ist dafür ein Beispiel). Diese Menschen haben Angst davor, vielleicht nicht den Status zu erreichen, den sie anstreben. Es bedeutet ihnen viel, Geld und Besitztümer zu haben und mit den Nachbarn Schritt zu halten. Sie denken, daß dieser Umstand es ist, der ihren Wert und ihre Bedeutung beweist. Ihre Eltern hatten möglicherweise die Angstvorstellung, eines Tages im Armenhaus zu enden, was einen autoritären Umgang mit Geld bedeutet haben könnte. Den Kindern wurde vielleicht das Gefühl vermittelt, zum Geldverdienen unfähig zu sein. Druck führt zu Engherzigkeit und Beschränkung, so daß es jetzt vielleicht für diese Menschen schwierig ist, Geld zirkulieren zu lassen. Geiz und Knickerigkeit können die Folge sein.

♄♂ Saturn/Mars-Aspekte

(Saturn im Widder oder im 1. Haus)

Es bestehen Schwierigkeiten bezüglich Führung, Wettbewerb, Wut und Selbstbehauptung; man hat Angst, die Initiative zu ergreifen, und fürchtet, daß Führungspersonen genauso hart sein könnten wie es ein Elternteil – für gewöhnlich der Vater – war. Diesen Aspekt findet man oft bei Kindern, die physisch oder verbal mißhandelt worden sind (verbale Mißhandlung ist dann zu erwarten, wenn die Luftzeichen betroffen sind). Wie dem auch sein mag – in jedem Fall dürfte eine sehr starke Disziplin geherrscht haben. Die Person hat nun ihrerseits große Furcht davor, Wut zum Ausdruck zu bringen, aus Angst, vielleicht dem brutalen Rollenvorbild zu entsprechen. Es bestehen auch Hemmungen, sich körperlich oder sexuell zu betätigen oder den Körper im Sport wagemutig einzusetzen.

♄ ♃ Saturn/Jupiter-Aspekte

(Saturn im Schützen oder im 9. Haus)

Ein Minderwertigkeitskomplex in bezug auf Erziehung und Bildung führt zu Angst bei der Beschäftigung mit diesen Themen. Solche Menschen können zur Überkompensation neigen, aber auch zu Experten oder Gelehrten werden. Sie können Angst vor der Hoffnung haben – wenn man mit einer pessimistischen Haltung durch das Leben geht, ist man möglicherweise nicht so anfällig gegenüber Rückschlägen oder einem schlimmen Schicksal. Diese Menschen haben Angst vor Risiken; sie kalkulieren alles genau und versuchen immer, auf Nummer Sicher zu gehen.

♄ ♅ Saturn/Uranus-Aspekte

(Saturn im Wassermann oder im 11. Haus)

Erzeugt Angst vor dem Ausdruck der eigenen Persönlichkeit. Solche Menschen sind unentschlossen – sie schwanken zwischen Radikalität und Konservatismus. Sie haben Angst, ihre Individualität zum Ausdruck zu bringen und leiden gleichzeitig unter den Folgen ihres Andersseins. Sie fürchten, auf Ablehnung zu stoßen, wenn sie ihr wahres Wesen zeigen. Sie fürchten den Verlust ihrer Freiheit und haben Angst davor, frei zu sein, weil sie dann ohne Halt sind.

Mit Saturn im 11. Haus kam es vielleicht zu Schwierigkeiten mit Gleichaltrigen, da diese Menschen in Jugendjahren zu konventionell und erwachsen wirkten und meistens nicht beliebt waren. Diese Veranlagung macht den jungen Menschen zu einem Erwachsenen, der in der Annahme, nicht akzeptiert zu werden, zu schüchtern ist, auf andere zuzugehen. Diese Menschen fürchten, die wenigen Freunde, die sie haben, zu verlieren, und sie tun alles, um sie zu behalten. In Gesellschaft und in Gruppen sind sie scheu und unsicher, weil sie hier Angst haben, ihre Individualität zu verlieren.

♄ ♆ Saturn/Neptun-Aspekte

(Saturn in den Fischen oder im 12. Haus, Neptun im 10. Haus)

Realität und Phantasie sind nicht klar voneinander geschieden, was zu vielerlei Ängsten und Sorgen über nicht existierende Dinge führen kann. Oft war ein Elternteil Alkoholiker, emotional gestört oder chronisch krank. Die Kinder waren häufig auf sich allein gestellt und dazu gezwungen, in einer unfaßbaren Realität wie Erwachsene zu handeln. Diese Menschen sind häufig als Erwachsene immer noch verwirrt und ängstlich, insbesondere, wenn es darum geht, Verantwortung zu übernehmen. Sie sind dieser meistens nicht gewachsen, weil sie schon viel zu früh erdrückende Pflichten zu tragen hatten. Vielleicht sind sie bei dem Versuch, die Dinge in den Griff zu bekommen, hart geworden, möglicherweise trinken sie oder nehmen Drogen, um die Angst zu beschwichtigen. Manchmal besteht auch Angst vor medialer Veranlagung oder davor, bei der spirituellen Suche das Gleichgewicht oder auch den Verstand zu verlieren. Nach der Saturn-Wiederkehr wird es leichter, mit den Auswirkungen dieses Aspektes umzugehen.

♄ ♇ Saturn/Pluto-Aspekte

(Saturn im Skorpion oder im 8. Haus)

Unterdrückung oder schlechte Behandlung durch Autoritätspersonen hinterließen Angst vor Macht und Beherrschung durch andere. Diese Menschen haben das Gefühl, daß sie, um sich zu behaupten, ihre eigene Autorität sein müssen und sich niemals beherrschen lassen dürfen. Vielleicht fürchten sie auch, durch die Sexualität die Kontrolle zu verlieren und sind überzeugt, daß ihre emotionale Verletzlichkeit anderen die Möglichkeit gibt, sie zu manipulieren. Schwangerschaft und

Geburt können als Gefahr für das Leben angesehen werden. Möglicherweise hat das Sterben oder die lebensbedrohliche Krankheit eines Elternteils diese Menschen so geängstigt, daß sie in ständiger Angst vor dem Tod leben.

♄ MC Saturn im Aspekt zum MC

(Saturn im Steinbock oder im 10. Haus)

Zeigt sich als Ausrichtung auf Karriere, Arbeit und Erfolg. Die Angst vor dem Familienoberhaupt, das absolute Perfektion erwartete, führte zur Furcht vor Chefs und anderen Autoritätspersonen. Diese Menschen haben so hohe Ansprüche, daß sie vor Versagensangst wie gelähmt sein können. Sie haben im gleichen Maße aber Angst vor dem Erfolg und den damit verbundenen Verantwortungen.

Die Heilkrise der Angst

Der folgende Abschnitt gibt Heilmittel an, die man zur Überwindung von Hindernissen benutzen kann. Man muß dabei aber einige Dinge bedenken. Erstens hat Angst eine nützliche Funktion, wie wir bereits am Beginn dieses Kapitels gesehen haben. Sie hat uns in einem bestimmten Entwicklungsstadium geschützt – seien wir also dem Teil in uns, der sie erzeugte, dankbar. Führe mit deiner Angst ein Gespräch, um herauszufinden, warum sie entstand und ob diese Gründe auch heute noch aktuell sind. Die folgende Bestandsaufnahme wird dir helfen, mit diesen Gründen in Kontakt zu kommen. Du mußt erkennen, daß du einige der gefürchteten Dinge noch immer fürchten solltest! Gehe sanft mit dir um; reiße keine Schranken nieder, die deinem Schutz dienen. Erkenne auch, daß Furcht oft eine Begleiterscheinung des Wachstumsprozesses ist, beziehungsweise, daß dieser Energie freisetzt, die als Furcht registiert werden kann. Akzeptiere Angst als ein Nebenprodukt der Entwicklung und bleibe standhaft – dein inneres Wachstum steht auf dem Spiel.

Wir sprachen in einem früheren Kapitel über die Heilkrise, die oft dadurch ausgelöst wird, daß man einen Problembereich in Angriff nimmt. Wenn man sich mit seinen Ängsten auseinandersetzt, erfahren diese eine besondere Betonung, und es kann dazu kommen, daß man für eine Zeitlang mehr Angst hat denn je. Man erlebt dann eine Katharsis, die dabei helfen kann, die Angst für immer zu vertreiben und vorwärts zu gehen. Mit den Fischen im 3. Haus ist Angst im Großen und Ganzen eine Illusion – die Denkmuster, die jetzt an die Oberfläche kommen, solltest du genau beobachten. Statt dich weiterhin von ihnen lähmen zu lassen, solltest du versuchen, deren Irrationalität zu erkennen. Speziell die Negativität deiner Gedanken könnte nun einen Höhepunkt erreichen. »Das klappt doch nie. Ich kann nicht. Ich werde immer ein Versager sein.« Sei dir dieser Gedanken bewußt, lasse dich aber nicht auf sie ein. Ersetze sie stattdessen mit positiven Affirmationen. Die Frage «Kampf oder Flucht» wird nun in dir aufsteigen. Du hast jetzt die Gelegenheit, eine neue Wahl zu treffen, und du kannst diesmal den Kampf wählen, statt wieder wegzulaufen.

Du solltest dir auch klarmachen, daß ein Teil der Angst, die du empfindest, eigentlich Erregung ist. Diese beiden Emotionen sind einander verwandt; wir verwechseln sie oft aus dem Grunde, daß wir mit Erregung nicht umzugehen wissen. Wenn du etwas Neues versuchst und dabei Angst empfindest, solltest du dich fragen, wie groß der Anteil der Erregung ist. Lasse das faszinierende Gefühl zu, das entsteht, wenn du dein eigenes Wesen meisterst und voranschreitest.

Um mehr über deine Ängste herauszubekommen, solltest du den Fragebogen auf den folgenden Seiten ausfüllen.

Eine Bestandsaufnahme deiner Ängste

Schreibe fünf Dinge auf, die du gerne tun würdest, wenn dich nicht Angst davon abhalten würde.

1. ....
2. ....
3. ....
4. ....
5. ....

Fertige eine Liste jener Charaktereigenschaften an, die unbewußt zur Angst beitragen können (zum Beispiel Stolz, Passivität, Gefallsucht, Herrschsucht, Starrheit).

....

....

....

Was trifft auf mich zu: Ich kann es nicht tun, oder ich will es nicht? Was habe ich davon, wenn ich es nicht kann? Bestärkt mich das in der Abhängigkeit von anderen, oder verschafft mir das mehr Fürsorge und Aufmerksamkeit?

....

....

....

Welches falsche Bild von mir und meinen Fähigkeiten versuche ich aufrechtzuerhalten? Inwieweit hindert mich der Anspruch, immer kompetent zu erscheinen, daran, etwas Neues zu versuchen? Befürchte ich, daß man jederzeit von mir erwartet, perfekt zu sein?

....

....

....

Was könnte ich bei einem Versuch verlieren? Wie läßt sich die Idee, daß das, was wirklich ist, nicht bedroht werden kann, auf diese Situation anwenden?

....

....

....

Wovor habe ich Angst, wenn ich ....

....

....

....

Welche Ängste hatten meine Eltern oder andere wichtige Erwachsene in diesem Bereich? Was fürchteten sie in bezug auf mich?

....

....

....

Diese Angst war in einem gewissen Stadium meines Lebens angemessen. Welchem Zweck hat sie damals gedient? Welche inneren Veränderungen hat es im Hinblick auf sie gegeben?

....

....

....

....

Habe ich dieses oder jenes in jüngeren Jahren auch schon versucht und dabei versagt? Wenn dem so war: Hat die nachfolgende Entwicklung und Erfahrung mich darauf vorbereitet, jetzt Erfolg zu haben?

....

....

....

Welche neuen Fertigkeiten oder Informationen wären notwendig, damit sich jetzt der Erfolg einstellen könnte? Gibt es Kurse oder Bücher, die mich das lehren können?

....

....

....

Wen kenne ich, der mir in dieser Beziehung etwas zeigen kann? Welche Unterstützung könnte ich von meinen Freunden oder Gruppen erwarten?

....

....

....

Bin ich zu stolz, um um Hilfe zu bitten? Habe ich Angst davor, einen dummen oder lächerlichen Eindruck zu machen?

....

....

....

Blockiere ich mich, indem ich darauf bestehe, beim ersten Versuch perfekt zu sein – statt mir einzuräumen, daß ich erst lernen muß?

....

....

....

Steht hinter all dem vielleicht Ärger über etwas, das mit dieser Situation zu tun hat? Worüber bin ich ärgerlich? Was befürchte ich, würde passieren, wenn ich meine Gefühle zum Ausdruck bringen würde?

....

....

....

Visualisierungen und Affirmationen für Saturn-Probleme

Nachdem du mittels der obigen Bestandsaufnahme erkannt hast, woher deine Ängste kommen, kannst du mit Visualisierungen und Affirmationen daran arbeiten, die saturnische Negativität zu überwinden. Muster, die wir in Saturn-Bereichen unseres Lebens geschaffen haben, enthalten viel Starrheit, weshalb sie besonders schwer zu verändern sind. Die Umgestaltung kristallisierter Gedankenmuster erfordert ein großes Ausmaß an Disziplin. Wir haben hier einige allgemeine Affirmationen aufgeführt, die du abändern kannst. Du kannst auch selbst Affirmationen zur Überwindung deiner Ängste entwickeln. Denke daran, bei der Formulierung nur positive Ausdrücke zu verwenden – negative Worte (*nein*, *nicht* oder *nicht tun*) führen dazu, daß dein Unterbewußtsein an die Angst erinnert wird.

Entwerfe Visualisierungen für bestimmte Dinge, die du aus Angst nicht tust. Stelle dir genau vor, wie du eine der Situationen bewältigst, die du gerne bestehen möchtest. Unterteile den Vorgang in kleine Schritte, und beobachte, wie du jeden einzelnen erfolgreich zurücklegst. Wenn du zum Beispiel schon immer den Wunsch gehabt hast, etwas zu malen, mußt du dir vorstellen, wie du dich zu einem Malkurs anmeldest, dann an einem Gemälde arbeitest und es schließlich vollendest. Male dir in Gedanken aus, wie das schön gerahmte Bild an der Wand hängt, und nimm die Stimmen deiner Familienangehörigen und Freunde wahr, wie sie dir dazu gratulieren. Wiederhole diese Visualisierung täglich, bis du fühlst, daß das »Ich-kann-nicht« sich legt und du Fortschritte machst.

Beispielaffirmationen findest du auf der folgenden Seite.

Affirmationen zur Überwindung der Angst

Es wird mir klar, warum ich Angst habe und wo die Lösung liegt.

Ich komme voran – in meinem Tempo. Meine Fehler sind Teil meines Lernprozesses.

Indem ich wachse, ersetze ich Angst durch Vertrauen.

Ich bin sanft und rücksichtsvoll zu mir, während ich mich mit meinen Ängsten beschäftige.

Ich habe alle Unterstützung, die ich für mein Fortschreiten brauche.

Der Erfolg meiner Bemühungen steht mir zu.

Versagen als Strategie

Ein Kind – wir wollen es Kevin nennen –, das zu mir an die Psychiatrische Klinik überwiesen wurde, litt unter schrecklichen Ängsten, etwas falsch zu machen. Es handelte sich um einen intelligenten und netten Jungen, das gewandteste und klügste Kind seiner Klasse, das in gewisser Weise ein wandelndes Lexikon war. Jedesmal aber, wenn der Lehrer ein neues Thema vorstellte, reagierte Kevin mit Panik. Er warf sich auf den Boden und schrie wie ein Baby. Es war klar, daß bei dem sieben Jahre alten Jungen der Saturn im Quadrat zur Geburtsposition stand. An Saturn mußte ich auch deshalb denken, weil Kevin mir von sich aus ein Bild dieses Planeten gemalt hatte. Kevin wurde am 29. April 1974 geboren, die genaue Geburtszeit war nicht verfügbar. Sein Horoskop (Planetenstände für 12 Uhr Ortszeit berechnet) findet sich auf der folgenden Seite. Wir sehen eine Mars/Saturn-Konjunktion in dem Zeichen Krebs (das nicht von besonderer Festigkeit ist), zu der Pluto in der Waage im Quadrat steht. In dieser Konstellation liegt eine

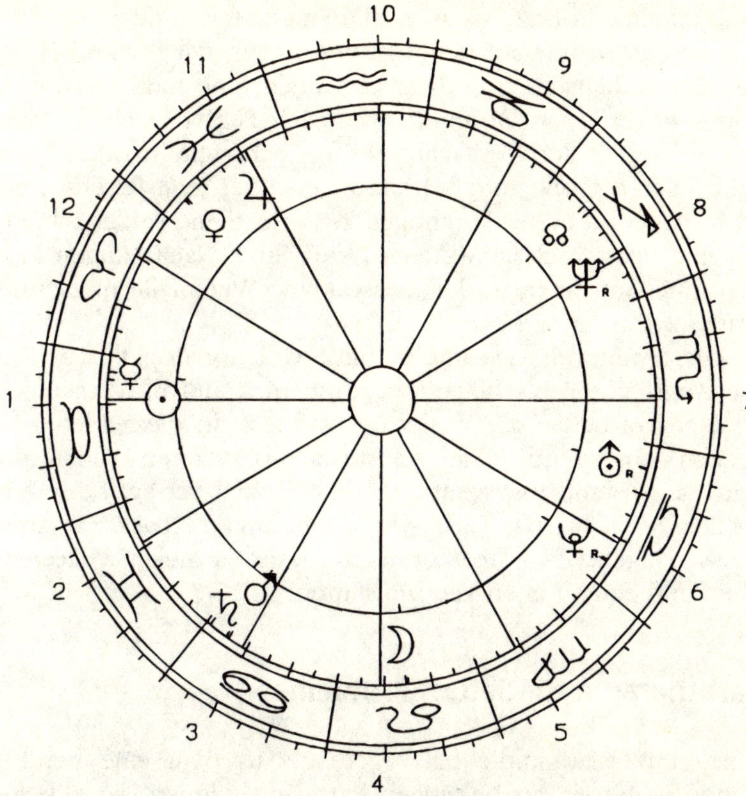

Kevin: *Sonnenhoroskop, 29. 4. 1974, 12.00 Ortszeit, (40N45, 73W57)*

☉	09° 02′	♉	♀	24° 22′	♓	♄	0° 58′	♋	♇	04° 36′	♎
☽	14° 34′	♌	♂	05° 37′	♋	♅	25° 11′	♎	☊	21° 38′	♐
☿	03° 18′	♉	♃	11° 04′	♓	♆	09° 01′	♐	gleiche Häuser		

extreme Angst vor Versagen, verbunden mit der Überzeugung, durch Mißerfolg die Liebe seiner Mutter zu verlieren.

Um Kevin die Furcht vor dem Versagen zu nehmen, verfiel ich auf die Behandlungsstrategie, ihn absichtlich Fehler machen zu lassen. Jede Woche stellte ich einen extrem einfachen Test für ihn zusammen, wobei er nur dann eine gute Bewertung erhalten konnte, wenn er alle Fragen falsch beantwortete. Wir bereiteten uns auf den Test vor, indem wir rhythmisch in die Hände klatschten und dabei sangen: »Ich muß nicht perfekt sein. Es ist in Ordnung, wenn ich Fehler mache.« Dann korrigierte ich den Test «ganz streng», schüttelte meinen Kopf und machte große rote Markierungen über jede falsche Antwort, während er vor Vergnügen kicherte. Seine Fehler schrieb ich mit theatralischen Gesten an die Wand. Nach einigen Monaten bekam Kevin in der Klasse keine Wutanfälle mehr und war viel entspannter.

Die Lösung, die ich intuitiv fand, war homöopathisch: Um die Angst vor Fehlschlägen zu kurieren, mußt du dich eines Fehlschlags bedienen. Vielleicht möchtest du diese Idee aufgreifen, um einige deiner Ängste zu überwinden. Die Angst wird gegenstandslos, wenn man erst einmal versagt oder den Fehler gemacht hat. Das, was du befürchtet hast, ist dann schon eingetreten – also kannst du dann ja gleich weitermachen und einen neuen Versuch starten.

Farbtherapie für Saturn-Probleme

Eine Universitätsstudie hat ergeben, daß Blau eine beruhigende Farbe ist. So bestätigen Farb-Psychologen die okkulte Lehre, nach der Blau die Farbe der Klarheit ist und zur Überwindung von Angst dient. Denke daran, daß beim Steinbock-Rad die Fische im 3. Haus stehen, was darauf hinweist, daß das Unbekannte und Geheimnisvolle die größte Angst erzeugt und daß Furcht oft aus Verwirrung und falschen Vorstellungen resultiert. Man bleibt ruhig, wenn man auf der inneren Ebene mit blauem Licht arbeitet. Man kann aber auch blaue Kleidung tragen und sein Zimmer mit blauen Farben schmücken oder auch eine blaue Glühbirne in die Lampe schrauben. Auch das Trinken von Wasser, das einen Tag lang in einem blauen Glasbehälter der Sonne ausgesetzt war, wirkt beruhigend. Die folgende Meditation hilft dir bei der Klärung und Zentrierung deines Denkens, wenn die Angst dich überkommt. Die hilfreichste Farbe für das innere Licht ist kobaltblau.

Eine Übung zur Befreiung von Ängsten

Umgebe dich mit einem schützenden Raum aus blauem Licht. Fülle auch deinen Körper damit aus.

Lasse in deinem Solarplexus einen tiefblauen Feuerball entstehen und dort für eine Weile herumwirbeln, um den Mangel an Selbstvertrauen auszubrennen. Lasse das blaue Feuer sich anschließend in deinem ganzen Körper ausbreiten, insbesondere in deinem Gehirn.

Fühle deinen Körper und deine Chakren schmelzen. Sie zerfließen zu einem blauen Gewässer am Grunde des dich umgebenden Raumes.

Blicke in den blauen Teich. Fühle, wie seine Stille dich erfaßt.

Löse den schützenden Raum auf, wenn du wieder ganz ruhig bist.

Angst und der Saturn-Rosenkranz

In dem Kapitel über Heilmittel haben wir Gesänge und Rosenkränze beziehungsweise Gebetsschnüre für verschiedene Aspekte beschrieben. Diese Mittel eignen sich ausgezeichnet zur Heilung von Ängsten, weil das wiederholte Singen dem zwanghaften Denken entgegenwirkt und zur Beruhigung und Zentrierung beiträgt. Die folgende Aufstellung zeigt, wie man Rosenkränze für die verschiedenen Saturn-Aspekte zusammenstellt, welche Gesänge zu diesen passen und gegen welche Ängste diese wirken. Natürlich ist die Liste nicht vollständig. Denke daran, daß du die betreffende Gebetsschnur nur dann verwenden kannst, wenn die beiden Planeten in deinem Horoskop in Verbindung zueinander stehen. Das muß kein Aspekt sein; die gleiche Wirkung kann zum Beispiel auch aufgrund der Zeichen- oder Hausposition auftreten. Saturn im 12. Haus oder in den Fischen würde zum Beispiel einem Saturn/Neptun-Aspekt ähneln.

Welche Gebetsschnur bei welcher Angst?

Aspekt	Farb-Muster	Gesang	hilft bei:
♄/☉ *Saturn Sonne*	rot, rot, braun	*oh hay yah, oh hay yah, dah ti kah*	Minderwertigkeitskomplexen; bei Angst, sich selbst zum Ausdruck zu bringen
♄/☽ *Saturn Mond*	weiß, weiß, braun	*si idriah, si idriah, dah ti kah*	Unsicherheit, Angst, die Heimat, das Essen oder die eigenen Wurzeln zu verlieren oder sich selbst emotional auszudrücken
♄/☿ *Saturn Merkur*	purpur, purpur, braun	*oh hi ti nah, oh hi ti nah, dah ti kah*	Angst vor schriftlicher oder mündlicher Äußerung, vor Schule und Prüfungen, intellektuelles Minderwertigkeitsgefühl
♄/♀ *Saturn Venus;*	grün, grün, braun	*nah ti nah, nah ti nah, dah ti kah*	Angst vor Nähe und Intimität, vor dem Verlust von Liebe oder von Attraktivität
♄/♂ *Saturn Mars*	schwarz, schwarz, braun	*nay zi day hoh hi mah, nay zi day hoh hhi mah, dah ti kah*	Angst vor Wut und Konkurrenz, vor dem Aktivwerden und der Sexualität
♄/♃ *Saturn Jupiter*	gelb, gelb, braun	*hi su mai yo, hi su mai yo, dah ti kah*	Angst vor schulischem Versagen und vor intellektueller Unterlegenheit, fehlender Glaube
♄/♅ *Saturn Uranus*	braun, braun, silber	*dah ti kah, dah ti kah, nah mitriah*	Angst vor Konformitätsdruck, vor Autorität und vor dem Anderssein
♄/♆ *Saturn Neptun*	braun, braun, mintgrün	*dah ti kah, dah ti kah, oh mys*	Angst vor übersinnlichen und spirituellen Erfahrungen, vor Wahnsinn, Krankheit, Elend und Not
♄/♇ *Saturn Pluto*	braun, braun, naturfarben	*dah ti kah, dah ti kah, ti yah*	Angst vor dem Tod und vor medialen Erfahrungen

Blüten-Essenzen gegen Angst

Die Bach-Blüten-Mittel wurden um 1930 entwickelt, zur gleichen Zeit, als die allgemeine Furcht infolge der Weltwirtschaftskrise ihren Höhepunkt erreicht hatte. Es gibt Mittel gegen die verschiedensten Arten von Ängsten. *Aspen* ist gegen Furcht unbekannten Ursprungs, während *Mimulus* gegen die Angst vor etwas Bestimmten sowie ganz allgemein gegen Ängstlichkeit und Schüchternheit hilft. *Larch* ist für Menschen, die Versagensängste haben und deshalb passiv bleiben. *Rock Rose*, ein Bestandteil von *Rescue*, hilft gegen panischen Schrecken. Man verwendet es mit großem Erfolg bei Lampenfieber und Examensängsten. *Rescue* selbst ist in jeder Krisensituation von Nutzen. Man kann es in den USA in fast allen Reformhäusern erhalten, auch in denjenigen, die sonst keine Blüten-Essenzen führen. *White Chestnut* hilft, wenn sich unerwünschte Gedanken, Sorgen oder Vorstellungen aufdrängen. Von den neueren Mitteln gibt *Borage* frischen Mut, und *Garlic* hilft, Ängste, Unsicherheiten und Nervosität (zum Beispiel Lampenfieber) loszuwerden.

Du solltest nicht mehr als zwei oder drei Essenzen zugleich verwenden, da die aufsteigenden Gefühle sonst zu stark werden und deine Ziele vereiteln könnten. Wenn du diese Mittel zubereitest, solltest du dir dabei vorstellen, wie blaues Licht von deinem Höheren Selbst herabkommt, durch dein Herz-Zentrum und deine Hände strömt und das Wasser in dem Arzneifläschchen auflädt. Visualisiere deutlich, wie die einzelnen Wassertropfen im blauen Licht aufleuchten. Wenn du ein kleines Stückchen Quarzkristall – welches mit Saturn in Verbindung gebracht wird – besitzt, kannst du es in das Fläschchen geben oder in die Nähe legen und damit die Wirksamkeit der Tropfen verstärken. Wasser, das in einem blauen Glas der Sonne ausgesetzt wurde, eignet sich ausgezeichnet zur Verdünnung der Blüten-Essenzen. Wende bei jeder Einnahme Saturn-Affirmationen oder eine entsprechende Visualisierung an.

Eine Sieben-Tage-Kur gegen Angst

Wenn du dazu bereit bist, gegen eine bestimmte Angst anzukämpfen, oder wenn du etwas in Angriff nehmen willst, dich aber blockiert fühlst, solltest du dir sieben Tage Zeit gönnen, um intensiv daran zu arbeiten. Sieben ist die Saturn-Zahl, und du kannst in einer Woche beträchtliche Fortschritte in der Auflösung deiner Blockierungen machen. Am Sonnabend, dem Saturn-Tag, sollten deine Bemühungen den Höhepunkt erreichen, beginne also an einem Sonntag. Berechne dazu auch, wann Saturn aufsteigt, kulminiert oder untergeht – wenn du das kannst.

Wird diese Arbeit während eines Saturn-Transits im Zusammenhang mit dem betreffenden Lebensbereich durchgeführt, intensiviert dies den Vorgang. Wenn du aber darauf wartest, daß der perfekte Transit eintritt, führt das zu unnötiger Verzögerung. Wenn dir die Astrologie noch neu ist und du nicht weißt, wann diese Transite stattfinden, solltest du nicht zögern, sondern sogleich aktiv werden.

Auch hier gibt es wieder Blüten-Essenzen. Besonders gut eignen sich *Mimulus* oder *Rock Rose*. Nimm das verdünnte Mittel viermal täglich, vor allem, bevor du meditierst oder eine Bestandsaufnahme machst, indem du in schriftlicher Form die oben angeführten Fragen beantwortest. Du kannst aber auch Fragen, die dir einfallen, verwenden. Fülle dein Gehirn vorher mit blauem Licht. Mache einen konkreten Plan; beginne mit einer Aufgabenanalyse und unterteile das ganze Projekt in einzelne Schritte und Etappenziele. Lege für deren Erfüllung einen Termin oder Stichtag fest.

Hole dir aus einer Buchhandlung oder Bibliothek Bücher zur Selbsthilfe über das betreffende Thema und lese sie! Wenn es Cassetten für Meditation oder Affirmationsarbeit gibt, solltest du sie kaufen und täglich benutzen. Mache jeden Tag zumindest eine der obigen Meditationen, zusammen mit den Visualisierungen und Affirmationen, die auf dieses Projekt zutreffen. Trage so oft wie möglich blaue Kleidung – kaufe dir zu diesem Zweck auch ruhig etwas Neues. Trage den Saturn-Stein bei dir, singe die Saturn-Gesänge und mache dir eine Gebetsschnur.

Kapitel 5

Der Kampf gegen die Trauer: Astrologische Erkenntnisse über die Depression

Die Depression, die einen plötzlich überfällt und dann nicht mehr losläßt, ist eine ernstzunehmende mentale Krankheit. Sie ist so verbreitet wie der Schnupfen, kann sich jedoch über Monate oder sogar Jahre hinziehen. Tritt sie in schwerer Form auf, kann sie Leben, Glück und Gesundheit zerstören. Andere Probleme wie Alkoholismus oder Arbeitssucht können aus dem Versuch resultieren, mit einer hartnäckigen Depression fertigzuwerden. Astrologen bringen Depressionen mit dem Planeten Saturn in Verbindung. Wenn wir die Saturn zugeschriebenen Qualitäten und unser Steinbock-Rad betrachten, werden wir die Ursachen dieser Krankheit besser verstehen und Ideen bekommen, wie wir nach homöopathischem Prinzip eine Besserung erreichen können. In diesem Zusammenhang dürften auch die Informationen über Blüten-Essenzen und andere Naturheilmittel von Nutzen sein.

Woran man eine schwere Depression erkennt

Die Symptome der klinischen Depression, wie sie in verschiedenen psychiatrischen Werken beschrieben werden, passen überraschend gut auf die Eigenschaften des Steinbock-Rades.
Mit ***Steinbock im 1. Haus*** ist das Erscheinungsbild melancholisch.

Wassermann im 2. Haus bezeugt, daß diese Reaktion oft durch den Verlust von etwas Wertvollem ausgelöst wird. Depressive Menschen erleben jedoch auch, daß einstmals wichtige Dinge ihnen nichts mehr bedeuten.

Die ***Fische im 3. Haus*** zeigen, daß diese Menschen verwirrt, desillusioniert und voller Selbstmitleid sind. Sie verstecken sich vor anderen und wollen keine Kommunikation. Man kann mit Worten gar nicht beschreiben, wie sie sich fühlen. Vielleicht versuchen sie, ihre schmerzhaften Gedanken durch Trinken, übermäßiges Essen oder Rauschgiftkonsum zu verdrängen.

Weiter geht es mit ***Widder im 4. Haus*** und dem wohlbekannten Prinzip des Ärgers, der allem zugrundeliegt und alles auf subtile Weise durchdringt.

Mit ***Stier im 5. Haus*** kann übermäßiges Geldausgeben eine Kompensationsmöglichkeit für Verluste bieten: Wird das Weitermachen schwierig, machen die Schwierigen beim Einkaufen weiter.

Mit den ***Zwillingen im 6. Haus*** besteht ein mentaler Zustand, der die Konzentration auf die Arbeit erschwert. Andererseits kann ein Mensch auch zwanghaft arbeiten, um seinen Wahn unter Kontrolle zu halten. Der Mensch kann hypochondrisch oder zum Gesundheitsfanatiker werden. Erkältungen, Lungenentzündung oder andere Lungenkrankheiten sind in metaphysischer Hinsicht symptomatisch für tiefen Kummer.

Krebs im 7. Haus zeigt die Neigung, in die Abhängigkeit zurückzufallen.

Löwe im 8. Haus kann sich in selbstzerstörerischem Verhalten sowie einem dramatisch ausgedrückten Todeswunsch manifestieren.

Wie nicht anders zu erwarten, kommt es bei der ***Jungfrau im 9. Haus*** zu einem Verlust des Glaubens und zu einer kritischen Überprüfung früherer Überzeugungen. Gott wird als unvollkommen erkannt.

Waage im 10. Haus macht den Menschen seinen Zielen gegenüber unentschlossen und passiv.

Skorpion im 11. Haus findet seinen Ausdruck, indem er sich in die Einsamkeit zurückzieht. Er hat das Gefühl, ganz allein zu sein, und ist sehr nachtragend gegenüber denjenigen, denen er zuvor vertraute, die ihn aber entäuschten.

Mit dem ***Schützen im 12. Haus*** hat der Mensch Glaube, Freude und Hoffnung verloren und schwelgt vielleicht in selbstzerstörerischen Exzessen, um dem Schmerz zu entkommen.

Negative Saturn-Eigenschaften und ihre Auswirkungen auf die Depression

Man kann die Feststellung machen, daß ein übertriebener oder negativer Saturnausdruck nicht nur zur Entstehung von Angst beiträgt, sondern auch bei der Entwicklung der Depression eine Rolle spielt. Das trifft auf Menschen mit chronischer Depression genauso zu wie auf jene, die infolge eines besonderen Ereignisses oder eines Saturn-Transits unter einer einmaligen Depression leiden.

Perfektionssucht. Der Perfektionsanspruch ist eine Haltung, die bei Saturn-Menschen verbreitet ist. Bei den anderen Menschen besteht sie in den von Saturn beeinflußten Lebensbereichen. Helen DeRosis schreibt in ihrem ausgezeichneten Werk *The Book of Hope*, daß Menschen mit einer Neigung zur Depression zwischen dem vollkommenen Selbst und dem verachtenswerten Selbst hin- und herschwanken. Solche Menschen glauben, sie müßten in jeder Hinsicht und zu jeder Zeit perfekt sein, und falls sich die kleinste Verfehlung oder der kleinste Mangel zeigt, meinen sie, verabscheuungswürdig, schrecklich oder auch ein Nichts zu sein. In der Folge pervertiert dann das positive Qualitätsstreben des Saturn zu einem Mittel der Selbstbestrafung. Dem nützlichen Wunsch nach Leistungen fügt der Perfektionist die negativen Elemente der Härte, des Zwanges und der Intoleranz hinzu. Depressive Menschen können von DeRosis' Buch profitieren, das viele Vorschläge für die Überwindung dieses Syndroms enthält.

Ängstlichkeit. DeRosis sieht Depressionen als eine Art Sucht an, deren wichtigstes Ziel es ist, Ängstlichkeit (ein anderes Saturn-Problem) zu kompensieren. Diese Ängstlichkeit wiederum kommt von unseren perfektionistischen Maßstäben, denen man unmöglich gerechtwerden kann. Benutze die Hilfsmittel aus dem vorigen Kapitel, um die Ängste und Begrenzungen, die dich deprimieren, zu erkennen und zu überwinden.

Ehrgeiz. Ein Steinbock, der nichts erreicht, ist ein unglücklicher Mensch. In den Saturn- oder Steinbock-Bereichen des Horoskops sind wir alle ehrgeizig und werden deprimiert, wenn wir keinen Erfolg haben oder wenn unsere Hoffnungen und Pläne einen Rückschlag erleiden. Das Selbstwertgefühl des Saturniers beruht auf seinen Leistungen; es verwandelt sich schnell in Selbsthaß, wenn Pläne nicht verwirklicht werden können.

Ein junger Mann mit der Sonne und dem Mond im Steinbock (Horoskop auf der folgenden Seite) litt an einer Lesestörung und hatte bereits im Alter von acht Jahren schwere Depressionen. Er hatte über das Fernsehen vieles über Erfolg und Wohlstand erfahren und schnell erkannt, daß die Lesestörung im Zusammenhang mit der Armut seiner Familie und den in seinem Wohnbezirk fehlenden Behandlungseinrichtungen, seine Zukunftsaussichten beträchtlich einschränkte. Sein Horoskop ist interessant für diejenigen, die mehr über Lesestörungen und Depression lernen möchten. Letzere wird von der Konjunktion der Sonne, dem Mond und Merkur im Steinbock im 8. Haus symbolisiert. Seine Depression schritt in der Adoleszenz weiter fort; sie verstärkte sich bis zum Todeswunsch. Das Kennzeichen für die Lesestörung finden wir im Quinkunx-Aspekt zwischen Merkur und dem von diesem beherrschten Zwillings-Aszendenten sowie in den Quadraten von Pluto und Chiron zum Aszendenten.

Die Depression als Heilungsprozeß

Wir haben bereits über das homöopathische Prinzip gesprochen, nach dem Symptome ein Zeichen der Gesundung beziehungsweise ein Hinweis darauf sind, daß ein Organismus Kräfte mobilisiert und sich selbst zu heilen versucht. Depres-

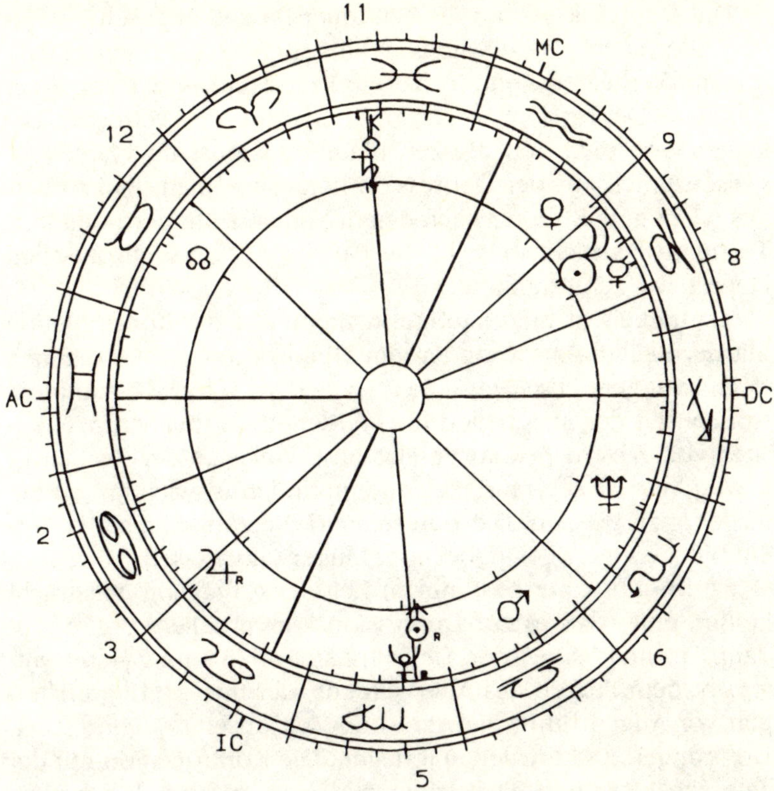

***Depressiver Mann:** Radix, 10. 1. 1967, 14.25 CST (41N59, 91W40)*

☉	19° 55′	♑	♂	18° 33′	♎	♅	24° 22′	♓	AC	17° 38′	♊
☽	21° 04′	♑	♃	0° 42′	♌	♆	23° 48′	♏	MC	21° 53′	♒
☿	15° 27′	♑	♄	24° 41′	♓	♇	20° 33′	♍	Häuser: Placidus		
♀	05° 04′	♒	⚷	22° 21′	♓	☊	12° 48′	♉			

sion ist das biochemische Verlangen des Körpers nach Ruhe und Erholung. Um die natürlichen Selbstheilungskräfte des Körpers anzuregen, empfehle ich die transzendentale Meditation. Diese gibt dem Körper die nötige Ruhe, um die chemischen Stoffe zu ersetzen, die sich durch Wut, Angst und chronischen Streß erschöpft haben.

Die Depression kann als heilsamer Prozeß angesehen werden oder auch als Teil eines Zyklus, der als natürliche Reaktion auf Verlust entsteht. In diesem Fall sprechen wir von einer *reaktiven* Depression. Wenn du dir erlaubst, den Verlust zu beklagen und dich dem Prozeß hingibst, kannst du vergleichsweise schnell aus der Depression herauskommen. Es ist überaus wichtig, daß du dir nach einem Verlust zu trauern erlaubst. Tut man das nicht, besteht die Gefahr, an einer chronischen Depression zu erkranken.

Traurigkeit ist eine häufige Reaktion auf die Konfrontation mit der Realität, insbesondere im Hinblick auf unsere eigenen Begrenzungen. Das geschieht bei den «Frontalzusammenstößen» mit der materiellen Ebene, denen wir bei Saturn-Transiten von Zeit zu Zeit ausgesetzt sind. Vieles an der Realität ist traurig, und diese Traurigkeit zu empfinden ist wichtig, um mit ihr fertig zu werden. Diese Auseinandersetzungen machen uns ein bißchen trauriger, dabei aber klüger und weiser.

Saturn gibt einer bestimmten Zeit seine Prägung, was nicht heißen muß, daß es zur Depression kommt. Diese ergibt sich dann, wenn du auf der Stelle trittst. Der Saturn-Zyklus entspricht dem Prozeß des Älterwerdens, der uns die Begrenzungen vor Augen führt, die Alter und Zeit unseren jugendlichen Hoffnungen und Idealen auferlegen. Die Konfrontation mit der Tatsache, daß die Zeit verrinnt und man älter wird, hat auch ihr Gutes. Sie kann uns aufrütteln und dafür sorgen, daß wir wieder mit den Füßen auf die Erde kommen. Sie läßt uns erkennen, daß wir endlich loslegen müssen, wenn wir noch etwas erreichen wollen. Depression kann der Stimulus sein, der uns zum Arbeiten anregt.

Um den Vorgang zu verstehen und zu unterstützen, solltest du beim Aszendenten beginnen und das Steinbock-Rad nocheinmal durchgehen. Viele von uns bleiben im 3. Haus (Fische) stecken, weil sie Ärger und Wut fürchten und sich lieber betäuben. Bei Widder im 4. Haus erreichen wir den tiefsten Punkt. Wir werden wütend, was uns dazu bringt, aktiv zu werden – allerdings erst dann, wenn wir unsere Traurigkeit zum Ausdruck gebracht haben. Wenn du unter einer Depression zu leiden hast, solltest du dein Horoskop auf das Steinbock-Rad übertragen, um mehr über die Bereiche zu erfahren, in denen du nicht weiterkommst. In welchen Bereichen ein Mensch steckenbleibt, hängt davon ab, welche Häuser im Geburtshoroskop betont sind und wo Saturn steht.

Saturn und das «Absturz»-Phänomen

Wir haben darüber gesprochen, daß Depressionen aus zu hoch gesteckten Zielen oder aus der Konfrontation mit Begrenzungen entstehen. Es gibt noch eine andere Art, die von den Psychologen als das «Absturz»-Phänomen (*letdown phenomenon*; Anm. d. Übers.) bezeichnet wird. Man war darauf ausgerichtet, ein Ziel zu erreichen, und wenn der große Tag vorüber ist, «stürzt man ab». Diese Reaktion ist häufig zu beobachten, und wir können sie zum Beispiel sehen, wenn jemand sein Diplom geschafft hat oder die große Party vorbei ist. Die Schwäche dauert vielleicht nur ein paar Tage, möglicherweise zieht sie sich aber auch über längere Zeit hin. Es geht um das, was der Mensch empfindet, nachdem er eine Glanzleistung – wie zum Beispiel das Schreiben eines Buches –, vollbracht hat. Oft heißt es: Je höher der Gipfel, desto tiefer der Sturz. Der Mensch ist schon ein eigenartiges Wesen. Wir bekommen Depressionen, wenn etwas nicht gelingt, und das gleiche gilt für den Fall, daß wir Erfolg haben. Wie kommt es nun dazu, daß sich dieses Absturz-Phänomen ergibt? Es steht mit einigen der Saturn-Eigenschaften in Verbindung, die wir bereits behandelt haben.

Ziele und fehlende Ziele. Wenn du ein Ziel anstrebst, hat dein Leben einen Sinn. Das Ziel gibt eine Ausrichtung und eine Struktur, die alles bestimmt. Sobald das Ziel erreicht ist, kann sich ein Gefühl der Sinnlosigkeit einstellen. Mit einem Ziel vor Augen hat der saturnische Tätigkeitsdrang eine Kanalisationsmöglichkeit. Wenn es das Ziel nicht mehr gibt, hast du nichts mehr, auf das du hinarbeiten und für das du dich einsetzen kannst. Dieser Verlust ist genauso schlimm wie der eines geliebten Menschen.

Saturn und das Steinbock-Zeichen stehen für Berge. Wenn du endlich den Gipfel erreicht hast, wirkt alles andere flach. Als Elvis Presley (ein Steinbock) starb, sagte ein Rundfunksprecher: »Ich glaube, es gab keinen Berg mehr für ihn zu erklimmen.« Elvis hatte Sonne, Merkur und Venus im Steinbock sowie eine Saturn/Mond-Konjunktion, und es ist anzunehmen, daß seine lebenslangen Exzesse einen Versuch darstellten, der Depression zu entkommen.

Ein Saturn-Mittel gegen die Leere nach dem Verlust eines Zieles ist, schon das nächste Projekt im Kopf zu haben. Günstig ist es, wenn es sich dabei um etwas Angenehmes oder um eine reizvolle berufliche Herausforderung handelt. Suche dir schon ein neues Ziel, während du noch das alte verfolgst. Sammle Informationen, mache dir Notizen und entwerfe einen Plan. Auf diese Weise nimmt die neue Idee bereits Gestalt an, noch bevor das alte Projekt beendet ist. Wenn du dann dieses erfolgreich beendet hast, kannst du dir ein paar Tage Ruhe gönnen, im Bewußtsein, daß die nächste Herausforderung schon auf dich wartet.

Das Vorbild übertreffen. Eine meiner Freundinnen (mit dem Mond im Steinbock und Saturn im 1. Haus) bekam schwere Depressionen, nachdem sie ihre Promotion in Philosophie geschafft hatte. Mit dem Erreichen dieses Lebenszieles übertraf sie ihre Mutter, die nur einen College-Abschluß hat. Saturn steht mit Autoritätspersonen in Beziehung, und eines der Probleme beim Erreichen des Berggipfels ist, daß man dabei viele Menschen hinter sich lassen muß. Darunter können auch diejenigen sein, zu denen man ursprünglich aufgeschaut hat wie Lehrer und Chefs – Menschen, die man einst für klug und mächtig hielt. Am meisten betrübt es uns, wenn wir unsere Familie zurücklassen und Dinge tun müssen, die unsere Familienangehörigen nicht verstehen. Das Neue macht uns dann nicht glücklich – wir leiden darunter, daß wir nicht länger auf allmächtige Autoritätspersonen vertrauen können und keine tröstende Mutter und kein erfolgreicher Vater mehr da ist. Wir fühlen uns einsam und verunsichert und beklagen den Verlust unserer Sicherheit.

Das ist ein schwieriges Problem. Die Saturn-Arznei dafür wäre, einen Mentor zu suchen oder sich mit Menschen zu umgeben, die in unserem oder auch einem anderen Bereich erfolgreich sind. Wenn in diesen Freundschaften das Ego und Konkurrenzdenken keine Rolle spielen, können sie gegenseitige Unterstützung und einen wertvollen Informationsaustausch auf gleicher Ebene bieten. Beiderseitiges Verständnis und Wissen um den Preis des Erfolges und die damit verbundene Einsamkeit könnten Bestandteil dieser Verbindung sein.

Realität kontra Erwartung. Die Fische im 3. Haus verweisen darauf, welche Rolle die Phantasie und unsere Visionen bei der Verfolgung unserer Ambitionen spielen. Um uns auf den großen Aufstieg vorzubereiten, reden wir uns ein, daß unser Leben sich auf wunderbare Weise verwandeln wird, wenn wir dieses oder jenes Ziel erreichen. Wir bilden uns ein, dann endlich geliebt und anerkannt zu werden und von allen Problemen befreit zu sein. Wir leben dann in der Phantasie: »Wenn ich dies und jenes erreiche, werde ich glücklich sein.« Wenn...

Oftmals kommt das Resultat an das, was wir uns erhofft haben, nicht heran. Der Begriff «Potential» kommt von dem lateinischen Wort «potens», das soviel wie *Gewalt*, *Macht* oder *Einfluß* bedeutet. Wir denken, daß unser Ziel uns mächtiger machen wird, als es in Wirklichkeit dann der Fall ist. Wir setzen Erfolg mit Glück gleich, und wenn der Erfolg nicht sofort alle unsere Probleme löst und alle unsere Bedürfnisse befriedigt, werden wir deprimiert oder auch wütend. Der Berggipfel ist nur ein kleiner Punkt im Raum, der zudem nicht viel Bewegungsfreiheit einräumt. Das Erreichen eines Zieles bedeutet oftmals, daß wir einen Traum aufgeben müssen – und es ist überaus schmerzlich, einen Traum gegen die Realität einzutauschen. Vielleicht ist dies der Grund, warum so viele kurz vor dem Ziel haltmachen – sie ahnen, daß ihre Vision nicht der Realität entspricht. Weil wir unsere Phantasie nur sehr ungern aufgeben, halten wir inne, bevor wir dem Ziel zu nahe kommen.

Saturn verkörpert das Realitäts-Prinzip. Das Saturn-Heilmittel für diese Art von Enttäuschung ist, von Anfang an realistisch zu sein und die Erwartungen nicht zu hoch zu schrauben. Behalte im Auge, was das Erreichen deines Zieles wirklich für dich bedeutet. Wenn du den Titel eines Doktors der Philosophie erwirbst, wirst du damit nicht automatisch Liebe und Ruhm bekommen, vielleicht aber einen besseren Job – was Motivation genug sein sollte. Mit den Fischen im 3. Haus des Steinbock-Rades sind es andererseits deine Träume, die dir die Kraft geben, dich weiter anzustrengen. Wenn du ausschließlich aus pragmatischen und realistischen Beweggründen handelst, würdest du am Fuße des Berges bleiben. Besser als überhaupt nichts zu tun ist es aber, das Risiko einer Enttäuschung hinzunehmen.

Fallbeispiele zur Depression

Der berühmteste Depressive der Geschichte ist wahrscheinlich Abraham Lincoln, von dem man weiß, daß er sein Leben lang unter Anfällen von Melancholie gelitten hat. Sein Geburtshoroskop ist auf Seite 125 abgedruckt. Mit dem Mond im Steinbock besteht von vornherein eine Neigung zur Depression, was mit der Stellung im 12. Haus noch verstärkt wird. Dies ist ein Hinweis auf tiefes Leid, das aus Not und Elend sowie Vernachlässigung und Lieblosigkeit während der Kinderjahre stammt. Wir wissen, daß Abraham Lincoln als Kind durch ein außerordentlich ausgeprägtes Verantwortungsbewußtsein auf sich aufmerksam machte. Der Mond im 12. Haus deutet auch auf die Möglichkeit eines (vielleicht von der Mutter) geerbten oder eines biochemischen Faktors seiner Krankheit hin. Sowohl seine Mutter als auch seine Frau litten an physischen und emotionalen Krankheiten, und es scheint, daß er sich in einem sehr starken Maße für beide verantwortlich fühlte. Der Mond steht im Quadrat zu Mars, was auf die Neigung hinweist, Wut zu unterdrücken und in Depressionen umzuwandeln. Der Mars im Zeichen Waage deutet an, daß Lincoln insgeheim vielleicht Wut darüber empfunden hat, soviel Verantwortung übernehmen zu müssen, um geliebt zu werden.

Harte Aspekte zwischen Neptun und Saturn sind äußerst quälend und machen für Depressionen anfällig. Das gilt um so

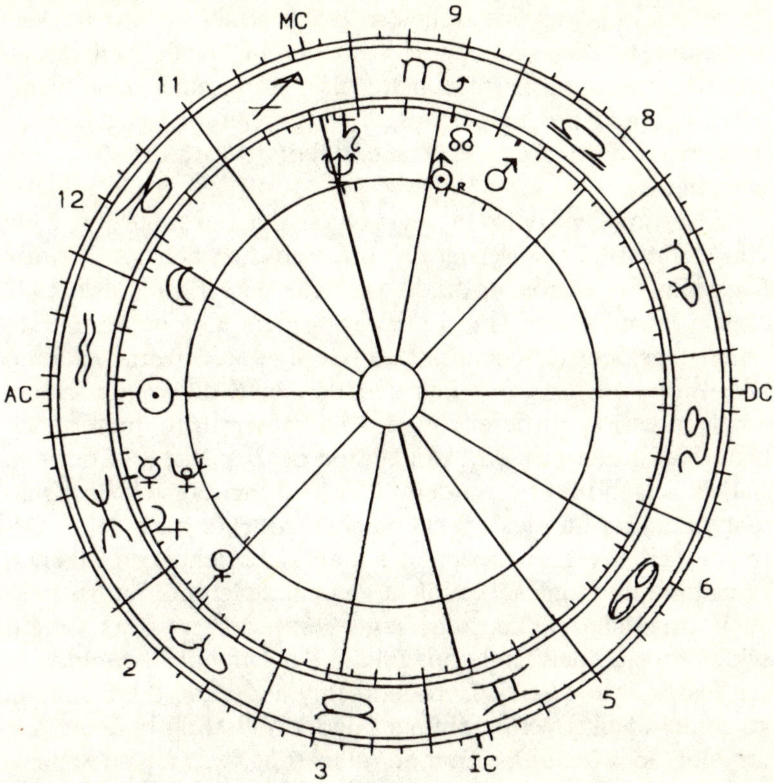

Abraham Lincoln: *Radix, 12. 2. 1809, 6.54 LMT (37N03, 85W45)*

☉	23° 28′	♒	♂	25° 30′	♎	♆	06° 41′	♐	AC	23° 05′	♒
☽	27° 01′	♑	♃	22° 05′	♓	♇	13° 37′	♓	MC	07° 55′	♐
☿	10° 18′	♓	♄	03° 09′	♐	☊	06° 56′	♏	Häuser: Placidus		
♀	07° 28′	♈	♅	09° 40′	♏						

mehr, wenn es sich um einen exakten Aspekt an exponierter Stelle handelt – wie es bei Lincoln durch die fast gradgenaue Konjunktion mit dem MC der Fall ist. Die Himmelsmitte zeigt, was den anderen von uns in Erinnerung bleibt. Bei Lincoln war dies die Rolle des Sklavenbefreiers – welche schwer auf ihm gelastet haben muß. Neptun und Saturn in Kombination bedeuten so etwas wie «religiöse Pflicht» oder «spirituelle Verantwortung». Das gilt hier in besonderem Maße, weil das 9. Haus beteiligt ist. Lincoln hatte als Mann seiner Zeit wahrscheinlich ein besonders ausgeprägtes Gefühl für das, was man später die Schuld der Weißen (*White Man's Burden*) nennen sollte.

Unser zweites Beispiel zeigt einen der bekanntesten Fälle von Depression aus der jüngeren Geschichte. Senator Thomas Eagleton (das Horoskop findet sich auf Seite 127) wurde 1972 als Kandidat für das Amt des Vizepräsidenten vom demokratischen Präsidentschaftskandidaten George McGovern benannt. Die Veröffentlichung der Tatsache, daß Eagleton wegen schwerer Depressionen bereits drei Klinikaufenthalte hinter sich hatte, rief einen großen Skandal hervor. Der Mond in dem zu starker Selbstkritik neigendem Zeichen Jungfrau steht im Quadrat zu Saturn im idealistischen Schützen. Hier kann es zu Depressionen kommen, wenn das Gefühl besteht, den eigenen Prinzipien und Maßstäben nicht gerechtzuwerden. Saturn steht auch im Halbquadrat zum Löwe-Aszendenten, was darauf schließen läßt, daß Eagletons Bild in der Öffentlichkeit und ein starkes Bedürfnis nach Liebe und Bewunderung die Schlüssel zu seinem Selbstwertgefühl sind. Jeder Mißerfolg bedeutet für ihn eine Schwächung seiner Selbstachtung, was um so schlimmer wiegt, wenn er öffentlich publiziert wurde.

Eagletons erster Klinikaufenthalt Ende 1960 dauerte vier Wochen. Zu dieser Zeit bestand ein Quadrat zwischen dem Aszendenten und Neptun im Skorpion sowie eine Opposition zwischen Saturn im Steinbock und Pluto im 12. Haus. Der zweite Krankenhausaufenthalt, diesmal in der *Mayo Clinic*, ergab sich im Jahre 1964 kurz nach Weihnachten; er zog sich über sechs Tage hin. Beides Mal kam es im Monat Dezember zu dieser Erscheinung, woraus sich schließen läßt, daß berühmte Menschen für Feiertags-Depressionen genauso anfällig sind wie wir auch. Diesmal bestand eine Saturn/Neptun-Opposition, was immer ein quälender Aspekt ist, ob es sich um das Geburtshoroskop oder um einen Transit handelt. Pluto und Uranus waren stationär auf 16 beziehungsweise 14 Grad in der Jungfrau; sie standen in der Halbsumme zwischen der

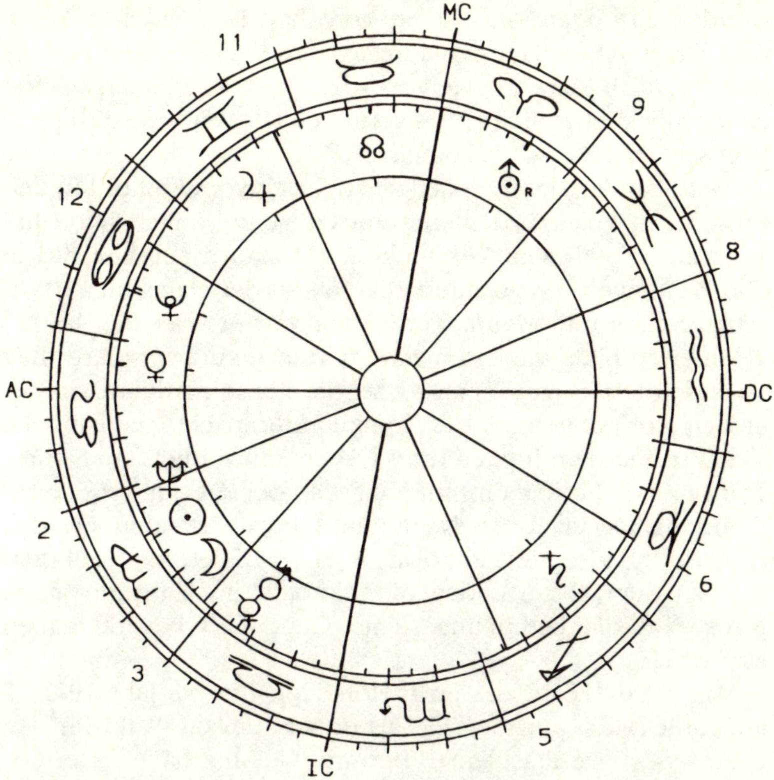

Senator Thoma Eagleton: Radix, 4. 9, 1929, 3.00 CST (38N37, 90W12)

☉	11° 20′	♍	♂	08° 40′	♎	♆	01° 30′	♍	AC	10° 08′	♌
☽	23° 05′	♍	♃	14° 51′	♊	♇	19° 12′	♋	MC	29° 53′	♈
☿	06° 47′	♎	♄	23° 56′	♐	☊	15° 13′	♉	Häuser: Placidus		
♀	04° 35′	♌	♅	10° 29′	♈						

Sonne und dem Jungfrau-Mond und im Quadrat zu Jupiter. Zum dritten Klinikaufenthalt, wiederum in der *Mayo Clinic*, kam es im September 1966. Dieser dauerte vier Wochen. Zu dieser Zeit könnte eine Selbstmordneigung bestanden haben – der rückläufige Saturn in den Fischen fiel ins 8. Haus und war dabei, mit dem Geburts-Saturn und dem Geburts-Mond ein T-

Quadrat zu bilden.* Im Geburtshoroskop ist z wischen Mond und Saturn ein genaues Quadrat vorhanden, welches in dieser Zeit natürlich stark aktiviert wurde. Diesmal erhielt Eagleton eine Schockbehandlung, was vermuten läßt, daß diese Depression schwer gewesen sein muß.

Der Skandal, der ihn dazu zwang, sich vom Kampf um den Posten des Vizepräsidenten zurückzuziehen, brach Ende Juli 1972 aus. Zu diesem Zeitpunkt stand Saturn auf 17 Grad in den Zwillingen, im genauen Quadrat zu der Halbsumme zwischen Sonne und Mond. Kurz zuvor war er über den Jupiter gelaufen. Jupiter wiederum war im Transit kurz vor dieser Zeit über den Saturn gegangen – was die Phase markierte, in der er sich Hoffnungen auf die Nominierung machte. Es handelte sich also mit dem Jupiter-Transit über Saturn und dem Saturn-Transit über Jupiter um eine ausgesprochene Jupiter/Saturn-Erfahrung. Der stationäre Neptun im Schützen stand im Quadrat zum Geburts-Neptun. Pluto im 3. Haus bildete ein Halbquadrat zu dem absteigenden Mondknoten im Skorpion im 4. Haus, was die Enthüllung seines Geheimnis bewirkt haben könnte.

Auf Seite 128 ist das Solar-Horoskop für das Jahr 1971/72 abgedruckt, das für die Zeit, als er sich um die Wahl für den Posten des Vize-Präsidenten bewarb, Geltung hatte.** Der Geburts-Mond befindet sich am Aszendenten, allerdings im 12. Haus, dem der Geheimnisse und chronischen Krankheiten. Der Geburts-Saturn befindet sich im Solar kurz vor dem 4. Haus, was eine Opposition zum MC bedeutet. Seine Depression war in diesem Jahr im Blickpunkt der Öffentlichkeit, und

* Unter einem T-Quadrat versteht man eine Aspekt-Konfiguration von drei (oder mehr) Planeten. Zwei der Planeten stehen in Opposition zueinander, der dritte aspektiert diese beiden im Quadrat. Ausführliche Informationen hierzu finden sich in dem Buch von Tracy Marks *Schwierige Aspekte. Herausforderungen und Chancen* (ebenfalls erschienen im Verlag Hier & Jetzt).

** Ein Solar-Horoskop ist auf den Augenblick berechnet, in dem die Sonne wieder die Stellung erreicht, die sie in einem Geburtshoroskop innehat. Im Rückblick läßt dieses Horoskop erkennen, welche Einflüsse neben Transiten und Direktionen ein bestimmtes Jahr prägten. Im Vorausblick erlaubt das Solar-Horoskop Aussagen und Prognosen über das bevorstehende Jahr. Zu Solar- und Lunar-Horoskopen finden sich ausführliche Informationen in dem Buch *Solare und Lunare* von Babs Kirby und Janey Stubbs (erschienen im Verlag Hier & Jetzt).

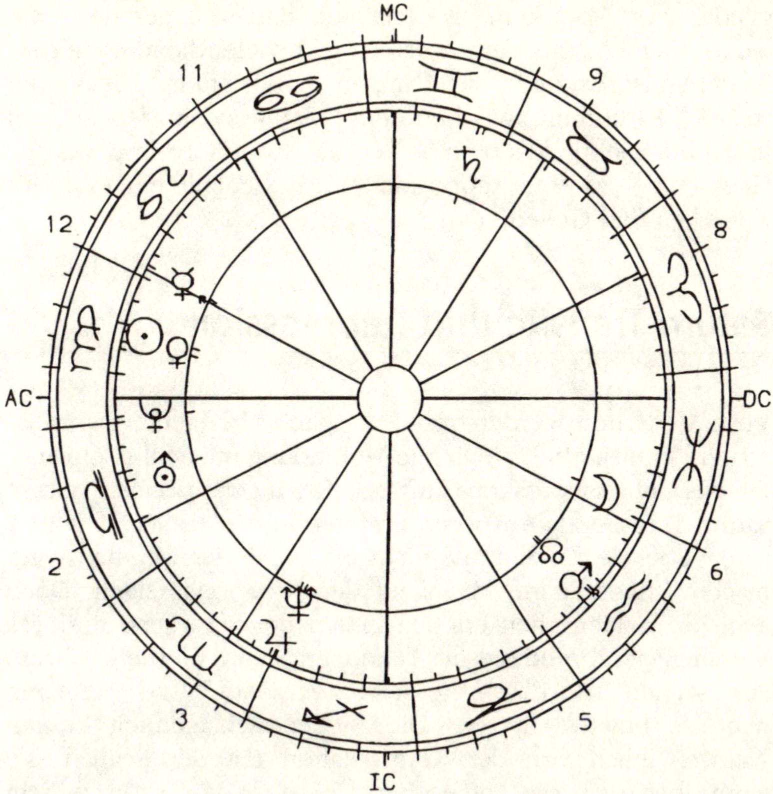

Senator Thoma Eagleton: *Solar, 4. 9, 1971, 7.44 CDT (38N37, 90W12)*

☉	11° 20′	♍	♂	12° 04′	♒	♆	0° 27′	♐	AC	25° 04′	♍
☽	02° 25′	♓	♃	29° 07′	♏	♇	28° 51′	♍	MC	24° 24′	♊
☿	27° 24′	♌	♄	06° 20′	♊	☊	12° 54′	♒	Häuser: Placidus		
♀	13° 27′	♍	♅	11° 55′	♎						

seine beruflichen Ziele zerschlugen sich. Im Solar kommt es zu der Wiederholung des Mond/Saturn-Quadrats aus dem Geburtshoroskop. Der Mond in den Fischen im 6. Haus und Saturn im 9. Haus lassen dabei auf eine Gemütskrankheit und auf Politik schließen. Wenn sich ein wichtiger Aspekt des Geburtshoroskops am Himmel wiederholt, kommt das Problem wieder zum Vorschein. (Es fällt auf, daß sich gerade dann, wenn es einen Mars/Saturn-Aspekt gibt, viele Klienten melden, in deren Horoskop diese Planeten in Beziehung zueinander stehen.) Es kommt zwischen dem Solar-Mond in den Fischen und dem Geburts-Neptun – der im Solar-Horoskop ins 12. Haus fällt – zu einer Opposition, was ebenfalls ein Indiz für Krankheit und Geheimnisse ist.

Saturn-Transite und Depresssion

Viele Menschen werden von Traurigkeit überfallen, wenn Saturn im Transit eine schwierige Verbindung mit Schlüsselplaneten des Geburtshoroskops aufweist. Doch genauso viele nutzen Saturn-Transite als Ansporn, um Ziele in die Realität umzusetzen, wobei sie das Saturn-Sprichwort »Wenn der Weg hart wird, macht sich der harte Mann auf den Weg« beherzigen. Doch auch diese Menschen erleben Zeiten der Schwäche und des Versagens, während sie die Lektionen Saturns lernen. Warum verursachen Saturn-Transite solche Zustände? Und wie kann man sie bewußt nutzen? Die Niedergeschlagenheit kommt wahrscheinlich von der Konfrontation mit der Realität, sie kann aber auch die Folge einer Überdosis von saturnischem Ehrgeiz und Perfektionismus sein. Wenn wir uns daran erinnern, daß die Depression selbst ein Heilungsprozeß ist, erhalten wir durch die Interpretation der einzelnen Transite Hinweise darauf, wie wir ihm begegnen können. Während der sechs bis neun Monate, in denen sich ein Saturn-Aspekt mit seinen direkt- und rückläufigen Bewegungen auswirkt, wird dasselbe Thema einige Male auftauchen, und jedes Mal wirst du der Lösung näherkommen.

Die Interpretationen sind auf *Transit*-Aspekte ausgerichtet – aber auch diejenigen, die diese Planetenverbindung in ihrem Geburtshoroskop haben, können etwas über ihre Möglichkeiten zur Selbstheilung lernen. Letztere haben mit einer größeren Herausforderung zu kämpfen – bei ihnen geht es gewissermaßen ins Hochgebirge. Es handelt sich bei diesen Menschen um periodisch wiederkehrende Probleme, die insbesondere dann auftreten, wenn der Transit-Saturn Aspekte zum Geburts-Saturn bildet, was etwa im Alter von 7, 14, 21 und 28/29 Jahren – und so weiter – der Fall ist. Um ein besseres Verständnis für die Bereiche zu bekommen, in denen etwas falsch gelaufen ist, solltest du dir überlegen, welche Erfahrungen deinen Gefühlen von Traurigkeit und Negativität zugrundeliegen. Vielleicht mußt du mit der Heilarbeit bis zu diesen Zeiten und den damaligen Ereignissen zurückgehen.

♄ ➤ ☉ Saturn-Transite zur Sonne

Diese Transite können für ein aufgeblähtes Ego einen Schlag bedeuten – sie zwingen den Menschen, etwas zu leisten oder aber den Mund zu halten. Nachdem man den Verlust des idealisierten Selbstes beklagt hat, mobilisiert man seine im tiefsten Inneren ruhenden Kräfte und versucht, die eigenen Fähigkeiten zum Ausdruck zu bringen.

♄ ➤ ☽ Saturn-Transite zum Mond

Hiermit kann eine schwere Depression einhergehen – häufig ist diese das Resultat der Trennung von einem Menschen, von dem man abhängig war, oder entsteht durch den Druck des Erwachsenwerdens. Manchmal kommt es dazu, weil die Mutter älter wird oder nicht mehr zur Verfügung steht oder weil man Schockierendes über sie oder eine andere weibliche Bezugsperson zu hören bekommt. Im weiteren Verlauf dieses Transits wischen wir unsere Tränen ab und widmen uns der Aufgabe, Sicherheit für uns selbst zu schaffen.

♄ ➤ ☿ Saturn-Transite zum Merkur

Jetzt verrennst du dich vielleicht in Sorgen oder traurige Gedanken oder wirst mit deinen intellektuellen Grenzen konfrontiert. Das Saturn-Heilmittel wäre, einen konkreten Plan auszuarbeiten und sich die neuen Fertigkeiten anzueignen, die man braucht. Vielleicht schaffst du es nun endlich, die Prüfung zu machen, die du schon solange vor dir herschiebst. Weil es zu Schwierigkeiten bei der Atmung kommen könnte, sind möglicherweise Atemübungen oder Aerobic bei einer Depression unter diesem Transit (sowie bei Aspekten zwischen Saturn und Merkur oder dem Saturn in den Zwillingen im Geburtshoroskop) günstig.

♄ ➤ ♀ Saturn-Transite zur Venus

Nun wird man mit den deprimierenden Realitäten seines Liebeslebens konfrontiert. Vielleicht entdeckt man, daß die Liebe erkaltet ist. Oftmals entschließt sich ein Mensch – trauriger, aber weiser geworden –, seine Phantasien über den idealen Partner aufzugeben. Überraschend oft aber gehen Menschen unter diesem Transit dauerhafte Bindungen ein.

♄ ➤ ♂ Saturn-Transite zum Mars

Diese verkörpern die Lehre, daß Depressionen nach innen gerichtete Wut sind. Oft bestehen reale Gründe dafür, Ärger abzublocken, zum Beispiel dann, wenn dein Gegner dir deutlich überlegen ist oder wenn er über deinen Gehalts-Scheck bestimmt. Das Rezept ist, Wut zu beherrschen und zu kanalisieren, um sie dann in der Konfrontation mit den Hindernissen einzusetzen, die dir den Weg zu deinen Zielen versperren.

♄ ➤ ♃ Saturn-Transite zum Jupiter

Nun zahlst du vielleicht den Preis für Exzesse und übergroße Risikofreudigkeit und mußt die Grenzen deiner Expansionsmöglichkeit erkennen. Natürlich ist das ernüchternd – wenn die Traurigkeit aber vorbei ist, wirst du klüger und nicht mehr so anfällig für selbstzerstörerische Aktivitäten sein.

♄ ➤ ♄ Saturn/Saturn-Transite

Diese Transite sind Phasen eines Zyklus. In der Wiederholung dieser Aspekte bieten sich uns neue Gelegenheiten, bestimmte

Probleme zu bewältigen. Der Schmerz bei der Konfrontation mit der Realität kann uns dazu motivieren, an den Hindernissen zu arbeiten.

♄ ➤ ♅ Saturn-Transite zu Uranus

Zu dieser Zeit neigen wir dazu, mit der Gesellschaftsordnung hart ins Gericht zu gehen, wenn wir spüren, daß diese uns einschränkt oder wir in unserem Anderssein ablehnt werden. Oft beginnt man nach Überwindung von Wut und Depression eine Art praktischen Kompromiß auszuarbeiten, der es ermöglicht, die eigene Begabung und Kreativität innerhalb der Gesellschaft zum Ausdruck zu bringen. Wie schwierig sich das gestaltet, hängt davon ab, wieviel Uranisches man in sich hat.

♄ ➤ ♆ Saturn-Transite zu Neptun

Diese Transite sind sehr deprimierend und führen, wenn man in das neptunische Gefühl der Hilflosigkeit verfällt, oft zu Selbstmitleid: »Mir geht es ja so schlecht«. Unter diesem Transit kommt es zum Widerstreit zwischen Phantasie und Realität. Wieviel Selbstmitleid man auch dabei zeigen mag, wenn man liebgewonnene Illusionen oder Gewohnheiten aufgibt: Zu guter Letzt wird es zu einer Neubeurteilung im Hinblick darauf kommen, welche Teile der eigenen Vision verwirklicht werden können – mit dem Ansporn, daran zu arbeiten.

♄ ➤ ♇ Saturn-Transite zu Pluto

Diese Transite können schwerwiegende Autoritätskonflikte zur Folge haben, bei der man wie gegen eine Mauer läuft oder mit den eigenen plutonischen Eigenschaften konfrontiert wird. Angemessene Heilmittel sind hier das Rolfing oder eine Zeit der Einsamkeit und harten Arbeit an den inneren Hindernissen. Dies muß zu dem Zweck erfolgen, die verhärteten Muster abzulegen. Hier entsteht die Depression aus lange unterdrücktem Leid, wobei das Trauern selbst schon eine starke Heilwirkung hat.

♄ ➤ Asc Saturn-Transite zum Aszendenten

Depressionen in bezug auf unsere äußere Erscheinung, unsere körperlichen Grenzen und das Problem des Älterwerdens können die Folge sein – auch dann, wenn wir vielleicht erst 24 Jahre alt sind. Diese Transite motivieren aber auch dazu, besser für sich zu sorgen. Sie können uns die Kraft geben, uns richtig zu ernähren, Yoga zu betreiben oder uns einer anderen, disziplinierteren Lebensweise zuzuwenden. Diese Aspekte betreffen die Aszendent/Deszendent-Achse, und vielleicht haben wir jetzt Probleme damit, uns gegenüber der Welt darzustellen, und möglicherweise empfinden wir Trauer angesichts der daraus resultierenden Begrenztheit unserer Beziehungen. Man lernt, für seine Selbstdarstellung mehr Verantwortung zu übernehmen und die eigenen Fähigkeiten mutiger zur Geltung zu bringen. Außerdem sollte man die Einsicht erwerben, daß es nicht sinnvoll ist, zuviel Verantwortung für andere zu übernehmen – auch wenn sich der eine oder andere Freund daraufhin zurückzieht oder zu erreichen versucht, daß alles beim alten bleibt.

♄ ➤ MC Saturn-Transite zur MC/IC-Achse

Diese bieten uns die Gelegenheit, uns aus einer Abhängigkeit zu befreien und leistungsfähiger zu werden. Dabei können diese Aspekte sowohl größeren Erfolg als auch mehr Verantwortung mit sich bringen. Dieses Wachstum könnte durchaus Schmerzen bedeuten, und es ist ohne weiteres denkbar, daß sich nun das «Absturz»-Phänomen ergibt. Erwachsen zu werden und sich von der Vergangenheit freizumachen, kann Gefühle von Traurigkeit aufkommen lassen, und es mag uns auch melancholisch stimmen, daß unsere Eltern und andere Autoritäten gealtert und erschöpft sind. Oft handelt es sich auch um eine Zeit der Erfüllung, in der wir das ernten können, was wir gesät haben.

Den Ursprung der Depression erkennen

Wenn du unter einer schweren Depression zu leiden hast, solltest du dir die folgenden Fragen stellen, um die Ursachen besser zu verstehen. Wahrscheinlich weißt du bei einem Saturn-Problem ziemlich genau, was dich aus der Fassung bringt. Diese Fragen können dir dabei helfen, die zugrundeliegenden Überzeugungen und Einstellungen im einzelnen zu untersuchen und zu korrigieren. Jede Frage ist auf ein Haus des Steinbock-Rades abgestimmt. So bezieht sich die erste Frage auf Steinbock im 1. Haus, die zweite auf Wassermann im 2. Haus und so weiter.

1. Setze ich mich unter Druck, um immer perfekt und tüchtig zu erscheinen?

2. Welche für mich wertvollen Dinge oder Menschen habe ich verloren? Erlaube ich mir, diesen Verlust zu beklagen, oder glaube ich, kühl und unbeteiligt erscheinen zu müssen?

3. Inwiefern hat die Vorstellung, etwas von einem Märtyrer oder Heiligen haben zu müssen, zu dem Problem geführt? Benutze ich Drogen, Alkohol oder Essen, um mein Gefühl der Traurigkeit zu verdrängen? Verzögere ich auf diese Weise vielleicht den Heilungsprozeß?

4. Wogegen richtet sich die Wut, die all dem zugrundeliegt? Was, denke ich, würde passieren, wenn ich die Wut an die Oberfläche kommen lassen würde?

5. Bestehe ich hartnäckig auf konventionellen Lösungsansätzen, oder bin ich in der Lage, auf kreative Weise vorzugehen?

6. Wird die Depression dadurch verschlimmert, daß ich überarbeitet und geistig erschöpft bin?

7. Inwiefern war ich von Beziehungen abhängig und habe mich geweigert, erwachsen zu werden? War der Druck, erwachsen zu werden, verantwortlich für mein Verlustgefühl zu dieser Zeit?

8. Besteht das Problem – zumindest zum Teil – in verletztem Stolz? Inwiefern war dies ein falscher Stolz, und inwiefern stand dieser im Widerspruch zu einem realistischen Selbstwertgefühl?

9. Welche Überzeugungen und Einstellungen, die mein Verhalten bestimmten, haben früher zu Fehlschlägen geführt? Kann ich aus dem, was schiefgelaufen ist, einen Nutzen ziehen?

10. Mache ich mir zuviele Gedanken darüber, wie ich in der Öffentlichkeit wirke? Wünsche ich mir insgeheim, von allen geliebt zu werden? Bedeutet das Bedürfnis nach bedingungsloser Liebe, daß ich unter Verlustängsten leide?

11. Fühle ich mich von früheren Freunden oder einem System, das mich unterstützt hat, betrogen oder manipuliert?

12. Resultiert der Kummer daher, daß ich mich jetzt mit der Realität auseinandersetzen muß – was ich zuvor vermieden hatte? Kann ich in Zukunft solche Probleme vermeiden, wenn ich der Wahrheit ins Auge sehe?

Die Auseinandersetzung mit diesen Fragen wird dir dabei helfen, die Ursachen deiner Traurigkeit herauszufinden. Wenn du erkannt hast, wo deren Wurzeln liegen, kannst du Schritte zu ihrer Bekämpfung unternehmen.

Astrologische Hilfen bei der Überwindung von Depressionen

Wenn wir das Steinbock-Rad (♑ ⊛) betrachten, das uns die Ursachen der Depressionen erkennen ließ, erhalten wir – gemäß dem homöopathischen Prinzip, daß Gleiches Gleiches heilt – Hinweise, wie wir diese Probleme überwinden oder auch den ganzen Vorgang beschleunigen können. Du solltest dir aber darüber im klaren sein, daß diese Vorschläge und die angegebenen Heilmittel nicht dafür gedacht sind, bei einer schwer depressiven Person die medizinische Versorgung oder psychotherapeutische Behandlung zu ersetzen.

(♑ ⊛) ***Steinbock im 1. Haus*** läßt darauf schließen, daß physische Disziplin – wie sie zum Beispiel beim Yoga geübt wird – oder Einschränkungen bei der Ernährung hilfreich sein könnten.

(♑ ⊛) ***Wassermann im 2. Haus*** verlangt, neue Wertmaßstäbe aufzustellen und Verluste von einer anderen Perspektive aus zu betrachten. Du solltest dich aufgeschlossen gegenüber Experimenten zeigen und dich von der Vorstellung lösen, daß materielle Dinge ein Indikator für deinen Wert sind.

(♑ ⊛) ***Die Fische im 3. Haus***, die für das Erkennen der Ursachen der Gemütskrankheit so bedeutungsvoll waren, haben auch zu deren Linderung viel zu bieten. Suche nach der spirituellen Bedeutung dieser schmerzlichen Situation. Gebet und Meditation sind ebenso machtvoll wie das Niederschreiben der Dinge, die dich quälen. Wenn du es nicht übertreibst, kannst du auch Dinge zur Zerstreuung unternehmen – so ungefährliche neptunische Fluchtversuche wie Musik hören, ins Kino gehen oder ans Meer fahren sind in Ordnung. Auch die Phantasie kann – wiederum unter der Voraussetzung, daß du nicht den Realitätsbezug verlierst – ein Trost sein und dir zu einer neuen Vision verhelfen.

(♑ ⊛) ***Widder im 4. Haus*** hat uns gezeigt, daß die Wurzeln der Depression häufig in Ärger und Wut liegen. Wenn wir den

Ärger nicht mehr nach innen richten wollen, müssen wir erkennen, daß er es ist, der unseren Depresionen zugrundeliegt. Wir müssen herausfinden, was unsere Wut bedeutet, was erfordert, daß wir uns mit ihr vertraut machen. Ob sie gerechtfertigt ist oder nicht – sie ist eine Realität. Unternimm etwas, um die Situation zu verändern. Körperliche Anstrengungen, wie regelmäßiges Laufen, hat sich bei Depressionen als hilfreich und anregend erwiesen.

(♑ ⊛) ***Stier im 5. Haus*** läßt erkennen, wie wertvoll ein Hobby oder ein kreatives Betätigungsfeld ist. Eine derartige Beschäftigung wird dir innere Ruhe schenken und dich zugleich erden. Der Umgang mit natürlichen Materialien oder der Aufenthalt in der Natur kann einen positiven Einfluß auf dich haben und dir die Vielfältigkeit des Lebens – nicht seine Begrenztheit – vor Augen führen.

(♑ ⊛) ***Zwillinge im 6. Haus*** verweisen auf die Macht des Denkens, sowohl, was das Entstehen als auch die Überwindung der Depression betrifft. Du solltest dich darum bemühen, das Komische an deiner Situation zu erkennen – auch wenn dies vielleicht Galgenhumor erfordert. Erforsche die geistigen Ursachen deiner psychosomatischen Krankheiten. Beobachte deine Gedanken und achte darauf, wie sehr die negativen dich einschränken. Wenn du dabei Maß hältst, kann Arbeit eine Therapie sein, die deine Gedanken von deinen Schwierigkeiten abzieht.

Mit (♑ ⊛) ***Krebs im 7. Haus*** besteht das Bedürfnis, nährende Beziehungen einzugehen – oder man entdeckt die Freude, andere zu umsorgen. Gerade jetzt mußt du das Gefühl haben, gebraucht zu werden. Intensiviere den Kontakt zu Familienmitgliedern, wenn du merkst, daß dir das gut tut.

Für den (♑ ⊛) ***Löwen im 8. Haus*** ist das Spiel ein Stärkungsmittel – lasse also das Kind in dir zum Vorschein kommen. Auch wenn du nicht glücklich sein solltest: Handele so, als wärst du es. Du wirst schnell merken, wie das deine Stimmung hebt.

(♑ ⊛) ***Jungfrau im 9. Haus*** bedeutet die Stärke, bei einer Depression aufgrund eines Fehlschlags zu analysieren, welche zusätzlichen Kenntnisse oder Fertigkeiten nötig sind. Mit dieser Bestandsaufnahme kannst du zu arbeiten beginnen. Du solltest nun auch einen kritischen Blick auf die Überzeugungen und Einstellungen werfen, die dich entmutigt haben. Insbesondere der Anspruch, perfekt sein zu müssen, könnte eine negative Wirkung gehabt haben.

(♑ ⊛) ***Waage im 10. Haus*** zeigt uns, daß eine Verstärkung der Depression der Anlaß für die Entscheidung ist, keine Entscheidungen mehr zu treffen. Mache dir klar, daß es in Ordnung ist, unentschlossen zu sein. Laß es nicht dazu kommen, daß deine Ziele dich vereinnehmen und du dich unter Perfektionsdrang setzt. Du mußt erkennen, daß es unmöglich ist, es allen recht zu machen und von allen geliebt zu werden.

(♑ ⊛) ***Skorpion im 11. Haus*** läßt darauf schließen, daß die Unterstützung einer Gruppe oder auch Gruppentherapie hilfreich sein könnte.

(♑ ⊛) ***Schütze im 12. Haus*** bedeutet die Möglichkeit, neue spirituelle oder philosophische Perspektiven zu gewinnen. Benutze das positive Denken – insbesondere in Form von Visualisierungen –, um selbstzerstörerische Muster zu überwinden. Es wäre auch hilfreich, sich ernsthaft mit dem Unbewußten (vielleicht in Form eines Psychologie-Kurses) zu beschäftigen.

Mit einer kleinen Abänderung des Steinbock-Rades kannst du noch mehr über die Gründe deiner Traurigkeit erfahren. Übertrage dein Horoskop auf das Steinbock-Rad, wobei du die Hausspitzen (alle Häuser 30 Grad groß) so einträgst, daß sie auf den Grad deines Saturns fallen. Wenn du dann deine anderen Planeten in dieses Horoskop einträgst, wirst du neue Aufschlüsse gewinnen. Das Haus, in dem Saturn steht, ist von besonderer Wichtigkeit; es weist vielleicht auf Verluste in der Kindheit hin, die dich für die Depression empfänglich gemacht haben. Außerdem zeigt es dir den Bereich, wo du Perfektion erwartest und deprimiert bist, wenn du deinen unrealistischen Maßstäben nicht entsprichst. Das Haus, das gerade von einem Saturn-Transit betroffen ist, kann Hinweise auf akute Depressionen geben.

Blüten-Essenzen gegen Depression und Entmutigung

Die Bach-Blüten-Essenzen spiegeln das Klima der Angst der frühen 30er Jahren wider, in der die drei Emotionen Angst, Mutlosigkeit und Depression vorherrschend waren. Aus diesem Grund wirken die Bach-Blüten-Essenzen gegen die verschiedensten Arten von Depressionen. Es ist wichtig, nicht zu viele Saturn-Mittel zugleich einzunehmen. Als ich mit dieser Art von Heilarbeit begann, mischte ich sämtliche verfügbare Mittel gegen Depression und Mutlosigkeit in ein Fläschchen, aus dem innigen Wunsch heraus, nie wieder unter derartigen Zuständen zu leiden. Infolge dieser «Friß-oder-Stirb»-Methode durchlebte ich eine der schrecklichsten Depressionen meines Lebens, mit einer unnötig harten und schwierigen Heilkrise.

Menschen, die *Elm* brauchen, sind fähige Leute, die unter Minderwertigkeitsgefühlen leiden und manchmal das Gefühl haben, unter der Last der Verantwortung zusammenzubrechen. *Gentian* empfiehlt sich bei Mutlosigkeit und daraus resultierenden Selbstzweifeln und Depressionen. Es hilft Menschen mit einer negativen Einstellung, die leicht zu entmutigen sind und dann aufgeben. *Gorse* lindert Verzweiflung und Hoffnungslosigkeit nach mehreren gescheiterten Versuchen. Es eignet sich auch für chronisch Kranke und für Menschen, die sich lange mit einem bestimmten Problem herumgeschlagen haben. *Larch* ist nützlich, wenn jemand Angst hat zu versagen und deshalb passiv bleibt. Es hilft auch dann, wenn man sich aufgrund mangelnden Selbstvertrauens minderwertig und mutlos fühlt. *Mustard* eignet sich für Depressionen, die biochemischer Natur sind – die also ohne erkennbaren Grund auftreten und genauso plötzlich wieder verschwinden.

Auch eine Anzahl neuerer Essenzen können sich bei Depressionen und Mutlosigkeit als nützlich erweisen. *Borage* eignet sich ausgezeichnet bei Entmutigung und Hemmungen, da es frischen Mut und Selbstvertrauen angesichts von Gefahr verleiht. *Scotch Broom* unterstützt die innerliche Bereitschaft und Ausdauer, gibt Verzweifelten Vertrauen und wirkt gegen Pessimismus. *Penstemon* gibt innere Stärke, wenn man sich von schwierigen Aufgaben und Selbstzweifeln überwältigt fühlt. *Blackberry* stärkt jene, die immer an ihre Mängel und Begrenzungen denken müssen. Es hilft, Ziele bewußt zu verwirklichen. *Mountain Pennyroyal* hilft bei negativem Denken und gegen negative Gedanken; es bewahrt dich davor, die Negativität anderer zu absorbieren. Es ermutigt harte Arbeiter zur Rast und wirkt beruhigend bei Zwangsvorstellungen und fixen Ideen.

Über die Anwendung der Saturn-Gesänge und -Gebetsschnüre

Der Saturn-Gesang ist besonders nützlich, um die Wurzeln der Depression zu erreichen und die eigenen Kräfte zu mobilisieren. Du brauchst deine Tränen nicht zurückzuhalten – du mußt deine Trauer herauslassen, um den Kummer aufzulösen. Vielleicht merkst du, daß das Singen der Saturn-Silben dich zum Weinen bringt, insbesondere dann, wenn du eine Gebetsschnur verwendest. Auch die Einnahme einiger Blüten-Essenzen kann eine derartige Wirkung hervorrufen. In unserer Kultur neigen wir dazu, unsere Gefühle zu verleugnen – was letztlich dafür verantwortlich ist, daß Depressionen entstehen.

Der Saturn-Gesang lautet wie folgt: *Dah ti kah, dah ti kah, dah ti kah, dah ti kah, oh ay.* Gebe diese Silben von dir, wobei du immer langsamer wirst. Stelle dir während du singst, einen leeren Raum vor, ähnlich einem Fernsehschirm, und lasse darauf Bilder entstehen. Diese werden dir mehr darüber sagen, wie du dir selbst helfen kannst. Auf diese Weise regst du die Heilung der Wurzeln deiner Depression an. Die auf der folgenden Seite/den folgenden Seiten beschriebenen Saturn-Gebetsschnüre eignen sich zur Aufarbeitung von Kummer und dem Gefühl von Blockierung und Frustration, die in Beziehung zu Aspekten deines Horoskops oder zu Saturn-Transiten stehen können.

Saturn-Gebetsschnüre und Gesänge gegen Depression

Aspekt	Farb-Muster	Gesang	Ursache der Depression
♄/☉ *Saturn* *Sonne*	rot, rot, braun	*oh hay yah,* *oh hay yah,* *dah ti kah*	Selbstzweifel und Kränkung des Egos; das Gefühl, den Herausforderungen nicht gerecht zu werden
♄/☽ *Saturn* *Mond*	weiß, weiß, braun	*si idriah,* *si idriah,* *dah ti kah*	Verlust eines Menschen, von dem man abhängig war; der Zwang zu größerer Unabhängigkeit
♄/☿ *Saturn* *Merkur*	purpur, purpur, braun	*oh hi ti nah,* *oh hi ti nah,* *dah ti kah*	klare Erkenntnis der Realität und intellektueller Mängel
♄/♀ *Saturn* *Venus;*	grün, grün, braun	*nah ti nah,* *nah ti nah,* *dah ti kah*	unterdrückte Wut gegen Autoritätspersonen; innere Blockierung bezügl. der Erfüllung von Wünschen, das Gefühl, ein Verlierer zu sein
♄/♂ *Saturn* *Mars*	schwarz, schwarz, braun	*nay zi day* *hoh hi mah,* *nay zi day* *hoh hhi mah,* *dah ti kah*	Angst vor Wut und Konkurrenz, vor dem Aktivwerden und der Sexualität
♄/♃ *Saturn* *Jupiter*	gelb, gelb, braun	*hi su mai yo,* *hi su mai yo,* *dah ti kah*	Verlust der grenzenlosen Hoffnung; die Grenzen der Expansion anerkennen müssen
♄/♅ *Saturn* *Uranus*	braun, braun, silber	*dah ti kah,* *dah ti kah,* *nah mitriah*	Druck zur Anpassung; Notwendigkeit, sich einzufügen, um Ziele zu erreichen
♄/♆ *Saturn* *Neptun*	braun, braun, mintgrün	*dah ti kah,* *dah ti kah,* *oh mys*	sich der Realität stellen, Phantasien und Illusionen aufgeben; den tiefsten Punkt der Depression erreichen
♄/♇ *Saturn* *Pluto*	braun, braun, naturfarben	*dah ti kah,* *dah ti kah,* *ti yah*	tiefe, oftmals über lange Zeit unterdrückte Trauer

Kapitel 6

Gespräch mit Uranus: Eine eindrucksvolle Begegnung

Mit dem, was ich von Uranus weiß, scheint es mir anmaßend oder sogar gefährlich (mir stehen einige Transite bevor), über ihn definitive Aussagen zu treffen. Ich will das Schicksal nicht herausfordern und lasse ihn deshalb in einem Interview selbst zu Wort kommen. Daß wir uns in einer Disco treffen mußten, machte die Verständigung etwas schwierig. Es bereitete auch Probleme, ihn mit seiner dunklen Brille, der eigenwilligen Punk-Frisur und der schwarzen Lederjacke zu erkennen. Uranus ist einer dieser androgynen Typen – und ich war nicht einmal sicher, ob ich es mit einem Mann oder mit einer Frau zu tun hatte. Doch lasse mich nun berichten, was er sagte. Stellenweise habe ich der guten Sitten wegen den Text überarbeitet – er warf mit Kraftausdrücken nur so um sich.

Frage: *Ich freue mich aufrichtig, mit dir sprechen zu dürfen. Ich habe dich schon immer für eine aufregende astrologische und astronomische Persönlichkeit gehalten.*

Uranus: Hör doch auf mit dem Blödsinn! Du fürchtest dich zu Tode vor mir. Das tun sie doch alle.

Frage: *Da hast du recht. Mit Heuchelei kommt bei dir wohl keiner durch! Aber ich finde, die unheimlichsten Menschen sind manchmal auch die aufregendsten. Du und deine ura-*

nischen Anhänger, ihr rüttelt die Leute wirklich auf – wo ihr seid, ist immer etwas los. Zum Beispiel die Wassermänner. Es ist doch auffällig, daß sie anders sind als die anderen Menschen.

Uranus: Was ist das Gemeinste, das man zu einem Wassermann sagen kann? »Ihr Wassermänner seid doch alle gleich!« Wassermänner und Uranier sehen sich als etwas ganz Besonderes und noch nie Dagewesenes. Wenn du ihnen eine große Freude machen willst, mußt du ihnen eine Trophäe mit der Inschrift «Für das einzigartigste Individuum der Welt» schenken. Die Wassermänner könnten diese Trophäe zum Massenprodukt machen. Wenn du einem Wassermann sagst, daß er wie die anderen ist, wird er an deiner Intelligenz zweifeln. Die Wahrheit ist natürlich, daß jeder Mensch einzigartig ist. Es gibt keine zwei Menschen, die sich vollständig gleichen, wie es auch keine zwei identischen Schneeflocken gibt. Man kann aber, wie die Schneeflocken bei Schneefall, sich unter die anderen mischen und ein Teil der Masse werden. Deshalb geht es bei Uranus paradoxerweise sowohl um Originalität als auch um Masse und Trends.

Frage: *Man sagt, Uranus habe auch viel mit unserer Persönlichkeit zu tun. Wie kommt diese Beziehung zustande?*

Uranus: Das, was uns von anderen unterscheidet und in irgeneiner Weise außergewöhnlich macht, prägt unser Selbstbild und das Etikett, das andere uns geben. Es fällt mir auf, daß vieles, worauf Menschen ihre Identität gründen, nicht von Uranus, sondern von Saturn stammt. Es ist das, was diese Menschen in der Vergangenheit waren, wobei insbesondere ihre Funktion und ihr Status mit allem Drum und Dran eine wichtige Rolle spielen. Wenn sich aber ein Uranus-Transit ereignet, sind sie herausgefordert, ihre Identität zu verändern, oftmals aus dem Grund, daß Funktion und Status überholt sind. Saturn zeigt uns, auf welche Weise Menschen sich selbst beschränken und wieweit sie sich in Begriffen von Leistung definieren. Unter einem Uranus-Transit aber werden die Leute dieser alten

Begrenzungen müde; sie machen neue Schritte und nehmen neue Haltungen ein, so daß auch ihre Persönlichkeit sich ausdehnen und strecken muß, um den neuen Fähigkeiten und Umständen zu entsprechen. Es besteht die Notwendigkeit, das Konzept, welches der Mensch von sich hat, in regelmäßigen Abständen zu verändern, denn er entwickelt sich im Lauf der Jahre weiter, und das Selbst-Konzept hält für gewöhnlich nicht mit dieser Evolution Schritt.

Tatsächlich ist das Selbstbild der meisten Menschen noch das, welches sie im Teenager-Alter von sich hatten. Somit basiert es in vielen Fällen darauf, ob man zu dieser Zeit beliebt war oder nicht, ob man ein guter oder ein schlechter Schüler und wie man im Sport war und in welchen Verhältnissen man lebte. Als Erwachsene halten sich diese Menschen noch immer für den Klotz oder Trampel, der sie zu dieser Zeit gewesen sind, oder für die unbeliebte Person mit den Pickeln im Gesicht. Sie haben die saturnische Neigung, in einer bestimmten Form zu erstarren und das Selbstbild beizubehalten, das auf den Begrenzungen dieser Jahre basiert, wozu noch zu sagen ist, daß sie damals keine Wahl hatten, ob sie dies akzeptieren oder nicht. Wie du siehst, ist die Frage der Identität sehr komplex. Dazu ist noch zu sagen, daß sie immer oberflächlich bleibt, wenn die Sonne, das wahre Selbst, nicht angesprochen ist.

Frage: *In der letzter Zeit frage ich mich häufig, was die äußere Erscheinung mit der Identität zu tun hat. Unsere äußere Erscheinung ist eine Funktion des Aszendenten und ziemlich oberflächlich, während das wahre Selbst die Sonne ist.*

Uranus: Die äußere Erscheinung hat etwas mit Abgrenzung zu tun. Eine wichtige Aufgabe für Teenager ist es, sich von anderen abzuheben. Uranische Menschen kleiden sich oder handeln oftmals auf eine Weise, die sie in der Gesellschaft isoliert. Sie tun das aus dem Grund, ihre Identität zu finden. Teenager sind Uranier; sie machen es sich zum Prinzip, die ältere Generation mit ihrer Kleidung zu schockieren.

In der Tat wird die äußere Erscheinung Uranus zugeordnet. Das liegt daran, daß es der Gesellschaft so schwerfällt, jemanden zu akzeptieren, der anders als die anderen aussieht. Wäre die äußere Erscheinung kein Fetisch, müßten die Uranier etwas anderes finden, um sich abzuheben. Sogar das Symbol für den Wassermann läßt auf das Thema Abgrenzung schließen. Der Strich zwischen den beiden Hälften des Symbols zeigt die Grenze zwischen uns selbst und den anderen.

Frage: *Es ist schon eigenartig, von Abgrenzung oder von Isolierung zu sprechen. Wassermänner sind immer von Menschen umgeben, und dennoch erkenne ich bei ihnen eine Art Einsamkeit.*

Uranus: Einsamkeit kann davon kommen, daß man einzigartig ist, womit wir zu einem anderen Paradox gelangen – der Tatsache, daß Uranus mit all seiner Individualität auch Gruppen regiert. Die Einsamkeit des Andersseins wird gemildert, wenn man sich in Gruppen Gleichgesinnter zusammenfindet. »Natürlich bin ich anders,« sagt der Uranier, »aber sieh doch, wie vielen anderen es genauso geht.« Dies ist der Grund, warum sich Teenager fest in Gruppen mit ihren Altersgenossen zusammenschließen und die Radikalen ihren Mitkämpfern ewige Treue schwören. Innerhalb der Gruppe sind die Strukturen, die Rollenverteilung und der Anpassungsdruck sehr stark. Man darf nur anders sein, wenn man genauso ist wie der Rest. Es ist sozusagen die Abhängigkeit von der Gruppe, die es diesen Menschen ermöglicht, von der Gesellschaft unabhängig zu sein.

Frage: *Warum sind Wassermänner Rebellen?*

Uranus: Wassermänner und uranische Menschen sind bekannt für ihr rebellisches Wesen, was aber nicht von vornherein zutrifft. Diese Menschen sind nur anders. In dem Moment, in dem ihre Andersartigkeit erkannt wird, sehen sie sich dem Druck ausgesetzt, so zu werden wie alle anderen. Beim Wassermann-Rad fällt Skorpion ins 10. Haus, was das repressive Verhalten von Autoritätspersonen dem uranischen Menschen gegenüber zeigt – und gleichzeitig die ärgerliche und unwillige

Reaktion des Uraniers, der alles tun wird, um sich der Autorität gegenüber zu behaupten. Die Entwicklung eines Menschen zum Rebellen – zum Radikalen oder zum Mitglied einer Motorradgang – erfolgt, weil aus dem Anderssein Auflehnung und herausfordernder Widerstand wird. Je weiter sich der Uranier von der Norm entfernt, desto mehr Zwängen und Einschränkungen sieht er sich gegenüber – und desto herausfordernder wird das Verhalten, das er zeigt.

Menschen mit einem starken Uranus haben große Angst vor dem Teil der Gesellschaft, der alles so lassen will, wie es ist. Uranische Menschen treiben die Gesellschaft zur Veränderung, indem sie für einen Trend den Weg bereiten, dem wir anderen dann folgen, wenn der erste Schock abgeklungen ist. Aber obwohl die Gesellschaft die Kleidung, die Musik, die Freizeitgestaltung und den Lebensstil der Uranier überhaupt später übernimmt, bezeichnet sie sie zunächst als «Wirrköpfe», «Spinner» und «Radikale» und spart nicht mit schweren Strafen für das Anderssein.

Uranier sind im großen und ganzen deshalb anders, weil sie von der Gesellschaft abgelehnt werden. Doch wer entscheidet darüber, wer dem Ganzen am besten dient und was die höchste Form des Dienstes ist? Die Leistung der Uranier besteht darin, daß sie die anderen Menschen aus ihrer Selbstzufriedenheit aufrütteln und dazu drängen, das Bestehende zu verändern. Das machen die Mitglieder einer Motorradgang sicher genauso erfolgreich wie Atomkraftgegner. Auch Teenager beeinflussen über die Jahre hinweg die Älteren. Nahezu unbemerkt bringen sie, nach der Methode des Trojanischen Pferdes, soziale Veränderungen in unser Heim – durch ihre Musik, die Medien und ihren Verhaltenskodex.

In jedem Horoskop ist Uranus enthalten, und jeder Mensch hat das Bedürfnis, eine eigenständige Persönlichkeit zu sein, sich zu verändern und mit der Vergangenheit zu brechen. Anstatt diesen Teil in uns zu verleugnen und Menschen zu ächten, weil sie es wagen, dieses Bedürfnis auszuleben, wäre es für den einzelnen und die Gesellschaft gesünder, einen ausgewogenen und konstruktiven Ausdruck der Persönlichkeit zu fördern.

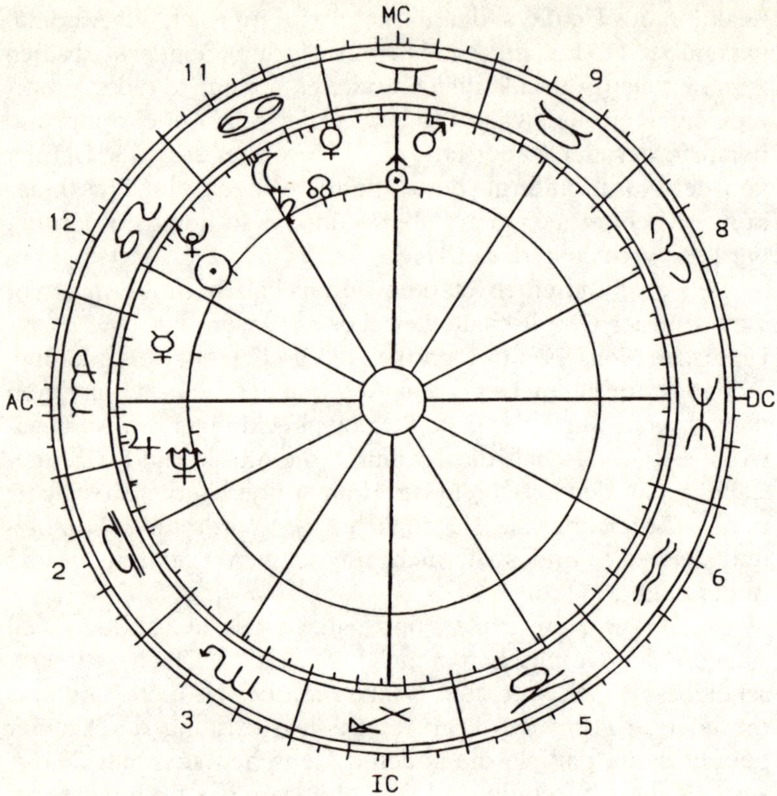

Hiroshima, Atombombenabwurf: *Radix, 6. 8. 1945, 8.15 JST (34N24, 132W25)*

☉	13° 08′	♌	♂	09° 12′	♊	♆	04° 21′	♎	AC	17° 43′	♍
☽	18° 00′	♋	♃	26° 17′	♍	♇	09° 58′	♌	MC	16° 32′	♊
☿	04° 47′	♍	♄	18° 13′	♋	☊	07° 19′	♋	Häuser: Placidus		
♀	01° 42′	♋	♅	16° 29′	♊						

Frage: *Du bist aber nicht immer darum bemüht, die Dinge auf ausgewogene und konstruktive Weise zu tun. Du bist doch für die Atomenergie verantwortlich – zum Beispiel für die Atombomben-Explosion in Hiroshima. Sieh dir das Horoskop* (auf dieser Seite) *für der Explosion an, da stehst du genau am MC.*

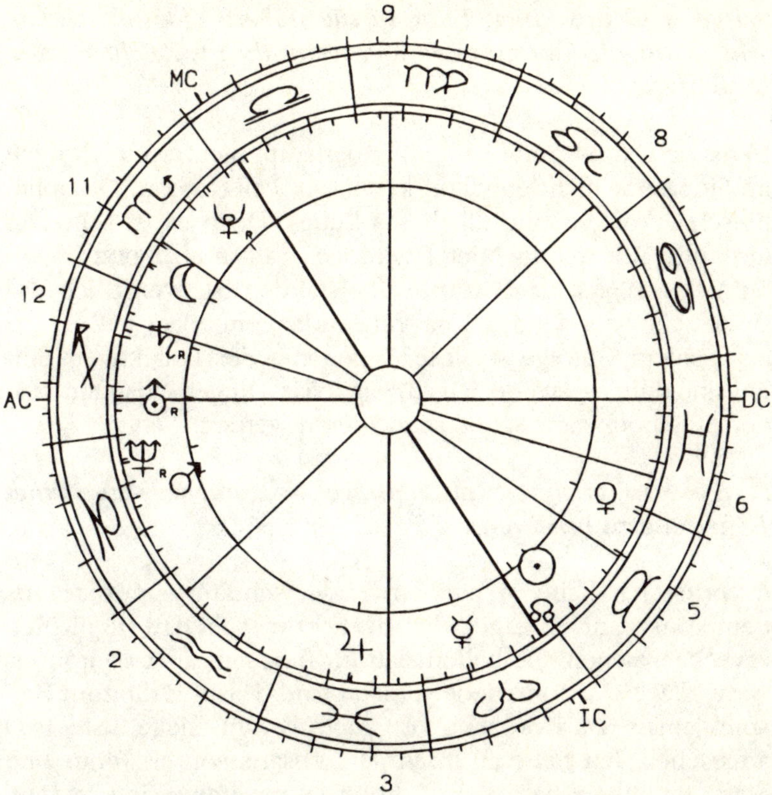

Atomunfall Tschernobyl: *Radix, 26. 4. 1986, 21.23 GMT (51N17, 30W15)*

☉	05° 22′	♉	♂	13° 08′	♑	♆	05° 43′	♑	AC	22° 49′	♐
☽	24° 26′	♏	♃	14° 23′	♓	♇	05° 59′	♏	MC	26° 31′	♎
☿	10° 58′	♈	♄	08° 36′	♐	☊	29° 44′	♈	Häuser: Placidus		
♀	28° 54′	♉	⛢	22° 01′	♐						

Uranus: Sicherlich. Auch beim Unfall in Tschernobyl hatte ich eine markante Stellung inne. Hier wurde ich allerdings durch meinen alten Freund Pluto unterstützt. Es ist aber wohl deutlich, daß sich mit der Atomenergie die Welt radikal verändert hat. Es stimmt, daß sie die Macht hat, euch zu zerstören, aber genau diese Tatsache wird euch schließlich vereinen. Noch ein Paradox.

Frage: *Laß uns einen Blick in die nähere Zukunft werfen. Was ist für die Zeit zu erwarten, wenn du ins Zeichen Steinbock trittst?*

Uranus: Darauf freue ich mich überhaupt nicht, weil ich mich im Steinbock nicht entfalten kann. Du weißt schon, Disziplin, Einschränkungen und all dieses Zeugs. Doch es ist schon in Ordnung. Mit mir als Mieter wird sich Saturn aber noch wundern. Wenn erst das Gröbste überstanden ist, werde ich das Beste sein, was der alte Knacker seit langem erlebt hat. Einige aus seinem Gefolge – diese Typen mit der kollektiven Einheitskleidung – werde ich zu ein paar Dingen anstiften, die den Steinbock ganz schön schockieren werden.

Frage: *Du erwartest also, einige Konservative zu deiner Denkweise zu bekehren?*

Uranus: Ich habe in meinem Kader schon viele Leute aus dem konservativen Lager, die gar nicht wissen, daß sie meinen Zwecken dienen. Sie halten sich für frei, sind aber so konservativ, daß sie schon wieder radikal sind. Hast du dir zum Beispiel jemals das Horoskop von Anita Bryant (siehe Seite 151) angesehen? Ich stehe an ihrem MC, zusammen mit Venus und Mars. Irgendwie hat es dich schon immer interessiert, warum sie von Zeit zu Zeit so ausflippt, nicht wahr? Allerdings stehe ich in ihrem Horoskop im Stier – aber wir sprechen ja auch über Konservative!

Frage: *Es überrascht mich, daß du dich mit Leuten wie ihr zusammentust. Ich hätte nicht erwartet, daß du damit einverstanden bist, wofür sie sich einsetzt. Schwule sind doch Uranier – also deine Leute –, und Bryant führt den Kampf gegen sie an.*

Uranus: Menschen wie Anita dienen meinen Zwecken. Ich arbeite mittels Polarisierung und schaffe Meinungsverschiedenheiten. Man muß die Menschen aufrütteln und zum Nachdenken bringen. Es ist mir egal, was sie denken – wichtig ist, daß sie es tun.

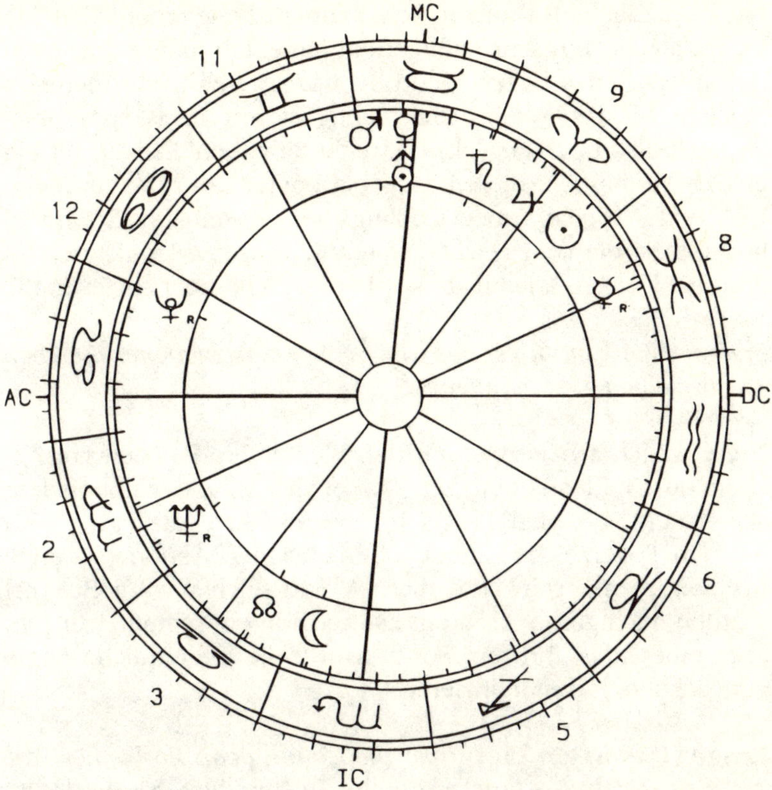

***Anita Bryant:** Radix, 25. 3. 1940, 15.10 CST (36N34, 96W10)*

☉	05° 04′	♈	♂	25° 25′	♉	♆	23° 51′	♍	AC	22° 46′	♌
☽	04° 04′	♏	♃	17° 45′	♈	♇	0° 41′	♌	MC	16° 58′	♉
☿	17° 21′	♓	♄	0° 39′	♉	☊	21° 04′	♎	Häuser: Placidus		
♀	19° 23′	♉	⛢	19° 25′	♉						

Frage: *Das ist ein sonderbarer Standpunkt. Das, was du sagst, hört sich irgendwie distanziert an. Es macht den Eindruck, als hättest du einige Zeichen lieber als die anderen.*

Uranus: Du kannst mich mal! Alle Zeichen sind gleichwertig! Ich arbeite nur je nach Zeichen auf verschiedene Weise und an unterschiedlichen Themen. Ich kann nicht leugnen, daß ich mich im Schützen sehr wohlgefühlt habe. Ich mußte dort nicht besonders hart arbeiten, denn Schütze ist selbst ein mentales Zeichen, für das Freiheit sehr wichtig ist. Aber es ist so dogmatisch! Und so überzeugt davon, recht zu haben! Es war mir ein großes Vergnügen, diesen aufgeblasenen Narren aufzurütteln. Ich mußte einfach seinen Lieblingsthemen Religion, Erziehung und Gesetz ein paar gezielte Seitenhiebe verpassen. Dieses orthodoxe Denken... Ich hatte seit Jahren nicht mehr soviel Spaß!

Frage: *Wie kommt es, daß du in den verschiedenen Zeichen auf verschiedene Weise wirkst?*

Uranus: Ich arbeite viel mit den Elementen. Bei den Luftzeichen durch Ideen, bei den Wasserzeichen mit emotionalem Widerstand, bei den Erdzeichen durch Materialisierung und bei den Feuerzeichen durch überraschende Aktionen. Einige machen es mir schwer – diese Wasserzeichen zum Beispiel würden mich gerne ersäufen. Es ist schon ein schmutziger Job, aber einer muß ihn tun. Sonst würde die menschliche Rasse vertrocknen und mumifizieren.

Frage: *Dies ist ein Buch über die Heilung von Problemen, die mit den äußeren Planeten zu tun haben. Was können Menschen tun, um uranische Probleme zu heilen? Wir verwenden Hilfsmittel wie Gebetsschnüre und Blüten-Essenzen.*

Uranus: Den Rosenkranz beten? Das soll wohl ein Witz sein! Und das andere Zeug, diese Blüten-Essenzen, sind einfach nicht wissenschaftlich genug für mich. Wie kannst du es überhaupt wagen zu sagen, die Uranier müßten geheilt werden. Sie sind alle sehr, sehr hoch entwickelt. Es ist die Gesellschaft, die geheilt werden muß – was den Uraniern völlig klar ist. Und weil es ihnen klar ist, haben sie Schwierigkeiten – welche aber nicht ihre sind, sondern die der Gesellschaft. Wenn du ein Uranus-Problem hast, mußt du aktiv werden und die Welt verändern. Zeige deinen Unmut! Gehe auf die Straße! Wie ist das denn bei dir? Was tust du eigentlich für das kollektive Wohlergehen?

Frage: *Ich bin Astrologin. Ich betrachte die Astrologie als ein Mittel zur Veränderung.*

Uranus: So? Und was riskierst du dabei? Du sitzt doch hier nur rum mit einem blöden Kreis mit einem blöden Gekritzel darauf.

Frage: *Es ist eben eine andere Lebensform. Wir werden von der etablierten Gesellschaft nicht sehr geachtet, und keiner von uns wird reich dabei. Die Menschen verspotten uns.*

Uranus: Tatsächlich? Naja, wenn Dich viele Leute einen Esel nennen, solltest du vielleicht einen Sattel kriegen. Wenn du das einen alternativen Lebensstil nennst, muß ich dir sagen, daß das ganz schön zahm ist. Die Motorradgangs, ja, die finde ich echt gut. Die setzen für ihre Überzeugung etwas aufs Spiel. Die verstehen es, die anderen aufzurütteln! Das sind meine Leute!

Frage: *Aber Astrologie rüttelt die Leute auf und erweitert ihr Bewußtsein.*

Uranus: Ich sage dir, Astrologie war ein Schocker in den 60er Jahren. Damals, als ich mich mit Pluto herumtrieb, ging sie im Bewußtsein der Massen hoch wie eine Rakete. Aber heute ist das doch ein alter Hut. Jeder kennt das schon bis zum Überdruß.

Frage: *Oh nein. Es kommen immer wieder Leute zu mir, die ihr Horoskop noch nicht kennen und die die Interpretation dann förmlich vom Stuhl haut.*

Uranus: Ihr habt euch alle schon zu gut eingerichtet. Landesweite Astrologie-Konferenzen, Organisationen, Zertifikate und Lehrpläne. Demnächst soll es auch noch Lizenzen geben, wie du ja bestimmt weißt. Das muß man sich mal vorstellen: Lizenzen! Was soll das noch mit mir zu tun haben?

Frage: *Aber wir müssen doch einen gewissen Standard erreichen!*

Uranus: Blödsinn. Ihr müßt Euch vorwagen, Risiken eingehen, Neuland erobern und Stellung beziehen.

Frage: *Dazu bin ich nicht bereit, ich fühle mich in der jetzigen Situation recht wohl. Noch eine Frage: Ich weiß, es ist noch lange hin, und die Zukunft ergibt sich aus dem, was heute geschieht – freier Wille und so weiter. Aber kannst du uns vielleicht einen Hinweis darauf geben, was wir bei Uranus im Wassermann zu erwarten haben?*

Uranus: Dazu möchte ich nicht viel sagen, denn die Art von Veränderungen, die ich plane, basieren auf dem Schockeffekt. Soviel nur vorweg: Es wird einen kleinen Vorgeschmack davon geben, was vom Wassermann-Zeitalter überhaupt zu erwarten ist.

Frage: *Wir freuen uns darauf. Bist du nicht stolz, daß bald dein Zeitalter anbricht?*

Uranus: All diese spirituellen Schwätzer, die sich darauf freuen, werden ganz schön überrascht sein. Sie denken, daß das der Himmel sein wird und wir alle in Frieden und Harmonie leben werden. Frieden und Harmonie – das sind diese zählebigen Hirngespinste aus dem Fische-Zeitalter. Ich habe mich nie um Frieden gekümmert. Und jetzt brauche ich eine Pause – ich verschwinde dann! Wir sehen uns später.

Hoffentlich nicht. Zumindest nicht zu bald... Erobere Neuland, beziehe Stellung...

Kapitel 7

Der Jugendliche, der ewige Jugendliche und der 40jährige

Was haben diese drei Arten von Menschen gemeinsam? Wie wir gleich sehen werden, ist es ihre Psyche, die einige Ähnlichkeiten aufweist. Diese drei Arten von Menschen haben alle viel von der dynamischen Kraft des Uranus in sich, was wir daran sehen können, daß sie kämpfen, um ihre Identität und Individualität zu beweisen und ihren Platz in der Welt zu behaupten. Oftmals tun sie dies auf eine Weise, die sie mit der Gesellschaft aneinandergeraten läßt. Sie greifen die Gesellschaft an und verletzen häufig die Erwartung der anderen, und die Vorstellung, sich anzupassen, ist ihnen ein Greuel. Hervorstechend an ihnen ist, daß sie in uns starke Gefühle des Mißfallens erwecken.

In astrologischer Hinsicht ist hier Uranus von besonderer Wichtigkeit. Beim Teenager und beim 40jährigen handelt es sich dabei um einen bestimmten Zeitabschnitt, beim ewigen Jugendlichen um einen Dauerzustand. In diesem Kapitel wollen wir uns mit dem Wassermann-Rad beschäftigen, um unser Verständnis für die Teenager und die 40jährigen zu vertiefen. Um Einsichten über die ewigen Jugendlichen zu gewinnen, werden wir uns die Horoskope einiger Mitglieder von Motorradgangs ansehen.

Zweck und Ziel der Entwicklungsjahre

Ist die Zeit des Heranwachsens nur eine unangenehme und mühselige Zeit, die einfach durchgestanden werden muß? Handelt es sich dabei in gewisser Weise um ein Minenfeld, das von Teenagern und Eltern nur unter äußerster Vorsicht zu betreten ist? Oder ist sie eine produktive Lebensphase? Wenn wir die menschliche Entwicklung studieren, erkennen wir in der Adoleszenz einen äußerst wichtigen und positiven Prozeß. Der junge Mensch kämpft um seine Identität und darum, die kindlichen Abhängigkeiten zu überwinden. Natürlich ist dieser Prozeß schwierig, voller emotionaler Aufregungen und voller Rebellion. Wenn Eltern und Jugendliche verstehen, was sich abspielt und sich darüber aussprechen, kann es für alle leichter werden.

In der Astrologie werden die Entwicklungsjahre dem Planeten Uranus zugeschrieben. Uranus ist aber Bestandteil eines jeden Horoskops, und durch Transite beeinflußt er uns unser ganzes Leben lang. Teenager sind keine besondere Rasse – der Kampf um Identität und Unabhängigkeit ist etwas, was für gewöhnlich das ganze Leben lang dauert. Erwachsene, die Jugendliche als etwas völlig anderes betrachten, haben vergessen, wieviel Schmerzen es sie früher selbst gekostet hat, erwachsen zu werden. Um die Entwicklungsjahre zu erklären, benutze ich das Wassermann-Rad (♒ ⊛), da Uranus und sein Zeichen mit dieser Periode in enger Verbindung stehen. Ich zeichne ein Horoskop mit Wassermann im 1. Haus; die anderen Zeichen werden dann gemäß ihrer Reihenfolge in die anderen Häuser eingesetzt. Wie du anhand der Beschreibungen feststellen wirst, vermittelt uns dieses Hilfsmittel viele wertvolle Einsichten. Wir können dadurch interessante Erkenntnise über die uranischen Perioden unseres Lebens gewinnen wie über das Alter um die 40, die Zeit nach einer Scheidung oder über andere Zeiten mit plötzlichen, unerwarteten Veränderungen. Wenn du bei den Interpretationen das streichst, was sich auf die Entwicklungsjahre bezieht, bekommst du psychologische Aussagen über einen Menschen, der eine Zeit des Umbruchs durchlebt, unabhängig davon, wie alt er ist.

(≈ ⊛) ***Wassermann im 1. Haus.*** Das 1. Haus ist die äußere Hülle des Selbstes. Dazu gehört die physische Erscheinung, Kleidung, Verhaltensweisen, Umgangsformen und das Auftreten in der Außenwelt. Die Kleidung und das Erscheinungsbild von Teenagern entsprechen den neuesten Trends beziehungsweise dem Wassermann. Junge Menschen wechseln häufig den Stil, um anders zu wirken und um sich von der Erwachsenenwelt – manchmal auf schockierende Weise – abzuheben. Der Sinn des Ganzen ist natürlich, Eigenständigkeit und Anderssein zu demonstrieren. So oft die Trends oder die Mode sich ändert, so oft wechselt auch die Identität der jungen Leute, wobei sie verschiedene Rollen ausprobieren, bis sie eine finden, die zu ihnen paßt. Wassermann steht für Gruppen, und im 1. Haus zeigt es die Bedeutung der Clique oder des Vereins. Für Teenager ist es wichtig, «dazugehören»; sie haben den Wunsch, in Kleidung, Erscheinung und Ausdrucksweise dem zu entsprechen, was gerade «in» ist. Freundlich und dabei «cool» zu sein entspricht dem Wassermann. Allerdings wirkt das Bemühen der Teenager um «Coolness» – wenn sie so tun, als könne sie nichts berühren – manchmal übertrieben. Dabei sind die Entwicklungsjahre eine Periode schmerzhafter Unruhe.

(≈ ⊛) ***Fische im 2. Haus.*** Das 2. Haus repräsentiert Geld und jene Dinge, die uns wertvoll sind – seien sie nun greifbar oder abstrakt. Das Zeichen Fische an dieser Stelle weist darauf hin, daß Teenager in bezug auf Werte verwirrt sind und von einer Sache zur nächsten wechseln, entsprechend dem Auf und Ab ihrer Gefühle. Fische-Menschen sind idealistisch, insbesondere im Hinblick auf Geld – was auch für Jugendliche zutrifft. Träume von Ruhm und Reichtum wechseln mit Sympathie für die Unglücklichen und Benachteiligten.

In diesem Alter besteht nur selten eine realistische Einstellung hinsichtlich des Verdienens und Ausgebens von Geld, was sich zum Beispiel darin äußern kann, daß die Eltern klagen, daß ihre Kinder so tun, als wüchse das Geld auf den Bäumen. Nur wenige Kinder haben im Geldverdienen und in der Verwaltung von eigenen Mittel Erfahrung. Ganz allgemein gilt, daß die Jugendlichen sich des Geldes und der Wunder, die es scheinbar bewirkt, erst allmählich bewußt werden. Zunächst gehen sie von der Beobachtung aus, daß Geld auf wunderbare Weise immer dann auftaucht, wenn die Eltern es brauchen. Es handelt sich tatsächlich um ein kleines Wunder, denn in diesem Stadium ist Geld eine geheimnisvolle, magische Substanz, die auf mysteriöse Weise kommt und geht. Zunehmende praktische Erfahrung macht für die meisten von uns das Geld realer, einige Menschen aber bleiben den Teenager-Träumen über das Geld verhaftet.

(≈⊛) ***Widder im 3. Haus.*** Das 3. Haus steht für das Denken, die Kommunikation und nahe Verwandte. Widder ist sehr stark auf Wettbewerb eingestellt, und das Konkurrenzdenken spielt bei Jugendlichen eine große Rolle. In der *High School* ist Sport sowohl als Idee als auch als praktische Übung sehr populär, und derjenige, der sich im *American Football* auszeichnet, genießt mehr Anerkennung als derjenige, der im Studium durch außerordentliche Leistungen auf sich aufmerksam macht. Hier übernehmen bereits die Teenager das Statusstreben der Erwachsenen, und seinen eigenen Standort auf der allgemeinen Werteskala zu kennen ist ebenfalls Teil der Identitätsfindung. Leider aber sagt die Tatsache, daß man Präsident einer Studentenvereinigung oder Ballkönigin war, wenig über den Erfolg in der realen Welt aus. Nichtsdestotrotz können vermeintliche Niederlagen in diesen Bereichen zu Gefühlen von Minderwertigkeit führen, die vielleicht das ganze Leben hindurch Bestand haben. Eltern können hier helfen, indem sie die Talente ihrer Kinder loben und ihnen die Möglichkeit bieten, ihre Fähigkeiten zu entwickeln.

Auch Kommunikationsmuster innerhalb der Teenager-Gruppen können vom Widderprinzip beherrscht sein, wenn sie auf Konkurrenz beziehungsweise eine Rangordnung abzielen. Eine direkte oder aggressive, rauhe oder betont männliche Sprechweise überdeckt oftmals Ängste und Unsicherheit. Die Heranwachsenden machen sich auf diese Weise vielleicht selbst Mut angesichts der neuen, erschreckenden Anforderungen des Erwachsenenlebens.

Das 3. Haus zeigt auch die Beziehungen zu Brüdern, Schwestern und den nahen Verwandten. Hier zeigt sich das Konkurrenzdenken des Widders in der Geschwisterrivalität, die wir oft in diesem Stadium finden, mit Auseinandersetzungen, verbalen oder physischen Machtkämpfen oder sogar Ausbrüchen von offener Feinseligkeit. Manchmal sind die eigenen Geschwister die größten Konkurrenten, manchmal stehen sie einfach nur im Wege. Vielleicht bekommen sie den verdrängten Ärger auf Autoritätspersonen zu spüren. Die Rivalität zwischen Geschwistern kann sehr stark sein. Allerdings handelt es sich dabei zumeist nur um eine Phase.

(≈⊛) ***Stier im 4. Haus.*** Das 4. Haus zeigt, was uns Sicherheit gibt und wie es um die nährende Funktion unserer Eltern, insbesondere unserer Mutter, bestellt ist. Hier haben wir es wieder mit einem Wassermann-Paradox zu tun. Stier ist herzlich und beständig, dabei aber konservativ. Teenager erhalten – selbst wenn sie gegen ihre «altmodischen» Eltern protestieren – viel Sicherheit von diesen. Sie brauchen die häusliche Stabilität und beziehen inneren Frieden aus Tradition und Routine. Auch wenn sie ihr Zuhause vielleicht nicht mehr uneingeschränkt genießen können, hat möglicherweise die Vorstellung, daß sie hier ihren Platz haben, etwas Tröstliches für sie.

Während sich der Teenager selbst ständig zu wandeln scheint (Wassermann im 1. Haus), hat er seine Vorbehalte dagegen, daß sich das Zuhause oder die Eltern allzusehr verändern oder diese «zu modern» sind. Eltern, die versuchen, mit der neuesten Mode und dem aktuellen Lebensstil Schritt zu halten, treffen manchmal auf sehr viel Unwillen seitens ihrer Kinder. Eine feste häusliche Struktur gibt dem Jugendlichen etwas an die Hand, gegen das er sich auflehnen kann, um seine Individualität und Andersartigkeit zu beweisen. Diesen Prozeß müssen Teenager auf ihrem Weg zum Erwachsenwerden durchlaufen.

Das 4. Haus betrifft auch die Mutter und das Urteil über sie. Stier ist ein herzliches, realistisches und behütendes Erdzeichen – was die Eigenschaften wiedergibt, die Teenager ihren Müttern zuschreiben. »Sie ist vielleicht nicht die Klügste oder Eleganteste, aber sie ist immer da, wenn ich sie brauche.« Stier hat mit Geld zu tun, und natürlich sind Teenager der Ansicht, daß die Eltern Geld haben und daß sie dazu überredet werden müssen, es «lockerzumachen». Wenn dir bei dieser Beschreibung unbehaglich zumute ist, solltest du warten, bis wir zum 10. Haus kommen, das die Meinung des Teenagers über den Vater zum Ausdruck bringt.

(♒☸) ***Zwillinge im 5. Haus.*** Zum 5. Haus gehören Liebesangelegenheiten, Freizeitaktivitäten, Kinder und Kreativität. Die Zwillinge an dieser Stelle bedeuten, daß Brüder und Schwestern in gewisser Weise als Kinder angesehen werden. Liebesgeschichten zwischen Teenagern haben etwas zwillingshaften – sie sind Launen unterworfen, verändern sich ständig und spielen sich hauptsächlich im Kopf ab. Das Zwillings-Zeichen steht für Kommunikation, und Teenager sprechen stundenlang mit ihrer derzeitigen Liebe beziehungsweise über sie, während die Telefonrechnung in die Höhe schnellt. Kommunikation ist etwas, was zu dieser Zeit gelernt werden muß. Man lernt jetzt etwas über das andere Geschlecht und wie man mit ihm spricht. Gleichzeitig ist die Liebe ein Podium, auf dem man sich selbst kennenlernen und den Ausdruck der eigenen Gefühle erproben kann. Wenn du an den Selbstausdruck denkst, der ein Nebenprodukt dieser Herzensergüsse ist – spielt dann die Telefonrechnung wirklich eine so große Rolle? Schade, daß man sie nicht als Ausbildungskosten absetzen kann – darum geht es eigentlich.

(♒☸) ***Krebs im 6. Haus.*** Das 6. Haus regiert Arbeit und Gesundheit. Arbeitsmöglichkeiten für Teenager sind für gewöhnlich auf das Heim, das Essen oder andere familiäre Aufgaben ausgerichtet, was dem Zeichen Krebs entspricht. In diesem Zusammenhang sind zum Beispiel das Babysitten, Arbeiten auf dem Schul- oder Universitätsgelände, Lagerarbeiten oder Tätigkeiten in Schnellrestaurants oder in Familienunternehmen zu erwähnen. In dieser wichtigen Entwicklungsphase braucht der Heranwachsende einen gewissen Rückhalt, wenn er seine ersten Erfahrungen in der Arbeitswelt macht.

Viele Gesundheitsprobleme bei Jugendlichen scheinen mit Abhängigkeit, Gewichtszunahme und schlechter Ernährung in

Beziehung zu stehen. Die sich entwickelnden Brüste und das Einsetzen der Menstruation (vom Mond regiert) bringen in diesem Stadium des Lebens in emotionaler und biologischer Hinsicht Unruhe. Abhängigkeit scheint auch die Wurzel eines anderen «Gesundheitsproblems» bei Teenagern zu sein, nämlich der Schwangerschaft. Ein Viertel der sexuell aktiven Mädchen werden schwanger. Während der Jahre meiner Tätigkeit als Sozialarbeiterin in einer Beratungsstelle für Schwangere machte ich die Erfahrung, daß Teenager nicht schwanger werden, um größere Unabhängigkeit zu erlangen, sondern aus dem Grund, um die Mütter an sich zu binden. Bei Müttern im Teenager-Alter kommt es öfter zu gesundheitlichen Problemen und Komplikationen während der Schwangerschaft. Ein anderes Gesundheitsproblem ist das Trinken. In der 12. Klasse hat ein Fünftel aller Schüler ernsthafte Schwierigkeiten damit. Auch hier scheint ein Zusammenhang zu Abhängigkeitskonflikten zu bestehen; es handelt sich um den Versuch, mit dem emotionalen Aufruhr der Entwicklungsjahre fertigzuwerden. Immer noch spielt dabei eine wichtige Rolle, die Fassade des «coolen» Wassermann-Typs aufrechtzuerhalten.

(♒ ☸) ***Löwe im 7. Haus.*** Das 7. Haus zeigt, wie es um die Fähigkeit zu langfristigen Beziehungen bestellt ist; das Hauptanliegen des Löwen ist das eigene Selbst. Die meisten Jugendlichen haben noch nicht die Fähigkeit des Teilens und Sich-Bindens entwickelt, weshalb ein Großteil der Teenager-Ehen scheitern. Der typische Jugendliche verhält sich so, als sei er der Mittelpunkt der Welt – in den meisten Fällen ist er viel zu narzistisch, um sich wirklich auf eine Beziehung einzulassen. Das ist aber auch richtig so, denn die Aufgabe in diesem Alter ist es, sich selbst zu finden und zu entwickeln. Solange man keine gefestigte Persönlichkeit ist und kein stabiles Zentrum hat, kann man keine tiefe Beziehung eingehen, ohne aus dem Gleichgewicht zu geraten.

(♒ ☸) ***Jungfrau im 8. Haus.*** Geburt, Sexualität und Tod sind die Themen dieses Hauses. Heute haben mehr Jugendliche vor-eheliche sexuelle Erfahrungen als früher, worüber sich die

Eltern klar sein sollten. Die Jungfrau in diesem Haus zeigt uns, daß die Jugendlichen der zunehmenden sexuellen Betätigung emotional aber nicht gewachsen sind. Jungfrau ist ein zurückhaltendes, «unschuldig-reines» Zeichen, das mit ungezügelter sexueller Aktivität nicht viel im Sinn hat. Immer mehr junge Leute fühlen sich zum Sex gedrängt, um «dazuzugehören». Wenn man sexuell aktiv wird, bevor man wirklich dazu bereit ist, kann das emotionalen Schaden anrichten. Natürlich ist die Reife eine individuelle Sache – mancher Sechzehnjährige kann da schon weiter sein als jemand, der 18 oder 19 ist.

(≈⊛) ***Waage im 9. Haus.*** Das 9. Haus hat mit höherer Erziehung und der Lebensphilosophie zu tun. Mit der Waage im 9. Haus wird ein Jugendlicher mit der wichtigen Entscheidung zwischen Studium und Ehe konfrontiert – wobei einige die Universität als den Ort betrachten, an dem man den passenden Partner findet. Eheschließung und Familiengründung können die Ausbildung auch unterbrechen. Viele Jugendliche glauben, daß sie nur den richtigen Partner finden müssen, um ein für alle Male glücklich zu sein. So heben sie die andere Person in den Himmel und erwarten von ihr die Erfüllung aller Bedürfnisse. Selbstverständlich funktioniert das nicht. Waage im 9. Haus kann auch zum jugendlichen Idealismus beitragen, zum Glauben an Gerechtigkeit und Fairneß.

(≈⊛) ***Skorpion im 10. Haus.*** Dieses äußerst bedeutungsvolle Haus zeigt unseren Umgang mit Autoritätspersonen, insbesondere mit dem Vater. Autorität ist für Jugendliche ein sehr wichtiges Problem, und sie nähern sich der Sache mit der emotionalen Intensität des Skorpions. Oftmals halten sie Macht für korrupt und manipulativ, wobei sie argwöhnisch jede Diskrepanz zwischen dem, was Erwachsene predigen, und dem, was sie tun, registrieren. Es versteht sich von selbst, daß dabei die eigenen Eltern am schärfsten beobachtet werden. Der Skorpion sticht, und schwierige Teenager tun – aus Trotz – gewisse Dinge, um ihre Eltern zu verletzen. Allerdings fügen sie sich damit selbst den größten Schaden zu. Schon die Andeutung eines Kontrollversuchs wird in ihnen Widerstand hervorrufen oder einen Gegenschlag verursachen.

Zugunsten der Jugendlichen muß gesagt werden, daß Eltern und andere Erwachsene manchmal zu autoritär sind. Das gilt insbesondere in den Fällen, in denen sie ihre Autorität in Frage gestellt sehen und fühlen, daß ihnen ihre Macht entgleitet. Hier kann ein Machtkampf beginnen, in dem keine Seite bereit ist, auch nur einen Zentimeter zurückzuweichen. Das Schlüsselwort für den Skorpion ist aber Transformation oder Umwandlung. Der Widerstand gegen die elterliche Autorität ist ein wesentlicher Bestandteil des Prozesses, in dem der Jugendliche vom Kind zum Erwachsenen wird. Wenn es ein erbitterter Kampf ist, der mit vielen skorpionischen Stichen geführt wird, heißt das lediglich, daß der Jugendliche große Schwierigkeiten damit hat, diese Entwicklung zu vollziehen.

Das 10. Haus zeigt uns auch, was der Mensch im Leben zu erreichen hofft, und Skorpion sagt viel über jugendlichen Idealismus. Der junge Mensch glaubt fest an die Möglichkeit, unsere Welt mit all ihren Plagen und Sorgen verwandeln zu können. Wenn er glaubt, daß dies durch die Zerstörung der bestehenden Ordnung erreicht werden muß, entspricht dies nur dem Skorpion-Prinzip von Tod und Wiedergeburt. Wir sehen also hier die Erkärung dafür, warum wir in der Jugend radikaler sind.

(♒ ⊛) ***Schütze im 11. Haus.*** Das 11. Haus betrifft Freunde, Beziehungen zu Gruppen, Hoffnungen, Träume und Wünsche. Schütze ist ein expansives, geselliges Zeichen, das etwas lernen und sich entwickeln möchte. Teenager lernen in erster Linie von Freunden, die vielleicht in Einzelheiten nicht so genau Bescheid wissen und zu Übertreibungen neigen, sich aber trotzdem als Fachmann ausgeben. Was immer der beste Freund sagt, wird – zu dieser Zeit – gläubig angenommen.

Die Gruppen und Organisationen, denen Jugendliche angehören, tragen viel zu deren Entwicklung bei. Auch die Betätigung in einem Sportverein kann etwas über Teamarbeit und andere wichtige Dinge lehren. Und wenn die Hoffnungen der Teenager zu optimistisch und überschwenglich erscheinen, so ist das doch nichts Negatives. Wenn wir uns keine großen Ziele setzten, würden wir gar nichts erreichen.

(♒ ⑫) ***Steinbock im 12. Haus.*** Dieses Haus zeigt auf, welche Motivationen unserem Handeln zugrundeliegen, welche Geheimnisse wir vor uns selbst und anderen verstecken und inwiefern wir uns auf eine Weise verhalten, die uns selbst schadet. Mit dem Wassermann im 1. Haus scheinen Jugendliche den Zwang zu verspüren, ihre Persönlichkeit beweisen zu müssen. Steinbock im 12. Haus zeigt aber, daß Teenager im Inneren viel konservativer sind und viel stärker vom Sicherheitsbedürfnis geleitet werden, als sie zu erkennen geben. Ihre automatische Ablehnung, Dinge auf überlieferte Weise zu tun, ist nur Fassade. Sie ist Bestandteil des Kampfes um eine eigene Identität, und nicht das, was die Jugendlichen zuletzt wirklich sein werden.

Das Zeichen des 12. Hauses weist auf selbstzerstörerisches Verhalten hin. Steinbock an dieser Stelle bedeutet, daß Jugendliche mit Problemen bezüglich Autorität und Verantwortung auf eine Art und Weise umgehen, die ihnen selbst schadet. Manche Heranwachsenden rebellieren gegen jegliche Autorität, andere widmen sich ausschließlich der Entwicklung ihrer Persönlichkeit. Manche entziehen sich der Verantwortung, andere laden sich in dem Bestreben, erwachsen zu werden, schon in jungen Jahren zuviel auf. Eine extreme Vorgehensweise in diesen Dingen ist schädlich – zur erfolgreichen Meisterung dieser Entwicklungsphase bedarf es der Berücksichtigung aller wichtigen Faktoren.

Ich hoffe, daß diese Reise um das Rad des aufsteigenden Wassermanns einige Gründe für das oftmals rätselhafte Verhalten von heranwachsenden Menschen aufgezeigt hat. Wir alle sind in unserem Kampf, reif und erwachsen zu werden, durch diese Phase gegangen. Wenn wir das vergessen haben und uns nun über die «rüpelhaften» oder «rücksichtslosen» Teenager beklagen, haben wir diesen schmerzhaften Kampf verdrängt. Wenn du mit Jugendlichen zu tun hast, möchtest du vielleicht noch mehr über die Psychologie der Entwicklungsjahre erfahren. Wie wir gleich sehen werden, durchleben Eltern und Lehrer um das 40. Lebensjahr herum ebenfalls bedeutsame Uranus-Transite. Zu dieser Zeit werden die Probleme, die in den Entwicklungsjahren nicht gelöst worden sind, wieder in Erscheinung treten. Zusätzlich wird sich zeigen, daß es im Umgang mit Jugendlichen zu Schwierigkeiten kommen kann.

Um das Verhalten eines jungen Menschen besser zu verstehen, kann es hilfreich sein, das Geburtshoroskop sowie die aktuellen Transite zu untersuchen. Ein junger Mensch mit einem starkem Uranus im Horoskop kann als Teenager eine besonders schwierige Zeit durchmachen. Das gilt insbesondere für die folgenden Fälle: Uranus im 1. oder im 10. Haus, Uranus-Aspekte zur Sonne oder zum Mond, viele Uranus-Aspekte zu anderen Horoskop-Faktoren, Uranus als Teil einer dynamischen Konfiguration – zum Beispiel des T- oder auch des Großen Quadrats. Eine derartige Konstellation weist auf eine Persönlichkeit hin, die um jeden Preis Unabhängigkeit und Einzigartigkeit zu beweisen bestrebt ist. Im allgemeinen gehen solche Menschen neue Wege, und bei ihrer Lebensaufgabe handelt es sich oft um einen einzigartigen Beitrag. Wenn du mit solchen jungen Menschen zu tun hast, versuche dein Bestes, um deren Individualität zu pflegen und sie ihren Weg finden zu lassen – auch dann, wenn für dich dieser Pfad der eines Außerirdischen zu sein scheint.

Der ewige Jugendliche

Dieser Abschnitt berührt einen heiklen Punkt. Es ist klar, daß die Menschen, die man als «ewig Jugendliche» bezeichnen könnte, heftig gegen den Vorwurf protestieren werden, daß ihr Verhalten teenagerhaft sei. Sie werden behaupten, daß es der Ausdruck einer sozialen Stellungnahme ist. Dabei trifft dies tatsächlich für alle uranischen Typen zu: Sie *sind* der Ausdruck einer sozialen Stellungnahme. Auf Schwule trifft das zu, auf die Mitglieder der Motorradgang, auf diejenigen mit einer Punk-Frisur und entsprechender Kleidung sowie auf all diejenigen, die einen alternativen Lebensstil führen.

Es ist so, daß der Mensch in den Horoskop-Bereichen, die von Uranus regiert werden, der Ausdruck einer sozialen Stellungnahme ist – mit Ausnahme des Falles, daß er so eingeschüchtert ist, daß er zum Konformisten wird. Es geht dabei um die Häuser, in denen Uranus beziehungsweise das Zeichen Wassermann steht oder aus denen heraus Aspekte zu Uranus vorhanden sind. In diesen Lebensbereichen protestieren wir gegen die Gesellschaft beziehungsweise gegen das, was wir ihrer Meinung nach sein sollen. Dabei versuchen wir durch unsere Handlungen oder auch durch unser Nicht-Handeln die konventionellen Werte zu erschüttern und die Norm zu untergraben. Wir erweisen uns im Hinblick auf diese Sache als idealistisch, provokativ und arrogant – anders ausgedrückt: als pubertär. Wir müssen uns dabei nicht unbedingt für das entscheiden, was nun auf einmal in Mode kommt – genausogut ist es möglich, daß wir eine Kehrtwendung machen und uns für das Gegenteil einsetzen. Wenn wir uns in einem Lebensbereich deutlich von den anderen unterscheiden, so ist das eine Art Ventil für unsere Persönlichkeit, das uns davor bewahrt, automatenhaft zu werden.

Menschen mit ***Uranus im 1. Haus*** bringen ihre soziale Stellungnahme durch ihre äußere Erscheinung zum Ausdruck.

Menschen mit ***Uranus im 2. Haus*** tun dies durch ihr Einkommen und die Art und Weise, wie sie darüber verfügen.

Im 3. Haus geschieht dies durch die Denkweise und die Art, sich auszudrücken,

im 4. Haus durch das häusliche Umfeld oder das Fehlen desselben.

Mit ***Uranus im 5. Haus*** besteht das soziale Bekenntnis in gefühlsbetonten Entscheidungen; vielleicht kommt es auch darin zum Ausdruck, daß die Kinder mehr oder weniger offen dazu ermutigt werden, ihren Weg zu gehen, auch wenn dieser von der Norm abweicht.

Im 6. Haus kann es zu abrupten Stellungswechseln kommen, die auf der Abneigung gegen das Einhalten von Regeln beruhen. Hier kann das soziale Bekenntnis in dem Fall, daß kein anderes Ventil vorhanden ist, sogar in Form eines Unfalls geschehen.

Mit Uranus im 7. Haus kommt das Bekenntnis durch unseren Partner – beziehungsweise das Fehlen desselben – zum Ausdruck.

Im 8. Haus besteht die Neigung zu ungewöhnlichen sexuellen Erfahrungen oder auch zur Aufnahme von hohen Schulden;

im 9. Haus sind häufig radikale politische oder unorthodoxe religiöse Ansichten oder auch die Weigerung, die Ausbildung zu beenden, zu beobachten.

Mit ***Uranus im 10. Haus*** kann das Bekenntnis die Form einer öffentlichen Ankündigung annehmen – wenn der Wunsch besteht, daß jeder unsere Kritik an Autoritätspersonen und den Karriere-Erwartungen der Gesellschaft erkennen soll.

Mit ***Uranus im 11. Haus*** sind Gruppen oder auch Freunde von großer Bedeutung.

Im 12. Haus hat das Bekenntnis etwas Geheimnisvolles; wir sind in unserer Rebellion gefangen, was Probleme bringen kann.

Wie steht es nun also um die Behauptung, daß es «ewige Jugendliche» gibt? Bezweifelt eigentlich jemand, daß dem so ist? Was ist mit den «zornigen jungen Männern», den «Rebellen ohne Grund», den Aussteigern? Diese Menschen haben das Problem, daß sie bei ihrer fortwährenden oppositionellen Haltung nicht dazu in der Lage sind, ihr inneres Zentrum zu finden. Sagt man, daß sie nach links gehen sollen, wenden sie sich mit einem stolzen und herausfordernden Grinsen oder auch vielleicht erbost über die Anmaßung, daß man ihnen einen Rat zu geben wagt, nach rechts – und marschieren dabei geradewegs auf den offenen Kanalschacht zu. Genau das wolltest du ihnen ersparen, als du ihnen die Empfehlung gegeben hast. Diese Menschen sind für gewöhnlich aufgrund ihrer Intelligenz ohne weiteres in der Lage (Uranus ist niemals dumm), ihrer Widerspenstigkeit den Mantel der Gesellschaftskritik umzuhängen. Wenn es auch aus der Mode zu sein scheint, sich auf Freud zu berufen, möchte ich doch anmerken, daß hier wohl ein Zusammenhang mit der analen Fixierung besteht.

Als ein gutes Beispiel wollen wir uns hier näher mit den Mitglieder von Motorradgangs beschäftigen. Wenn überhaupt, werden nur wenige von ihnen jemals dieses Buch lesen – eine gute Gelegenheit für mich, einige meiner *Biker-Horoskope* vorzustellen. Durch meine Heirat hatte es sich ergeben, daß ich in Kontakt zu dieser Szene kam, und es war sogar im Gespräch, daß ich unter dem Pseudonym *Moon Mama* eine Art Kolumne mit astrologischen Ratschlägen für das Magazin *Easy Rider* schreiben sollte. In gewisser Weise muß man diese Leute bewundern. Sie machen das, was sie wollen, mißachten gesellschaftliche Konventionen, und es gibt niemanden, der sich mit ihnen anlegt. Ihr gesellschaftlicher Protest hat nichts Schwächliches oder auch Intellektuelles; er ist draufgängerisch, vital und außerordentlich «machohaft». Und wie bei allen uranischen Gruppen wird auf die Mitglieder ein unglaublicher Druck ausgeübt, die Regeln einzuhalten, aus dem Grund, sich von den anderen abzusetzen.

Die Horoskope einiger *Biker* werden hier – mit deren Erlaubnis! – abgedruckt. Wie es sich für diese eingefleischten Lederjacken-Uranier gehört, werde ich die Horoskope aus dem Gruppenzusammenhang heraus besprechen. Die Auswahl ist begrenzt, umfaßt aber doch einige verschiedene Gruppen. Der mit mir befreundete Astrologe John Ruskell hat im übrigen Kopf und Kragen riskiert, um mir weitere Biker-Horoskope zu verschaffen. Seine Bemühungen waren jedoch nicht von Erfolg gekrönt, weil man ihn für einen Beamten des Rauschgiftdezernats hielt. Wenn du John jemals begegnen solltest, wirst du erkennen, daß dies der Gipfelpunkt von Paranoia ist – aber Biker sind eben mißtrauisch. Wie du den Horoskopen entnehmen kannst, tritt Pluto sehr stark in Erscheinung, übertroffen nur von Uranus und Wassermann. Im Element Feuer – insbesondere, was das Zeichen Schütze betrifft – steht entweder die Sonne, der Mond oder der Aszendent.

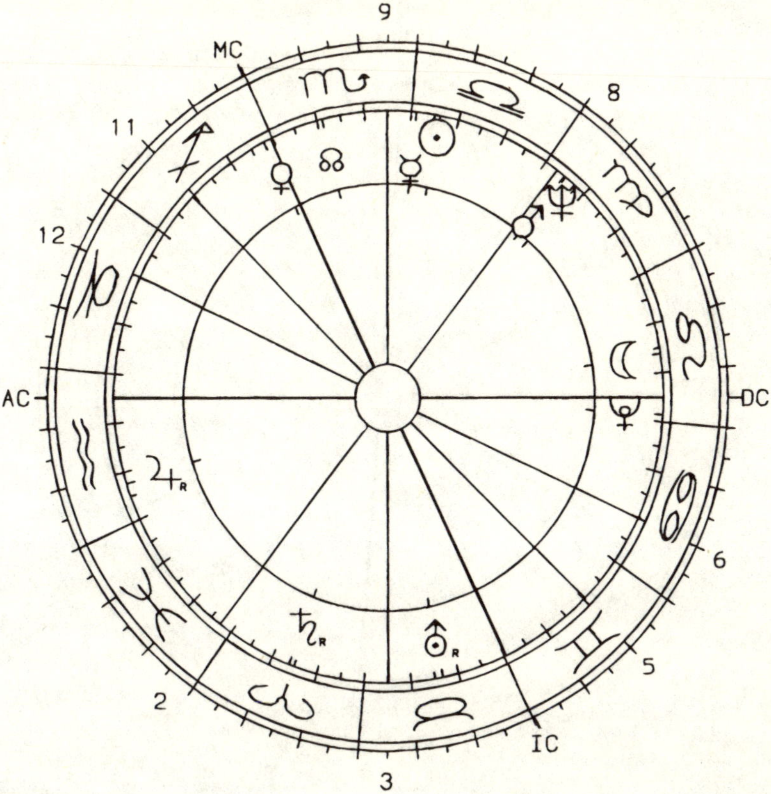

***Evel Knieval:** Radix, 17. 10. 1938, 14.40 MST (46N00, 112W32)*

☉	23° 51′	♎	♂	25° 21′	♍	♆	22° 05′	♍	AC	04° 54′	♒
☽	13° 48′	♌	♃	22° 24′	♒	♇	01° 27′	♌	MC	0° 22′	♐
☿	28° 58′	♎	♄	13° 52′	♈	☊	18° 52′	♏	Häuser: Placidus		
♀	02° 00′	♐	♅	16° 41′	♉						

Evel Knieval (Horoskop siehe oben) ist der vielleicht berühmteste Biker. In seinem Horoskop sehen wir Wassermann als aufsteigendes Zeichen und den Mond im Quadrat zu der Konjunktion des Uranus mit dem absteigenden Mondknoten. Das Schütze-Zeichen und die Venus stehen am MC.

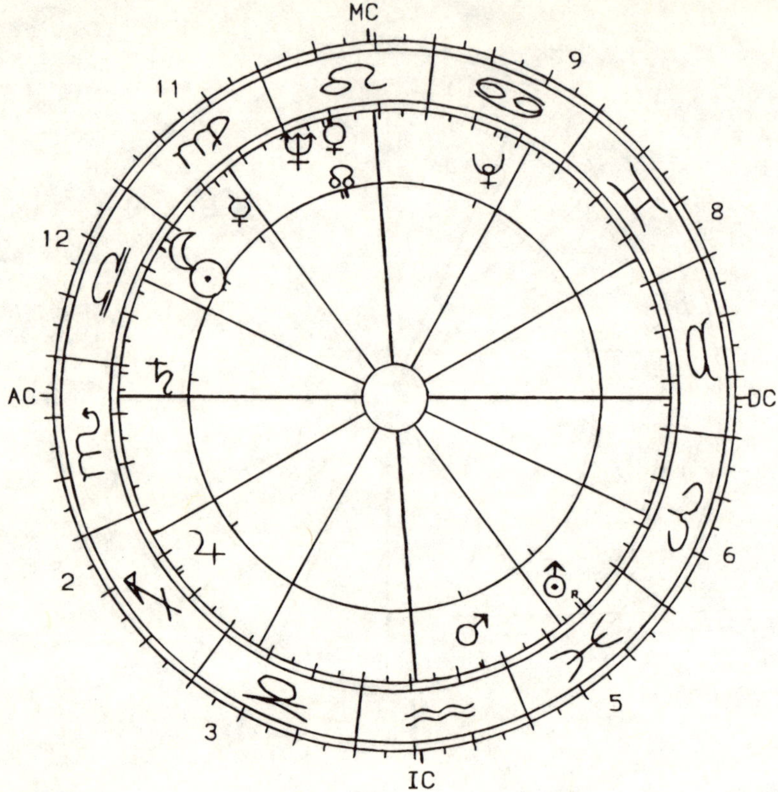

***Hell´s Angel:** Radix, 28. 9. 1924, 8.15 PST (33N59, 117W22)*

☉	05° 15′	♎	♂	25° 36′	♒	♆	21° 42′	♌	AC	06° 26′	♏
☽	03° 05′	♎	♃	14° 01′	♐	♇	13° 31′	♋	MC	11° 05′	♌
☿	17° 31′	♍	♄	01° 35′	♏	☊	20° 38′	♌	Häuser: Placidus		
♀	20° 14′	♌	♅	18° 54′	♓						

Hier das Horoskop eines *Hell's Angels.* Dieser hat ein T-Quadrat (mit Jupiter im Brennpunkt, Merkur im 11. Haus und Uranus in Haus 5). Bei Jupiter/Uranus-Menschen dominiert der Planet Uranus – weil Jupiter die Verstärkung der Überzeugung bedeutet, recht zu haben. Das plutonische Element besteht aus dem aufsteigenden Skorpion und Saturn in diesem Zeichen am Aszendenten.

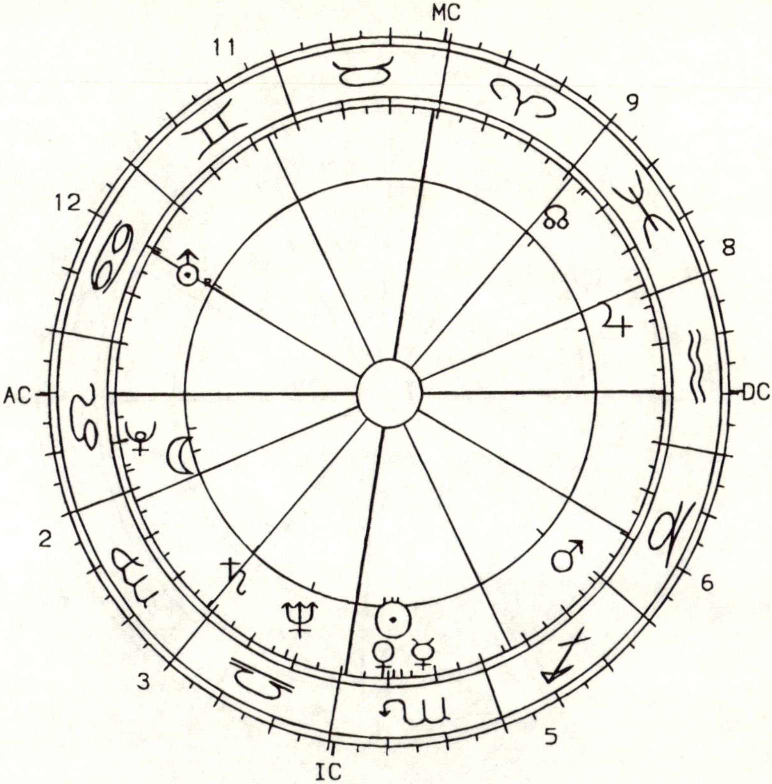

Vargos: *Radix, 3. 11. 1950, 23.11 PST (37N20, 121W53)*

☉	11° 18′	♏	♂	28° 31′	♐	♆	17° 59′	♎	AC	10° 25′	♌
☽	26° 06′	♌	♃	27° 48′	♒	♇	19° 47′	♌	MC	0° 58′	♉
☿	12° 54′	♏	♄	28° 28′	♍	☊	25° 50′	♓	Häuser: Placidus		
♀	08° 52′	♏	♅	09° 20′	♋						

Dieses Horoskop gehört einem Mitglied der *Vargos*-Gang. Es weist ebenfalls eine Kombination aus einem starken Pluto- und Uranus-Einfluß auf. Die Konjunktion zwischen Sonne, Venus und Merkur im Skorpion steht im Trigon zu Uranus. Außerdem ist eine Opposition zwischen Jupiter im Wassermann und der Mond/Uranus-Konjunktion im Löwen vorhanden.

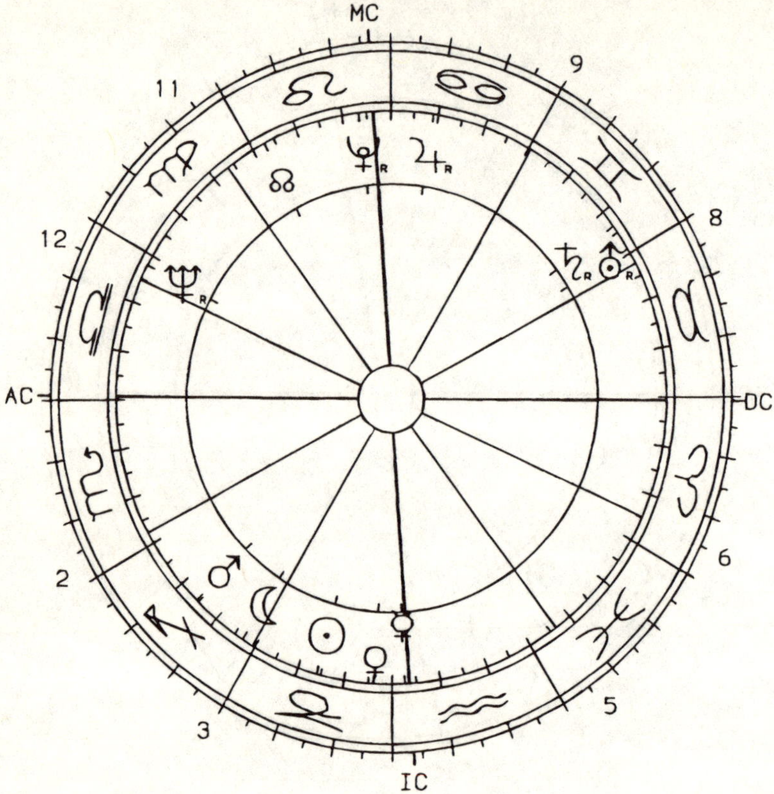

***Comanchero:** Radix, 5. 1. 1943, 2.50 CWT (37N14, 95W42)*

☉	14° 06′	♑	♂	14° 34′	♐	♆	02° 04′	♎	AC	29° 14′	♎
☽	26° 59′	♐	♃	21° 00′	♋	♇	06° 35′	♌	MC	03° 32′	♌
☿	02° 40′	♒	♄	06° 31′	♊	☊	27° 17′	♌	Häuser: Placidus		
♀	26° 07′	♑	♅	01° 03′	♊						

Das Mitglied der *Comanchero*-Gang hat ein großes Trigon zwischen Uranus, Neptun und Merkur in seinem Horoskop. Unter Berücksichtigung von Pluto am MC im Sextil-Aspekt zu Uranus und Neptun und in Opposition zu Merkur ist hier eine Drachen-Figur gegeben.

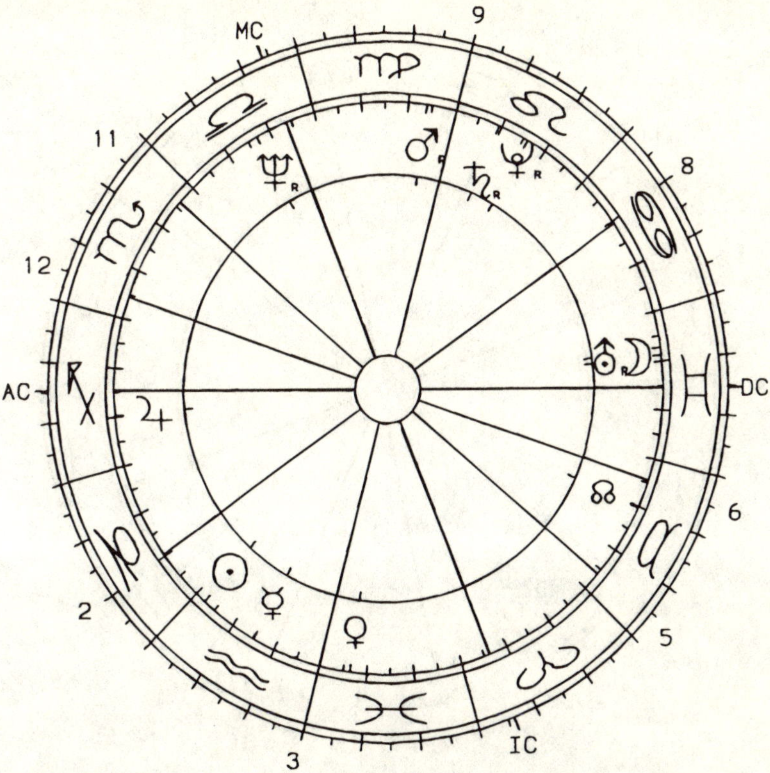

Devil's Disciple 1: *Radix, 23. 1. 1948, 4.00 EST (42N23, 71W02)*

☉	02° 17′	♒	♂	06° 10′	♍	♆	12° 58′	♎	AC	14° 37′	♐
☽	21° 13′	♊	♃	19° 44′	♐	♇	14° 02′	♌	MC	06° 05′	♎
☿	15° 09′	♒	♄	20° 34′	♌	☊	19° 38′	♉	Häuser: Placidus		
♀	06° 28′	♓	♅	22° 42′	♊						

Der *Devil's Disciple* war einstmals der Präsident seines Klubs. Er hat eine Mond/Uranus-Konjunktion in Opposition zu Jupiter im Schützen. Schütze ist auch das aufsteigende Zeichen. Sonne und Merkur stehen im Wassermann.

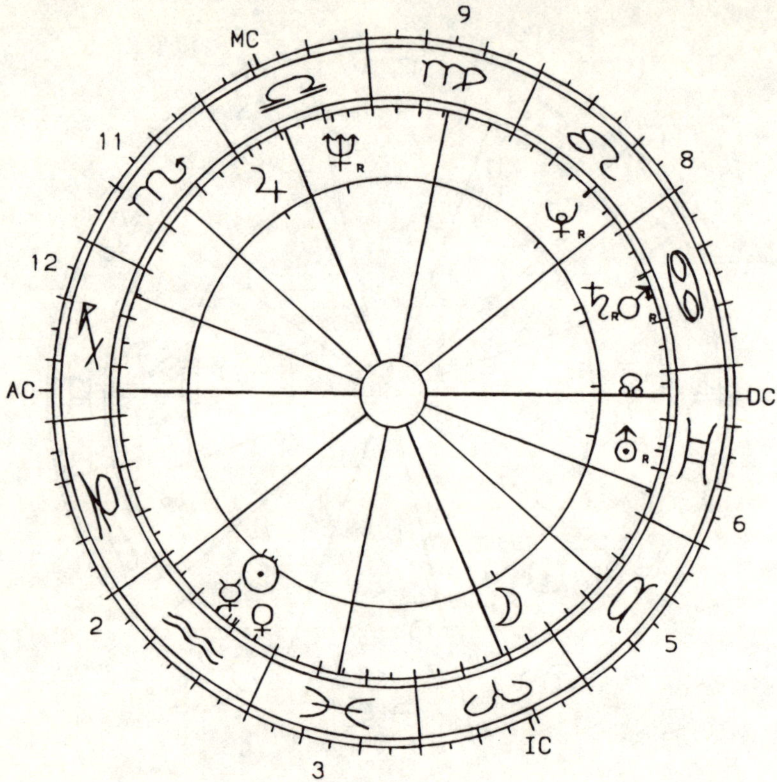

***Devil's Disciple 2:** Radix, 7. 2. 1946, 4.26 CST (42N02, 96W06)*

☉	18° 03′	♒	♂	15° 27′	♋	♆	08° 24′	♎	AC	24° 54′	♐
☽	25° 05′	♈	♃	27° 21′	♎	♇	10° 28′	♌	MC	18° 48′	♎
☿	15° 19′	♒	♄	19° 25′	♋	☊	27° 30′	♊	Häuser: Placidus		
♀	19° 28′	♒	⛢	13° 29′	♊						

Ein anderes Mitglied dieser Gruppe (Horoskop auf dieser Seite) hat eine Sonne/Merkur/Venus-Konjunktion. Diese steht im Wassermann, in Opposition zu Pluto und Saturn. Das Element Feuer ist durch den Schütze-Aszendenten und den Mond im Widder vertreten.

Wer Interesse daran hat, kann diese Horoskope eingehend studieren. Wenn du ganz besonders tapfer oder auch tollkühn bist, kannst du die Sammlung ja noch ergänzen.

Wenn auch die Geburtszeit nicht bekannt ist, könnte das folgende Beispiel ebenfalls von Interesse sein. Es ist das des Präsidenten der *Devil's Disciples*, der den Biker-Wahlspruch «Lebe schnell, stirb jung» in die Tat umsetzte. Dieser Mann wurde am 21. Juni 1944 in Boston (Massachusetts) geboren; er starb am 6. August 1985 um 5 Uhr 08 morgens, in Fresno, aufgrund der Folgen eines Autounfalls und seiner erlittenen Schußverletzungen. Ich erfragte auf mediale Weise den Zweck dieses Todes und erhielt die Antwort, daß dieser Mensch so schnell und dramatisch wie möglich die Lektion lernen sollte, was es bedeutet, in übertriebenem Maße eigensinnig zu sein. Und dabei bestand die Möglichkeit, daß seine Gruppe ebenfalls etwas lernen konnte. Das ist typisch für Uranus!

Nachdem ich nun die Biker als ewige Jugendliche abgestempelt habe und es mir schenke, noch andere Gruppen anzuführen, möchte ich anmerken, daß im Grunde doch gar nichts Schlechtes daran ist, ein ewiger Jugendlicher zu sein. Auf der persönlichen Ebene mag sich daraus die Schwierigkeit ergeben, realistische Ziele anzustreben; in gesellschaftlicher Hinsicht könnte es ein größeres Maß an Aufrichtigkeit bedeuten – wenn wir den Mut aufbringen, des Kaisers neue Kleider als das zu bezeichnen, was sie sind. Der Uranier ist der Joker des Kartenspiels und der Narr des Tarots.

Außerdem gibt es in uns allen etwas vom ewig Jungen, was nur darauf wartet, befreit zu werden. Uranus-Transite stellen die Energie hierfür bereit. In der Lebensphase um das 40. Jahr herum macht sich diese Energie bei jedem bemerkbar, was seinen Grund darin hat, daß es zwischen dem 38. und dem 42. Lebensjahr im Transit zu der Uranus/Uranus-Opposition kommt, welche eine neuerliche Adoleszenz bedeutet. Werfen wir einen Blick auf das, was uns erwartet, wenn dieser Transit ansteht.

Wie man mit Würde 40 wird

Auch diese Überschrift entbehrt nicht der Ironie. Keiner hat die 40 jemals mit so wenig Würde erreicht wie ich. Mit äußerstem Widerwillen und lauten Unmutsbekundungen begann ich dieses Jahrzehnt. In Erwartung dieses Termins hatte ich schon sechs Monate zuvor heftige Depressionen. Ich probierte verzweifelt und wahllos ein Ding nach dem anderen aus, in der Hoffnung, es möge mein Leben harmonischer und befriedigender machen. Das Näherrücken des Geburtstages hatte etwas ungemein Bedrohliches an sich, und ich fühlte, daß ich der Auseinandersetzung damit nicht entkommen konnte.

Mir kamen die unmöglichsten Ideen in den Kopf. Ich verfiel auf den Gedanken, daß mir der Eintritt in einen Verein oder die Teilnahme am gesellschaftlichen Leben helfen könnte, daß es mir gut tun würde, ein Kind zu bekommen oder aus New York wegzugehen, daß ich wieder zur Schule gehen sollte... Schließlich brachte ich die Vernunft auf, Gleichaltrige zu fragen, die diese Möglichkeiten in ihrem Leben schon ausprobiert hatten. Das überzeugte mich davon, daß dies keine Lösungen für mich waren – es war mir nicht genug. Aber auch diese anderen Menschen verspürten heftige Unzufriedenheit und das verzweifelte Verlangen, alles zu verändern. Es kam zu Scheidungen und Berufswechseln, und einige zogen von der Stadt aufs Land. Die Erkenntnis, daß es sich um etwas Allgemeines handelte und ich nicht allein betroffen war, half mir. Eine ältere Dame formulierte einmal, daß Menschen in diesen Jahren wie von einem Wirbelsturm getrieben sind.

Schließlich – trotz aller Bemühungen, es zu verhindern – war es soweit. Weil ich diesen Tag auf keinen Fall allein verbringen wollte, veranstaltete ich eine große Geburtstagsparty. In meiner Post fand ich einen Brief von einer Tante, die mir schrieb, die Jahre nach ihrem 40. Geburtstag seien ihre schönsten und aufregendsten gewesen. Sie war wieder unabhängig von ihrem Partner gewesen, viel gereist und hatte einen interessanten Job gefunden. Als der Geburtstag vorbei war, fühlte ich mich ziemlich abgeklärt und anderen gegenüber überlegen, kampferprobt und mit meinem reichen Schatz an Erfahrungen sogar ein bißchen weise. Natürlich würden die anderen auch bald diese Abgeklärtheit erreicht haben – ich aber war jetzt schon soweit!

Mit der Zeit macht es Spaß, 40 zu sein. Man erkennt, daß man sein eigener Herr ist, daß keiner einem etwas befehlen kann und daß man niemandem ausgeliefert ist. Man beginnt, seine Freiheit zu erforschen, und wenn man sich nicht in seine Ängste verstrickt, ist es sehr belebend. Man tut Dinge, die andere für verrückt halten – und die Jüngeren oder die Älteren schütteln vielleicht den Kopf und sagen: »Du verhältst dich wie ein Teenager.« Das trifft den Nagel auf den Kopf – allerdings sind wir jetzt Teenager mit Auto, Geld und genug Erfahrung, um keine allzu schlimmen Fehler zu begehen. Wir haben das ganze Leben hindurch das gemacht, was die anderen wollten. Nun machen wir unsere eigenen Regeln und fangen noch einmal von vorne an, auf der Suche nach einer neuen Lebensform.

An dieser Stelle wird der Populär-Psychologe etwas von der *Midlife crisis* erzählen und der Astrologe auf Uranus hinweisen. Beide haben recht. Die *Midlife crisis* hat mit Uranus zu tun. Man empfindet quälende Unzufriedenheit, man unternimmt die ausgefallensten Experimente und erfreut sich schließlich an der belebenden Freiheit, das Dasein und sich selbst zu genießen.

Alle Uranus-Transite – in welchem Alter sie auch auftreten – bedeuten Identitätskrisen. Die Uranus-Opposition zum Geburts-Uranus um das 40. Lebensjahr herum aber ist etwas Besonderes. Sie ist die Identitätskrise, die alle Altersgenossen mit uns teilen (was wieder dazu paßt, daß Uranus für Gruppen steht). Und du solltest dich zu dieser Zeit tatsächlich an deine Gruppe halten, weil niemand anderes dich verstehen wird. Menschen, die jünger sind, können sich das, was in diesen Jahren passiert, sowenig vorstellen wie den Tod; sie sind der Ansicht, daß es sich hierbei um etwas handelt, was sie niemals betreffen wird. Auch die 38jährigen werden noch gegen die Behauptung protestieren, daß sie solche verrückten Sachen machen könnten – wenn sie nicht extreme Frühentwickler sind. Die 42jährigen dagegen beschäftigen sich schon mit der nächsten Aufgabe (ich sage nicht, wobei es darum geht, weil das die Pointe verraten würde).

In meiner Altersgruppe kam die Krise in schwächerer Form zum Tragen, weil wir zu der mehr oder weniger frustrierten Generation gehören, die zur Zeit der Saturn/Uranus-Konjunktion der Jahre 1941/42 geboren wurde. Ein bißchen zu jung für die konservativen 50er, ein bißchen zu alt für die radikalen 60er. Wir erlebten diese Zeiten, waren aber nie wirklich Teil davon – und arbeiteten daher besonders hart daran, dazuzugehören. Wir waren weder das eine noch das andere, haben uns aber in der Situation eingerichtet. So konnten wir die Kluft zwischen den Generationen überbrücken, die Kanten glätten und eine vereinigende Kraft sein. Wir wurden gebraucht, aber es war oft schmerzlich für uns. Jetzt, wo wir alle die 40 überschritten und die Uranus-Opposition hinter uns gebracht haben, sind wir frei. Endlich – Gott sei Dank.

Etwas ist mir bei der Beobachtung von Menschen, die diesen Übergang hinter sich gebracht haben, klargeworden: Diese Identitätskrise ist die Quintessenz aller Identitätskrisen, und wir können viel aus ihr lernen. Für die meisten von uns gilt, daß das, was sie als ihre Identität ansehen, nicht ihr wahres Selbst (Sonne) oder das Einzigartige in ihnen (Uranus) ist – es handelt sich dabei um die Rollen, die wir spielen. Diese Rollen – die gesellschaftlich festgelegten Pflichten und Verantwortlichkeiten – sind saturnischer Natur. Sie geben uns eine innere Struktur, die jedoch mit der Zeit kristallisiert, uns in unserem Verhalten unbeweglich macht, unser Selbstbild beschränkt und uns daran hindert, freie Entscheidungen zu treffen. Wir definieren uns in einem ebenso starken Maße über unsere Begrenzungen (Saturn) wie über unsere Fähigkeiten. Im Sonnensystem steht Uranus hinter Saturn, und Uranus-Transite sind in der Tat ein Mittel gegen saturnische Erstarrung. Sie können zu einer Identitätskrise führen, weil unsere Rolle durch sie Risse bekommt.

Mit 40 besteht der Riß oft darin, daß unsere Kinder uns nicht mehr brauchen. Häufig sind sie ebenfalls uranische Geschöpfe – Jugendliche oder junge Erwachsene –, die darum kämpfen müssen, sich von uns zu befreien. Unsere Eltern haben, wenn sie etwa 62 sind, ein Uranus-Quadrat zum Geburts-Uranus, was einen Aufruhr bewirkt, der unsere Beziehung zu ihnen verändern kann. Manchmal kommt der Riß in unserer Rolle auch daher, daß wir über unsere Freunde und Partner hinausgewachsen sind, oder daß wir unserem Job entwachsen sind (oder er sich verändert hat und uns jetzt überfordert – was auch wieder eine Uranus-Entsprechung ist). Wir wollen über die Ringe Saturns hinausgelangen, und es reizt uns zu entdecken, wer wir – abgesehen von unserer Rolle – wirklich sind. Und wenn wir aufgrund von Angst oder Trägheit dem Wagnis aus dem Wege zu gehen versuchen, wird das Universum dafür sorgen, daß uns etwas aus der Bahn wirft, wodurch wir gezwungen werden, uns mit etwas Neuem auseinanderzusetzen.

Eine andere saturnische Selbstbeschränkung besteht in der Angst vor dem Altern. Unsere Kultur ist in einem so starken Maß auf die Konservierung und Verherrlichung der Jugend ausgerichtet, daß es nur logisch ist, sich dem 40. Geburtstag mit Unbehagen zu nähern. Diese Datum ist unzweifelbar der Markstein für die mittleren Jahre. Heutzutage schätzen wir ältere Menschen nicht mehr für das, was sie geleistet haben, oder für die Weisheit, die aus ihren Erfahrungen resultiert. Wir gehen davon aus, daß der über 40jährige den Zenit überschritten hat, was diesen Menschen seinerseits denken läßt: »Von nun an geht's bergab.« Mit 40 wird man zum Verlierer in dem Wettbewerb, in dem nur Jugend und Schönheit zählen. Dabei verschafft es eine gewisse Linderung, Geld zu haben – aber auch die Wohlhabenden fühlen sich im allgemeinen ausgesprochen unwohl, wenn sie 40 werden. Ist das nicht traurig? Ich persönlich weiß meine Einzigartigkeit und meine Erfahrungen erst zu schätzen, seit ich 40 geworden bin.

Auch das Alter hat seine Rollenklischees. Vom 14jährigen erwartet man, daß er sich verabredet und zum Sport geht. Der 22jährige Student soll die Welt erforschen, der 30jährige schon mit Erfolgen aufwarten. Wenn der 40jährige ein Verhalten zeigt, das seinem Alter scheinbar nicht entspricht, stört das die anderen. Dabei gilt, daß wir vieles von dem, was wir in diesem Alter machen, schon in der Jugendzeit hätten tun sollen.

Wir haben es aber nicht tun können, weil unsere Eltern oder unsere Altersgenossen uns daran gehindert haben. Also tun wir es jetzt. Wir bringen das Boot auf diese ominöse uranische Weise zum Schwanken. Vielleicht beruhigt es dich ja zu erfahren, daß wir etwa mit 43, wenn Saturn die Opposition zum Geburts-Saturn erreicht, wieder zur Ruhe kommen.

Dabei ist Uranus nur ein Teil des Ganzen. Der Rest dessen, was uns zwischen 38 und 42 passiert, wurde von Doris Hebel in ihrem Buch *Celestial Psychology: An Astrological Guide to Growth and Transformation** schon so umfassend behandelt, daß man zögert, überhaupt darüber zu sprechen. Es handelt sich um die feinfühligste Darstellung der Lebenszyklen, die es heute gibt. Sollte Doris auf einer Vortragsreise in deine Stadt kommen, mußt du unbedingt zu ihr gehen. Sie weist – wie einige andere auch – darauf hin, daß die Periode zwischen dem 38. und dem 42. Lebensjahr einzigartig ist. Das hat seinen Grund darin, daß zu dieser Zeit verschiedene astrologische Zyklen ihren Höhepunkt erreichen.

Uranus kommt um das 40. Lebensjahr herum in Opposition zu seiner Geburtsstellung, wobei er die oben beschriebenen Symptome hervorruft. Zu dieser Zeit – vielleicht etwas später – ereignet sich auch das Quadrat zwischen Neptun und dem Geburts-Neptun, was zu einer tiefen Ernüchterung hinsichtlich unserer Illusionen führen kann. Irgendwann in dieser Zeit kommt es auch zu der Opposition zwischen dem progressiven Mond und dem Geburts-Mond, die von lunaren Veränderungen begleitet ist: Die Kinder verlassen das Haus, man muß damit anfangen, sich um die Eltern zu kümmern, oder die Menopause beginnt. Zwischen dem 40. und dem 42. Lebensjahr steht auch Pluto für unsere Generation im Quadrat zu seiner Geburtsstellung, was die Botschaft verkörpert: »Mach es selbst oder laß andere ran!« Etwa im Alter von 43 oder 44 Jahren steht Saturn in Opposition zum Geburts-Saturn. Man spürt dann sein Alter und den Drang, sein Lebensziel zu erreichen. Ich habe zuvor die Parallelen zwischen dieser Periode und der Pubertät

* Dieses Buch erscheint 1994/95 unter dem Titel *Himmlische Psychologie* im Verlag Hier & Jetzt.

gezogen. Im Alter von 14 Jahren etwa bestehen ebenfalls diese Oppositionen zwischen Saturn/Saturn und dem progressiven und dem Geburts-Mond.

In keiner anderen Lebensphase treffen so viele Zyklen zusammen, was sie so wichtig und einzigartig macht. Doris Hebel meint, daß sich in diesem Alter entscheidet, ob man das Leben weiterhin voll annimmt oder langsam dahinsterben will. Ich kann dem, was sie dazu über drei Stunden gesagt hat, nicht in einem Absatz gerechtwerden, doch soll diese kurze Zusammenfassung schon einmal zeigen, wie komplex dieser Zeitraum ist. Es handelt sich dabei um einen Wendepunkt, an dem ein Teil unserer Rollen und Erwartungen seine Gültigkeit verliert und ein ganz neues Leben beginnen kann.

Das Leben mit 14 und mit 40

Es hat nichts Krankhaftes an sich, 14 oder 40 zu sein. In diesem Alter erlebt der Mensch das, was der Soziologe «normative Krise» nennt. Es handelt sich dabei um eine Erfahrung, die jeder Mensch auf seine Art und Weise erlebt – vorausgesetzt, er erreicht dieses Alter. Wie alle anderen uranischen Erschütterungen klingt auch diese schließlich ab. Man kann das Mittel *Mallow* bei Schwierigkeiten in der Pubertät, der Menopause oder in der *Midlife crisis* verwenden, oder um Freunde zu finden und gegen die Angst vor dem Altwerden. *Sagebrush* hilft, überholte Selbstkonzepte abzulegen und sich eine neue Identität zu schaffen, wobei falsche Identifizierungen und Einflüsse erkannt werden. Das beste homöopathische Mittel für Uranus-Perioden ist aber das Uranische selbst. Nimm dir die Freiheit, neue Seinsweisen auszuprobieren, lerne von Gleichaltrigen, die gerade dasselbe durchmachen, und lasse alte Selbstbilder los, die dich davon abhalten, deinen Weg zu gehen. Wie alle uranischen Perioden kann auch diese in höchstem Maße aufregend sein – genieße sie also. Sie wird nur allzu schnell wieder vorbeisein.

Kapitel 8

Uranus-Transite: Wie man Scheidungen und andere Erschütterungen übersteht

Uranus-Transite sind von abrupten, oftmals radikalen Veränderungen gekennzeichnet – Scheidungen, dem Aufgeben eines Jobs oder einer Kündigung oder von Ausbrüchen von unterdrückter Wut. Nicht immer müssen die Ereignisse von so drastischer Natur sein. In jedem Falle aber wird der Status Quo in Frage gestellt, was zu unruhigen, aber spannenden Zeiten führt. Wir wollen sehen, wieweit die Astrologie uns helfen kann, den Zweck dieser Erfahrungen zu verstehen, und ob es die Möglichkeit gibt, durch vorbeugende Maßnahmen traumatische Krisen zu vermeiden. Wir müssen dazu zunächst die Gründe für die uranischen Ereignisse erforschen.

Diese Zeiten sind aufreibend. Es fällt uns schwer, mit unerwarteten Ereignissen umzugehen. Wir sind nicht vorbereitet, wenn uns etwas wie der Blitz aus heiterem Himmel trifft – anders, als es beispielsweise der Fall ist, wenn die Kinder aus dem Haus gehen oder ein Elternteil im Alter nach langer Krankheit stirbt. Jede Veränderung ist mit Streß verbunden – unerwartete Ereignisse aber schrecken uns auf und zwingen uns zu sofortigem Handeln. Sie rütteln uns auf wie ein Erdbeben.

Das Erdbeben als Metapher für Uranus-Transite

Ich fand schon immer, daß Erdbeben eine gute Metapher für Uranus-Transite sind. Nachdem ich einige Jahre in Kalifornien gelebt hatte, fiel es mir aber zunehmend schwerer, dieses Bild objektiv zu betrachten. Das stärkste Erdbeben jener Zeit war eine etwa 20 Sekunden dauernde Welle, von der ich jede Einzelheit genau wahrgenommen habe. Ein Teil von mir war aufgeregt, weil ich nun endlich auch diese Erfahrung machte, ein anderer Teil wollte losheulen, weil ich solche Angst hatte. Viele Uranus-Transite sind von derselben Mischung von Erregung und Panik gekennzeichnet. Vielleicht liegt dies aber auch daran, daß wir den Unterschied zwischen Erregung und Furcht nicht erkennen – weil die Gefühle einander verwandt sind. Als ich bei meinem ersten Besuch in meiner Heimatstadt nach 20 Jahren zu meinem Freund sagte, ich sei nervös, entgegnete er: »Du bist nicht nervös, du bist erregt.« Er hatte recht!

Erdbeben scheinen wie aus heiterem Himmel zu kommen – wie die Dinge, die unter Uranus-Einfluß geschehen. Doch das stimmt nicht. Ein Erdbeben entsteht, wenn sich Gesteinsplatten solange gegeneinander verschieben, bis Spannung entstanden ist, die sich entladen muß. Etwas reibt sich aneinander, und es ist gewissermaßen kein Schmiermittel vorhanden, das die Entladung der Spannung ohne größere Erschütterungen ermöglicht. Interessanterweise können wir hier eine Analogie dazu sehen, wie das Symbol des Wassermanns geformt ist, der ja von Uranus regiert wird. Und so ist es in unserem Leben: Wo Uranus ist, kommt es zu Spannungen oder Brüchen, wenn wir uns nicht genug Freiheit zugestehen und uns zu großen Beschränkungen unterwerfen. Es kann sein, daß wir äußerlich weitermachen wie bisher, daß im Inneren aber das Bedürfnis nach Veränderung wächst, bis wir es nicht mehr ertragen und eine Explosion entsteht. Danach kommt es, trotz der Erschütterung, zu einem Gefühl der Erleichterung, zu einer inneren Gelöstheit.

Gewalt baut sich oftmals über einen langen Zeitraum hindurch auf, bevor sie schließlich ausbricht. Gewalttätigkeit ist eine extreme Reaktion auf starken Druck. Jedes uranische Ereignis – ob es sich dabei um eine Scheidung, den Verlust der Arbeitsstelle oder einen Umzug handelt – entsteht aus dem zwanghaften Versuch, den Status Quo zu erhalten. Dieses krampfhafte Festhalten führt dann zu dem Erdbeben. Es ist nicht so, daß Erdbeben sich aus heiterem Himmel ergeben – und es kommt nicht von ungefähr zum Bruch von Beziehungen oder zum Verlust des Arbeitsplatzes. All dies wirft lange vorher seine Schatten voraus. Uranus umkreist in 84 Jahren einmal die Sonne, was bedeutet, daß du im Laufe deines Lebens in jedem Bereich einmal diesen Erdbeben oder Erschütterungen ausgesetzt bist. Welcher Bereich ist es, der bei dir jetzt betroffen ist?

Diese Gedanken mögen für den Menschen, der Veränderungen für eine Katastrophe hält, etwas Beängstigendes haben. Erdbeben, Vulkanausbrüche und andere Naturkatastrophen sind aber letzten Endes ein Sicherheitsventil, was auch für uranische Ereignisse gilt. Ein Erdbeben wird nur dann, wenn wir unmittelbar an der Bruchstelle bauen, viel zerstören; nur dann, wenn wir diese hartnäckig ignorieren, werden sich verheerende Folgen zeigen. Durch die Astrologie kann man erkennen, wo diese Bruchstellen verlaufen, und auch den Zeitpunkt feststellen, wann sich der Druck aufstauen wird. Sind wir gewarnt, können wir konstruktive Maßnahmen ergreifen und an unserer Weiterentwicklung arbeiten. Wir können dann davon ablassen, uns der Veränderung zu widersetzen – die uns schließlich ja doch aufgezwungen wird.

Ein Erdbeben in uns setzt viel Energie frei. Es vermindert Spannung, und wir fühlen uns tatkräftiger, weil unsere Energie nicht mehr in den Widerstand gegen die Veränderung fließt. Oftmals entsteht ein Gefühl der Befreiung, zum Beispiel, wenn Eheleute nach endlosen Streiterein oder bei nicht mehr bestehendem Interesse aneinander sich scheiden lassen, oder wenn wir den Job aufgeben, den wir schon lange gehaßt haben. Es ist eine Erleichterung, endlich zu handeln und wieder vorwärts zu gehen. »So lange habe ich Angst davor gehabt – ich bin froh, daß es vorüber ist.« Es kann noch eine Reihe kleinerer Nachbeben geben, während wir unser Leben an die Veränderungen anpassen. Zum Beispiel kann eine Veränderung des Arbeitsplatzes eine neue Identität oder Unabhängigkeit zur Folge haben, auf die sich unsere Freunde, Familie und Partner erst einstellen müssen.

Die Wirkungsweise eines Uranus-Transits

Das Verhalten von Menschen unter einem Uranus-Transit erscheint verrückt, wild, unberechenbar und unkonventionell. Diese Verrücktheit hat aber Methode. Das Ziel ist die Entwicklung der uranischen Teile des Wesens – zum Beispiel, sich als eigenständiges Individuum zu behaupten und nicht mehr blind der Masse zu folgen. Menschen unter diesen Transiten entwickeln ihre Persönlichkeit und bringen das Einzigartige ihres Wesens zum Ausdruck. Uranus hat mit Bewußtsein zu tun, und das, was uns an Uranus-Transiten so zu schaffen macht, sind die Folgen unseres Wunsches, weiterhin unbewußt zu leben. Dies bereitet uns im Hinblick auf die Veränderungen viel Bauchschmerzen.

Zum Beispiel kann ein Uranus-Transit über das MC oder durch das 6. oder 10. Haus dazu führen, daß ein Mensch plötzlich seinen Job verliert und danach eine Phase von kurzfristigen Beschäftigungen durchmacht. Vielleicht ist er für sechs Monate bei einer anderen Firma angestellt, drei Monate dann in einem Job in einem branchenfremden Bereich, und möglicherweise macht er dann ein Jahr lang etwas ganz anderes. Dies kann nach außen hin den Eindruck von Unbeständigkeit vermitteln – es geht aber darum herauszufinden, wer man wirklich ist und was man wirklich kann. Uranus-Transite sind eine Zeit, in der der Mensch alle Varianten des «Was-wäre, Wenn» ausprobiert.

Uranus und Individuation

Ich habe das Thema Individuation schon in früheren Büchern behandelt und werde deshalb an dieser Stelle nicht mehr ausführlich darauf eingehen. Während unseres ganzen Lebens kommt es bei Uranus-Transiten zu Neugeburten; immer wieder lassen wir Vertrautes und Sicherheit Bietendes zurück und versuchen etwas Neues. Es handelt sich hier in gewisser Weise um Zeiten der Absonderung. Wenn wir die Schule besuchen, um unser Bewußtsein zu erweitern, dann verlassen wir für einige Stunden am Tag den Schoß der Familie. Wenn wir aus dem Elternhaus ausziehen und uns selbständig machen, verlassen wir diesen Schoß für immer. Uranus steht gleichermaßen für Trennung und für Unabhängigkeit, und wir erleben bei jeder Trennung oder Absonderung ein Gefühl der Unsicherheit. Doch sobald wir es gelernt haben, mit den neuen Anforderungen umzugehen, sind wir unabhängiger denn je.

Individuation ist der Ausdruck, den Erich Fromm für diesen Vorgang der Absonderung verwendet. Den sicheren Bereich der Familie zu verlassen macht Angst, was zur Folge hat, daß die meisten von uns einen Anstoß dafür brauchen – der durch einen Uranus-Transit erfolgt. Diese Transite rütteln uns auf, sie lassen das Alte verachtenswert erscheinen und erzeugen den Wunsch nach einem anderen Leben. In unserem Versuch nach neuen Formen mögen wir zunächst über das Ziel hinausschießen – schließlich aber werden wir uns auf eine Weise verhalten, die auf einer freieren Persönlichkeit beruht und die von einer harmonischeren und angenehmeren Art ist. Das, was uns einst genährt hat, lassen wir nun hinter uns – die Nabelschnur ist kurz nach der Geburt schon nutzlos geworden.

Der gesellschaftliche Druck zur Anpassung ist so beengend, daß wir für die Unterdrückung unseres wahren Selbstes einen hohen Preis zahlen. Je überraschender und befremdlicher das Verhalten während eines Uranus-Transits ist, desto stärker ist das wahre Selbst zuvor beschränkt und unterdrückt worden (Skorpion im 10. Haus des Wassermann-Rades). Impulsives, rebellisches Verhalten entspricht jedoch nicht dem wahren Selbst; es zeigt nur, wie weit Menschen gehen müssen, um das Recht, sie selbst zu sein, zu behaupten.

Scheidung und Trennung

Scheidung ist eines dieser machtvollen Worte, das, einmal ausgesprochen, nicht mehr rückgängig gemacht werden kann. Wenn ein Ehepartner sagt, daß er die Scheidung will, ist das bereits eine Art Scheidung – selbst dann, wenn das Ehepaar weiterhin zusammenbleibt. Es ist genauso schlimm, als würde man sagen: »Ich habe dich nie geliebt.« Aus diesem Grund nehme ich in Beratungen niemals das Wort Scheidung in den Mund. Ich weise vielleicht auf eine bevorstehende Krise in der Beziehung hin, die eine Neuorientierung erfordert, aber ich vermeide es, jemandem die Idee zur Trennung einzugeben. Ich bespreche stattdessen das zugrundeliegende Problem, das darin besteht, daß beide Partner wachsen und eigene Interessen und Unabhängigkeit entwickeln müssen. Ich stelle Fragen, um festzustellen, wieviel Abhängigkeit in der Beziehung herrscht. Wenn das Ausmaß der Abhängigkeit erstickend ist, erwähne ich, daß es notwendig sein könnte, mehr Selbständigkeit zu entwickeln. In diesem Fall mache ich auch Vorschläge, wie diese erreicht werden könnte. Wenn ein starker Widerstand gegenüber der Veränderung besteht, weise ich darauf hin, daß vielleicht der Partner eines Tages seinem Unmut Luft machen könnte. Wenn es mir sinnvoll erscheint, erwähne ich die Möglichkeit, eine Einzel- oder eine Gruppentherapie zu machen.

Eine Trennung ist oftmals von folgendem Ablauf gekennzeichnet. Einhergehend mit einem Uranus-Transit, ist einer der Partner (manchmal gilt dies auch für beide) bewußtseinsmäßig gewachsen und nun dazu bereit, aus der bisher als angenehm erlebten Abhängigkeit herauszutreten. Vielleicht hat die Ehefrau eine Ausbildung gemacht oder zu arbeiten begonnen und ein gesteigertes Selbstgefühl gewonnen. Sich selbst mehr zuzutrauen verändert das Gleichgewicht der Beziehung; es hat zur Folge, daß es zu einer Neuorientierung kommen muß – oder zum Ende. Ein anderes Problem könnte darin liegen, daß ein Partner allmählich unzufrieden damit wird, in der Beziehung die Vater- oder die Mutterrolle übernehmen zu müssen; vielleicht fordert er, daß der andere mehr Reife in seinem Verhalten zeigt. Dieser könnte sich deshalb bedroht fühlen und sich an den Partner anzuklammern beginnen, was vielleicht zur Trennung führt. Der Partner, der sich eingeengt fühlt, kann den Uranus-Transit dazu nutzen zu sagen: »Ich brauche Freiraum!«

Während eines Uranus-Transits über die Venus oder durch das 7. Haus kommt es möglicherweise dazu, daß eine faszinierende Persönlichkeit auftaucht: «Diese Frau» oder «er» als «Zerstörer der Familie». Die Probleme liegen nur daran, daß dieser Mensch auf den Plan tritt, nicht wahr? Es ist ganz allein seine/ihre Schuld, daß die Ehe zerbrach? Sie/er hat sich an ihn/sie herangemacht und ihn/sie uns «gestohlen»? Das ist natürlich falsch. Die andere Frau oder der andere Mann ist nur ein Mittel zum Zweck, die Ehe zu beenden – aus dem Grund, weil es dem Partner an der Courage fehlt, selbst die Trennung zu vollziehen.

Vielleicht gibt es nichts Bestimmtes, worüber sich der Mensch im Hinblick auf seine Beziehung beklagen möchte; vielleicht hat er nur das dumpfe Gefühl, auf der Stelle zu treten oder die eigene Individualität in der Beziehung zu verlieren. Für die meisten Menschen ist dies kein Grund, sich scheiden zu lassen; sie setzen dafür nicht ihre Sicherheit aufs Spiel und riskieren etwas Neues. Nichtsdestotrotz besteht aber eine gewisse Unzufriedenheit und Rastlosigkeit. Wenn dann jemand Aufregendes in ihr Leben tritt, jemand, der ihre Persönlichkeit zu schätzen weiß, ihre Besonderheit erkennt und ihnen hilft, neue Lebensformen kennenzulernen... Allerdings kommt es nach den Uranus-Experimenten, wenn sich die neue Identität und die neuen Verhaltensweisen erst einmal gefestigt haben, schnell dazu, daß die Neugier auf das Unbekannte wieder schwindet. Die faszinierende Persönlichkeit spielt nur zu bald – wenn sie ihren Zweck erfüllt hat – keine Rolle mehr.

Ich bezeichne solche Menschen als Übergangsobjekte. Für eine Zeitlang vermitteln sie uns das Gefühl von Sicherheit – wie es früher der Teddybär tat –, was es uns leichter macht, innerlich ein wenig von unserem Vater oder unserer Mutter loszukommen. Wir vergessen sie aber sofort, wenn wir sie nicht mehr brauchen. Uranische Beziehungen außerhalb der Ehe haben oft einen bestimmten Zweck – sie verhelfen uns möglicherweise zu einem Umzug ans andere Ende des Landes oder auch zu neuen Erkenntnissen. Sie bringen neue Herausforderungen und Spannung (Löwe im 7. Haus) in unser Leben.

Können wir Uranus ausweichen? Kann man das Ende einer Beziehung vermeiden, das sich im Horoskop bereits abzeichnet? Ja – unter der Voraussetzung, daß beide Partner dazu bereit sind, während dieses Transits «uranischer» zu werden, was heißt, daß sie ihre Individualität und Einzigartigkeit zum Ausdruck bringen und Unabhängigkeit beweisen müssen. Es ist durchaus denkbar, daß die beiden Partner füreinander wieder aufregender werden und sich erneut näherkommen. Das erfordert jedoch Arbeit und Mut.

Die Folgen beziehungsweise die Nachbeben einer Scheidung oder Trennung sind interessanterweise ebenfalls uranischer Natur. Das Jahr danach ist schlimm und von vielerlei Veränderungen geprägt – wie es dem Wassermann-Rad entspricht. Für die Frau aber, die nach ihrem Auszug aus dem Elternhaus sofort heiratete und niemals alleine war, besteht das Ergebnis darin, daß sie einen Fortschritt auf dem Wege der Individuation macht. Der Prozeß ist zweifellos anstrengend, doch am Ende steht ein erweitertes Bewußtsein und eine eigenständigere Identität.

Je mehr sich verändert...

Ein französisches Sprichwort besagt, daß in Wirklichkeit alles beim alten bleibt, wenn sich alles zu ändern scheint. Das trifft auch auf die drastischen Veränderungen zu, die Menschen bei Uranus-Transiten erleben. Eigentlich handelt es sich hierbei um eine Reihe von Wandlungen, aufgrund der Tatsache, daß es wegen der Rückläufigkeit zu drei Berührungen kommt. Unter diesem Transit tun wir etwas, das dem äußeren Anschein nach eine radikale Veränderung darstellt. Wir geben unsere Stelle bei der Versicherung auf, um anschließend in einer Disco zu arbeiten, wir färben unsere Haare, wir ziehen nach Kalifornien, wir gehen nicht mehr mit Bankern aus, sondern mit Bikern – oder umgekehrt. Ich habe mich verändert, ich bin jetzt ganz anders, merkst du das nicht?

Allerdings... Irgendwann machen wir die Feststellung, daß der Biker unsere Freiheit genauso einschränkt, wie es früher der Banker tat, oder daß der Boß in der Disco genauso ein Typ ist wie das alte Ekel in der Versicherung. Wir fühlen uns kein bißchen attraktiver, nur weil wir blonder oder schlanker sind und nach Chanel duften. Und wir verbringen nach unserem Wegzug in Kalifornien genausoviele einsame Wochenenden wie zuvor. Alles hat sich verändert, und doch besteht kein Unterschied. Also versuchen wir beim nächsten Uranus-Transit wieder etwas völlig anderes – was sich dann abermals als dasselbe herausstellt.

Die Anonymen Alkoholiker und andere Gruppen arbeiten mit einem 12-Stufen-Schema, um Veränderungen herbeizuführen. Menschen mit Alkoholproblemen glauben oftmals, sie könnten mit dem Trinken aufhören, wenn sie woanders wohnten oder einen anderen Job oder eine andere Frau hätten. Sie suchen sich dann vielleicht einen neuen Job oder eine neue Frau – und trinken weiter wie bisher. Das Problem liegt offensichtlich darin, daß sie sich selbst mitnehmen, wenn sie umziehen, den Job wechseln oder den Partner verlassen. Sie nehmen die Verantwortung für ihre Begrenztheit nicht an, sondern schieben sie auf andere (was Steinbock im 12. Haus des Wassermann-Rades entspricht).

Warum nehmen wir überhaupt Veränderungen vor, wenn nur so wenige tatsächlich etwas bewirken? Woher kommt der Impuls, einen Job aufzugeben, der einem 20 Jahre lang Sicherheit gegeben hat, mit allem Schluß zu machen und quer durchs Land zu ziehen? Wieviel Energie – und wieviel Mut – braucht man für derartig radikale Veränderungen! Uranus-Transite sind Zeiten des Experimentierens, und wir sollten uns vor Augen führen, daß hier nicht Verrücktheit oder Unbeständigkeit am Werk ist, sondern unser Höheres Selbst. Wir müssen erkennen, daß nicht irgendwelche Leute es sind, die uns aufhalten, sondern wir selbst. Wir müssen den Grund für unsere Probleme in uns suchen und nicht in unseren Lebensumständen.

Es gibt keinen direkten Weg

Ich habe bei Uranus-Transiten noch etwas anderes beobachtet, was man als «Umwegs»-Phänomen bezeichnen könnte. Beim ersten Übergang von Uranus verlassen die Leute die heimatliche Kleinstadt, ihre Familien und alles, was sie seit ihrer Grundschulzeit kennen, und ziehen weit weg nach Kalifornien. Sie brechen alle Brücken hinter sich ab, geben eine Abschiedsparty und sagen für immer Lebewohl. Beim zweiten Übergang stellen sie fest, daß ihnen Kalifornien im Grunde gar nicht gefällt und ziehen daraufhin nach Florida. Beim dritten Übergang ziehen sie abermals um – diesmal zu einem Punkt, der 20 Kilometer (oder auch 20 Blocks) von ihrem Ausgangsort entfernt liegt. Dabei ist das Umziehen nur ein Beispiel. Ich habe ähnliche Beobachtungen auch in anderen Lebensbereichen wie der Arbeit oder den Liebesbeziehungen gemacht.

Dieser Ablauf der Ereignisse ist für den Beobachter oftmals genauso rätselhaft wie für denjenigen, der von ihnen betroffen ist. Es hat den Anschein, daß man wirklich verrückt oder zumindest mit den Nerven herunter sein muß, um so zu handeln. Dabei hat dies seinen tieferen Grund – der darin besteht, daß es keinen direkten Weg gibt. Ich meine damit, daß man so sehr auf die alte Umgebung und die Erwartungen, die an einen gestellt wurden, fixiert war, daß es dann große Schwierigkeiten gemacht hat, sich wirklich zu verändern und ein neues Selbst zum Ausdruck zu bringen. Die Form der Vergangenheit war zu beengend. Um nur ein bißchen anders sein zu können, mußte man sich weit von zu Hause entfernen; man mußte einen Ort aufsuchen, an dem niemand irgend etwas von einem erwartete, was erst die Freiheit eröffnete zu experimentieren.

Auch wenn es im Widerspruch zu dem zu stehen scheint, was ich oben gesagt habe: Ein Umzug kann dabei helfen, sich von alten Definitionen des eigenen Selbstes zu befreien. So kann es zum Beispiel an einem anderen Ort leichterfallen, sich in die Richtung zu entwickeln, die man als die richtige erkannt hat, aus dem Grund, daß alte Strukturen und Erwartungen wegfallen. An einem neuen Ort, in einem neuen Job oder in einer neuen Beziehung kann man mit neuen Identitäten experimentieren, von denen viele im Laufe der Zeit dann wieder abgelegt werden. Steinbock im 12. Haus zeigt, daß wir uns von der Ordnung lossagen müssen, um sie zu finden.

Wenn man dazu gekommen ist, man selbst zu sein, und wenn man sich mit den neuen Verhaltensweisen wohlfühlt, kann man gefahrlos an den Ausgangspunkt zurückkehren. Ohne den einen großen Schritt wäre dann der kleine nicht möglich gewesen. Es war notwendig, sich anzustrengen und Distanz zu gewinnen. Es bedurfte der Feststellung, daß man ein unabhängiges Wesen beziehungsweise eine eigene Persönlichkeit ist. Der ganze Vorgang ähnelt dem Jungschen Konzept des Pendelausschlags: Je weiter man auf einer Seite vorläuft, desto weiter muß man dann zurückgehen, um einen Zustand des Gleichgewichts zu erreichen. Ein Uranus-Transit ist oft der – anfangs heftige – Ausschlag des Pendels in die andere Richtung.

Wofür das alles?

Auch dann, wenn sich letztendlich nicht viel verändert, kommen wir mehr mit unserem eigentlichen Wesen in Kontakt. Wenn alle äußeren Begrenzungen – Menschen und Situationen, die wir als hinderlich betrachten – verschwunden sind, sind wir das einzige, was bleibt. Dann müssen wir uns der Erkenntnis stellen, daß wir selbst die Strukturen entworfen haben, in denen wir uns befinden. Und wenn auch durch das Erdbeben alles zerstört worden ist, kann es doch sein, daß die neuen Strukturen, die wir schaffen, den alten ähneln. Dies kann sich solange wiederholen, bis wir uns bewußt darauf konzentrieren, eine neue Ordnung zu begründen. Vielleicht hast du im ersten Schrecken nach dem Erdbeben beziehungsweise unter dem Uranus-Transit den Neuaufbau so schnell durchgeführt, daß alles bei der kleinsten Erschütterung abermals in sich zusammenfällt. In diesem Fall hast du auf Sand gebaut – was du im Grund auch weißt. Dieses Vorgehen ist aber die einzige Möglichkeit für uns, Erfahrungen zu sammeln.

Uranus-Transite

Für gewöhnlich passieren während eines Uranus-Transits viele Dinge gleichzeitig – einige sind wunderbar, einige merkwürdig, einige schrecklich. Du könntest jetzt im Lotto gewinnen, dir den Arm brechen, deiner alten, längst vergessenen Liebe über den Weg laufen oder von deiner besten Freundin oder deinem besten Freund gesagt bekommen, daß sie oder er homosexuell ist. Es ist, als würde man eine laufende Popcorn-Maschine öffnen – alles wirbelt durcheinander. Es heißt, daß Uranus-Transite nicht kalkulierbar sind, und daß man sich auf das Unerwartete einstellen muß – ich will es denn auch unterlassen, detaillierte Prophezeiungen abzugeben.

Während es bei Neptun- und Pluto-Transiten eher um Gefühle geht, betreffen Uranus-Transite konkrete Probleme. Natürlich stehen hinter diesen auch Gefühle, allerdings ist das Entscheidende dabei, daß wir uns darum bemühen, Abstand zu gewinnen. Es geht hier um das *Prinzip*. Wir haben bereits besprochen, um welche Art von Problemen es sich dabei handeln kann. Alles, was in diesem Kapitel angesprochen wurde, kann für den Menschen mit einem wichtigen Uranus-Aspekt im Horoskop von Nutzen sein.

♅ ➤ ☉ Uranus-Transite zur Sonne

Hier ist das Kernproblem, eine neue Definition für das eigene Selbst zu finden, als Gegensatz zu dem, was Eltern, Freunde und Gesellschaft uns aufgedrängt haben. Was immer sie von uns erwarten – wir werden eine Weile genau das Gegenteil davon tun, bis wir uns selbst «gefunden» haben.

♅ ➤ ☽ Uranus-Transite zum Mond

Zu dieser Zeit kann es zu einem tiefgreifenden Bruch mit der Vergangenheit, Familie und Herkunft kommen; vielleicht bringt sie den Umzug zu einem weit entfernten Ort mit sich. Ein Aufruhr der Gefühle ist jetzt möglich, und vielleicht unternimmt man in emotionaler Hinsicht weitreichende Experimente.

♅ ➤ ☿ Uranus-Transite zum Merkur

Jetzt kommen völlig andersartige Gedanken in unser Leben, möglicherweise durch die verschiedensten neue Leute, die wir nun kennenlernen.

♅ ➤ ♀ *Uranus-Transite zur Venus*

Zu dieser Zeit ist das Thema Freiraum. Wer ist es, der den Freiraum braucht? Sind wir selbst es, oder ist es unser Partner? Und wofür? Vielleicht für die aufregende neue Persönlichkeit, die uns beschäftigt. Sei tolerant, oder du verlierst.

♅ ➤ ♂ *Uranus-Transite zum Mars*

Wenn Mars mit im Spiel ist, sind Wutausbrüche möglich. Also sollten wir den Versuch machen, eine neue Einstellung zu diesem Thema zu gewinnen. Wir sollten nichts verdrängen und nicht vorschnell reagieren. Das Entscheidende ist, auf selbstbewußte Art und Weise vorzugehen

♅ ➤ ♃ Uranus-Transite zum Jupiter

Zu dieser Zeit bist du uranischer als die Uranier und zutiefst davon überzeugt, im Recht zu sein. Allerdings wirst du viel Aufregung erleben – wahrscheinlich vor allem im intellektuellen und philosophischen Bereich.

♅ ➤ ♄ Uranus-Transite zum Saturn

Alte, verkrustete Strukturen stehen jetzt vor der Zerreißprobe.

♅ ➤ ♅ Uranus/Uranus-Transite

Alle Probleme, die wir im Zusammenhang mit Uranus bisher erörtert haben, können jetzt in den Vordergrund treten.

♅ ➤ ♆ Uranus-Transite zu Neptun

Diese Transite stellen eine Art natürliches Hoch, ein Hoch des Geistes, dar – unter der Voraussetzung, daß du nicht daran gewohnt bist, auf andere Weise «high» zu sein. Falls letzteres zutrifft, könnten sich explosive Entwicklungen ergeben.

♅ ➤ ♇ Uranus-Transite zu Pluto

Uranus-Transite zu Pluto machen es notwendig, die Vergangenheit loszulassen und auf dominantes oder widersetzliches Verhalten zu verzichten. Machtspielchen könnten nun sehr unangenehme Auswirkungen haben

♅ ➤ Asc Uranus-Transite zum Aszenden

Diese Transite bedeuten, daß wir uns der Welt und unseren Freunden gegenüber auf eine neue Art und Weise präsentieren. Wir lassen alte Vorstellungen los und geben uns und anderen mehr Freiheit.

♅ ➤ MC Uranus-Transite zur MC/IC-Achse

Mit diesen kann das rastlose Verlangen nach Veränderungen verbunden sein, was sich vielleicht in einem Wechsel der Arbeitsstelle, der Wohnung oder auch der Einschätzung der Vergangenheit äußert.

Blüten-Essenzen für Uranus

Es gibt einige nützliche Mittel für alle Arten von Identitätskrisen, die Uranus-Transite mit sich bringen können. *Mullein* hilft, sich selbst treu zu bleiben und sein Potential zu entfalten. *Sagebrush* wirkt ausgleichend, wenn wir schlechten Einflüssen ausgesetzt sind oder uns falsche Vorbilder wählen – wenn zum Beispiel die Identifikation mit einem Elternteil uns ein Selbstbild verschafft, das uns schadet. *Saguaro* bringt Klarheit in unsere Beziehung zu Vater- und Autoritätspersonen. *Quaking Grass* läßt die Ansprüche des individuellen Egos in den Hintergrund treten; es begünstigt harmonische Verhältnisse in Gruppen.

Cherry Plum hilft bei explosiven uranischen Zuständen, zum Beispiel dann, wenn wir fürchten, daß unsere Gefühle mit uns durchgehen, daß wir die Kontrolle verlieren und uns selbst oder anderen schaden. *Rescue*, die Kombination von verschiedenen Bach-Blüten-Essenzen, hilft ausgezeichnet bei physischen und emotionalen Krisen (sie sollte in jeder Erste-Hilfe-Ausrüstung enthalten sein). *Star of Bethlehem* heilt Schocks und Traumata, auch wenn diese schon lange zurückliegen. *Walnut* ist von unschätzbarem Wert für Menschen in einer Übergangszeit – wie es zum Beispiel bei einem Uranus-Transit der Fall ist. *Wild Oat* hilft, wenn man sich rastlos und unbefriedigt fühlt, weil man seinen Platz im Leben noch nicht gefunden hat.

Für Menschen, die – aufgrund eines Geburts-Aspektes oder wegen eines Transits – zu kopflastig sind, gibt es viele Mittel. *Manzanita* hilft, sich im Körper zu Hause zu fühlen beziehungsweise geerdet zu sein. *Nasturtium* verleiht dem allzu intellektuellen Menschen mit mangelnder Vitalität Kraft, sich konkret zum Ausdruck zu bringen. *Nectarine* steigert das New-Age-Bewußtsein und verleiht dabei Ausgeglichenheit. *Lemon* bringt gedankliche Klarheit, ein Gefühl der Entspannung und die Befreiung von Streß.

Für den geborenen Uranier gibt es einige Mittel, welche die schwereren Formen von Uranus-Problemen mildern können. *Rock Water* ist für Menschen, die sich auf quälende Weise darum bemühen, einem Ideal gerechtzuwerden, und die dabei starr und unbeweglich sind. *Vervain* hilft jenen, die bei Ungerechtigkeiten wütend werden; es eignet sich besonders für zielstrebige Menschen, die zu Überforderung und Reizbarkeit neigen. *Water Violet* ist für reservierte und zurückhaltende Menschen, welche sich nicht in die Angelegenheiten anderer einmischen, selbst aber sehr tüchtig und engagiert sind. *Shooting Star* hilft Menschen, die sich isoliert fühlen, ihre Entfremdung zu überwinden und sich auf Erden und mit anderen Menschen wohlzufühlen. *Sweet Pea* mildert soziale Konflikte, wie sie bei ungeselligen Persönlichkeiten oder bei Teenagern, die ihre Vorstellungen realisieren wollen, vorkommen.

Kapitel 9

Uranus und Unfälle

Uranus-Transite werden oft als Unfalltendenzen gedeutet. Dies gilt zum Beispiel für Transite zum Aszendenten, zu einem Planeten, der im 1., im 6. oder im 12. Haus steht, oder zu Mars. Ich habe in meinem Horoskop eine Venus/Uranus/Saturn-Konjunktion, und in meinen Leben habe ich viele kleinere Unfälle in Form von Stürzen gehabt, die durch ein Umknicken des Fußgelenkes hervorgerufen wurden. Weil Venus an dieser Konjunktion beteiligt ist (vielleicht auch aufgrund von Übung?), sind diese Stürze niemals besonders schwer, und ich habe niemals ernste Verletzungen davongetragen. Wenn ich mir die Frage stelle, was in mir vorgegangen ist, bevor es zum Sturz kam, bringt mir das interessante Erkenntnisse. Zum Beispiel treten diese Unfälle häufig im Zusammenhang mit aufrührerischen Gedanken auf. Nachdem mein Interesse für dieses Phänomen erwacht war, begann ich Unfälle zu studieren und erkannte dabei ihre Komplexität. Ich werde im folgenden darlegen, was ich herausgefunden habe. Vielleicht kann das dazu beitragen, daß du bei deinen Beratungen unfallträchtige Aspekte mit deinen Klienten besprichst, was möglicherweise ernsthafte Verletzungen zu vermeiden hilft.

Warum Unfälle passieren: Ich brauche eine Pause!

Wie wir noch sehen werden, geschehen nur wenige Unfälle zufällig. In den weitaus meisten Fällen dienen sie wichtigen uranischen Zwecken: Freiheit, Rebellion, Loslösung von der

Vergangenheit und Entwicklung der eigenen Persönlichkeit. Psychologen neigen zu der Annahme, daß Unfälle aus einem Drang zur Selbstzerstörung heraus entstehen. Ich halte Unfälle, trotz des Schmerzes und der Zerstörung, die sie hervorrufen, nicht wirklich für destruktiv – meiner Ansicht nach haben sie etwas Positives. Allerdings ist bei ihnen nicht das Unbewußte, sondern das Über-Bewußte am Werk.

Als ich Menschen befragte, die schwere Verletzungen erlitten haben, erkannte ich, daß diese oft in Phasen eingetreten sind, in denen die Unfallopfer zu sich selbst nicht ehrlich waren. Häufig handelte es sich dabei um Situationen, die als bedrückend erlebt wurden, oder die scheinbar nichts mit ihnen zu tun hatten. In der Unfähigkeit, auszubrechen, ist der Mensch rastlos, frustriert und rebellisch. Neben der Verletzung selbst bewirkt der Unfall, daß die bestehende Situation eine Unterbrechung erfährt. Hinter dem Unglück steckt Methode – sie dient dem uranischen Ziel der Befreiung. Ein Unfall – auch der, der keine schwerwiegenden Folgen hat – sollte als Warnung verstanden werden, die eigene Individualität nicht zu unterdrücken.

Ein bezeichnender Fall ist der Gehirnschlag der Fürstin Gracia Patricia von Monaco, der zu einem tödlichen Verkehrsunfall führte. Ein oder zwei Jahre zuvor war in vielen Berichten zu lesen gewesen, daß sie schwere Eheprobleme und große Sorgen um ihre Kinder hatte. Doch aus der Position einer Fürstin von Monaco kann man sich nicht so einfach zurückziehen, und Gracia Patricia mag das Gefühl gehabt haben, sich in einer Situation zu befinden, aus der es kein Entrinnen gab. Meiner Ansicht nach war der Unfall beziehungsweise der Gehirnschlag die ihr gemäße Form der Ehescheidung (die Scheidung gehört ja zu Uranus – wie Schlaganfälle auch). Metaphysisch betrachtet stehen Durchblutungsstörungen mit einem Mangel an Freiheit in Verbindung. Ein Schlaganfall ist oftmals ein Streik, ein Protest unseres Inneren gegen unsere Lebensbedingungen.

Wie mehrfach bemerkt worden ist, gibt das Horoskop von Gracia keinen klaren Hinweis auf ihren Unfall oder Tod – mit Ausnahme der Tatsache, daß Jupiter im 8. Haus steht. Jupiter hatte im Transit kurz vor dem Unfall den Aszendenten überquert. Viele Astrologen haben festgestellt, daß der angeblich so wohltätige Jupiter im Augenblick des Todes häufig eine markante Stellung im Horoskop einnimmt. Das bedeutet, daß wir entweder Jupiter nicht so gut verstehen, wie wir glauben, oder daß wir nicht besonders viel über den Tod wissen. (Für diejenigen, die das Horoskop der Prinzessin Gracia selbst untersuchen wollen, hier die Angaben zu ihrer Geburt: Sie wurde am 12. November 1929 um 5.31 Uhr in Philadelphia geboren – geographische Länge: 75 Grad, 10 Minuten westlich von Greenwich; Breite: 39 Grad, 57 Minuten. Daten aus ihrer Geburtsurkunde – zitiert gemäß Lois Roddens *Profiles of Women.* Sie starb am 16. September 1982.)

Ein anderes Beispiel ist Debra Winger, die zwar insgeheim schon immer den Wunsch gehabt hatte, Schauspielerin zu werden, sich aber zunächst für einen solideren Beruf entschied und Soziologie studierte. Nach einem beinahe tödlich verlaufenen Verkehrsunfall, den sie mit 18 Jahren erlitt, war sie blind und teilweise gelähmt, was mehrere Krankenhausaufenthalte erforderlich machte. Nachdem sie sich erholt hatte, beschloß sie, sich doch in das Glittermilieu der Filmindustrie zu begeben. Sie verließ das College und nahm Schauspielunterricht. Nach drei Jahren erhielt sie die Gelegenheit, in Werbesendungen aufzutreten, und später bekam sie die Hauptrollen in *Urban Cowboy* und *Terms of Endearment.* Über ihren beinahe tödlich verlaufenen Unglücksfall sagt sie: »Ich betrachte ihn als eine Gnade. Er gab mir den Antrieb, das zu tun, was ich wirklich wollte.« Debra wurde am 16. Mai 1955 in Columbus im Bundesstaat Ohio geboren (die Geburtszeit ist mir nicht bekannt). Es besteht ein enges T-Quadrat zwischen der Venus im Widder (auf 25 Grad), Jupiter und Uranus im Krebs (auf 24 beziehungsweise 25 Grad) und Neptun in der Waage (auf 26 Grad). Ich vermute, daß Jupiter und Uranus sich im 10. Haus, dicht am MC, befinden (was für die ehemalige «Wunderfrau» des Fernsehens passend wäre), und daß Neptun im 1. Haus am Aszendenten steht. Die Transite für den 31. Dezember 1973 (dem Unfalltag) zeigen Uranus auf 27 Grad Waage – also noch im Bereich des T-Quadrats.

Uranus hat mit Veränderungen zu tun, und die Zwangspause durch einen Unfall – die Zeit der Erholung – führt oft zu einem plötzlichen Stillstand mit anschließendem Neubeginn. Zwei meiner Freunde sind Chiropraktiker, und sie entschlossen sich für diesem Beruf, nachdem sie infolge eines Unfalls für längere Zeit im Krankenhaus liegen mußten. (Zweifellos lag in dieser Entscheidung auch ein Stück Rebellion gegen die traditionelle Medizin!) Auf das Horoskop eines der beiden wird später noch eingegangen.

Die Genesungszeit bedeutet eine Pause, in der die Menschen Muße haben, ihre Einzigartigkeit und ihre besondere Begabung zu erkennen. In vielen Fällen half sie den wahren Weg zu finden. Die Kräuterkundlerin Jeanne Rose, die eine Reihe von Büchern schrieb, begann mit dem Studium der Pflanzen, als sie nach einem Unfall ans Bett gefesselt war. Rosemary Brown ist ein englisches Medium, das Werke von Bach und anderen klassischen Komponisten sowie neuerdings von John Lennon «channelt». Sie wurde schon in jungen Jahren auf ihre mediale Gabe aufmerksam gemacht, begann aber erst während der Rekonvaleszenz nach einem Unfall, diese ernsthaft zu entwickeln. Derartige Ereignisse dienen oft dem uranischen Ziel, uns von dem abzubringen, was wir nicht sind; sie helfen uns, die eigene, persönliche Begabung zu entdecken und zum Ausdruck zu bringen.

Das Wassermann-Rad und Unfälle

Weitere Erkenntnisse gewinnen wir, indem wir das Wassermann-Rad näher studieren.

Mit (≈⊛) ***Wassermann im 1. Haus*** besteht ein Moment der Herausforderung – das Opfer macht sich für gewöhnlich schuldig, die Regeln der Sicherheit außer acht zu lassen in dem Glauben, daß diese für es nicht zutreffen. Zu Zerstörungen kommt es oft, wenn Menschen sich rücksichtslos oder sensationslüstern verhalten. Gewalt oder andere uranische Geschehnisse bedeuten die Freisetzung der angestauten Energien.

Die (≈ ⊛) ***Fische im 2. Haus*** weisen darauf hin, daß der Bruch oft eine spirituellere Einstellung bedeutet. Es handelt sich hier gewissermaßen um einen Rückzug ins 12. Haus, der zur Pflege unserer Kreativität und der Beziehung mit unserem Höheren Selbst führt. Die Menschen, von denen oben berichtet wurde, nutzten ihre Erholungszeit auf diese Weise.

(≈ ⊛) ***Widder im 3. Haus*** zeigt, daß Unfälle ein Weg sein können, Ärger und Wut zum Ausdruck zu bringen. Menschen, die gerade unfallträchtige Transite erleben, sollten lernen, ihre Wut nicht länger in sich zu verschließen. Dies könnte ihnen dabei helfen, Verletzungen zu vermeiden.

(≈ ⊛) ***Stier im 4. Haus*** weist darauf hin, daß zu guter Letzt etwas Wertvolles gewonnen werden kann – wenn es vielleicht auch notwendig sein mag, für das begehrte Objekt vor Gericht zu ziehen. Außerdem zeigt Stier an dieser Stelle, daß Unfälle eine Erdung bedeuten können – sie bringen die Menschen auf den Boden der Tatsachen zurück.

Wir können eine Menge lernen, indem wir auf diese Weise das Wassermann-Rad durchgehen. Drei Häuser sind dabei noch besonders interessant.

(≈ ⊛) ***Krebs im 6. Haus*** entspricht den Forschungsergebnissen des Psychiaters Dr. Arnold Leiber. In seinem Buch *The Lunar Effekt* berichtet er, daß Frauen in der prämenstruellen Zeit sehr viel stärker als zu anderen Zeiten zu Unfällen neigen. J. E. Davidson von den *Sandia Laboratories* fand heraus, daß die Unfallneigung mit den Mondphasen in Verbindung steht.

Eine andere besonders aussagekräftige Plazierung ist (≈ ⊛) ***Skorpion im 10. Haus***. Sie verdeutlicht, was der Zweck oder das Ziel eines derartigen Vorfalles ist. Viele tödliche Unfälle sind im Grunde nichts anderes als Selbstmorde. Psychiater haben entdeckt, daß Jugendliche, die einen oder auch mehrere Unfälle gehabt haben, sich auf diese Weise das Leben zu nehmen versuchen, weil sie keine andere Möglichkeit sehen, aus der als unerträglich empfundenen Situation auszubrechen. Selbstmord ist die Folge einer mörderischen Wut, die der Mensch nicht zum Ausdruck bringen kann und deshalb gegen sich selbst richtet. Diese Umstände treten oft dann auf, wenn Menschen sich durch Autoritätspersonen oder durch das Leben vollständig kontrolliert und beherrscht fühlen. Davidsons Ergebnisse wiesen eine zunehmende Unfallneigung auf, wenn die Mondphase der Geburt gegeben war oder der Mond an der gegenüberliegenden Stelle stand. Ist man zum Beispiel bei Vollmond oder Neumond geboren, dann besteht bei diesen beiden Mondphasen eine erhöhte Unfallgefahr.

Eine andere Skorpion-Absicht – ob diese nun von der Person gesteuert wird oder nicht – wäre die Befreiung vom Körper, ohne an einer Krankheit leiden zu müssen. Das könnte bei Massenkatastrophen wie zum Beispiel dem Absturz eines Flugzeuges zutreffen. Das Höhere Selbst weiß vielleicht, was geschehen wird, und wählt diese Gelegenheit zur Befreiung. Handelt es sich nicht um einen tödlichen Unfall, geht es zumeist um Transformation. Wir kommen mit unserer Sterblichkeit in Berührung, was zur Folge hat, daß wir uns dadurch stärker auf unsere Ziele besinnen.

Die letzte Gruppe von Erkenntnissen entspricht dem (♒ ⊛) ***Steinbock im 12. Haus***. Wir erleiden oftmals Unfälle, wenn wir ausprobieren, wo unsere Grenzen liegen, beziehungsweise dann, wenn wir über uns hinausgehen wollen und dabei Beschränkungen und die Realität ignorieren. Anders ausgedrückt: wenn wir Angst nicht konstruktiv einsetzen. Der Zweck der Angst ist es, Menschen auf dem Boden der Tatsachen zu halten und zu verhindern, daß sie sich selbst schaden, aus dem Grund, das Lebensziel stärker bewußt zu machen. Schwere Verletzungen geben den Menschen auch das unwiderlegbare Argument »Ich kann nicht« an die Hand, was besonders in beruflicher Hinsicht manchmal von Nutzen sein kann. Männer mit Rückenverletzungen sagen zum Beispiel: »Ich kann keine körperliche Arbeit mehr verrichten.« Dann werden sie umgeschult zu etwas, das ihnen besser zusagt. Weil in unserer Gesellschaft die Erwartung physischer Leistungsfähigkeit besteht, fällt es zumeist schwer zu sagen, daß man sich den Anforderungen nicht gewachsen fühlt. Aufgrund der gesundheitlichen Probleme ist es diesen Menschen dann möglich, ihr Gesicht wahren. Da es sich um das 12. Haus handelt, bleibt das Motiv aber unbewußt.

Wann kommt es zu Unfällen?

Während ich mit dieser Frage beschäftigt war, fiel mir ein Artikel über eine Studie des *Penn State University Institute of Public Safety* in die Hände. In ihr hatten Forscher, die sich ebenfalls mit Unfällen beschäftigten, festgestellt, daß Menschen in starken Streßsituationen Unfall-Kandidaten sind. Außerdem erkannte man dort, daß eine Serie kleinerer Mißgeschicke ein Gefahrensignal für einen bevorstehenden großen Unfall sein kann – was ich schon lange vermutet hatte. Ich war zu dieser Schlußfolgerung gekommen, nachdem ich mit vielen Klienten über unfallträchtige Transite gesprochen hatte. Ich erfuhr dabei, daß es häufig zu einer Reihe von Beinahe-Unfällen gekommen war, als der Transit-Uranus dreimal oder noch häufiger über einen bestimmten Punkt gelaufen oder in dessen Nähe gekommen war. Ich riet meinen Klienten daraufhin, auf diese Beinahe-Unfälle achtzugeben und sie als Zeichen zu betrachten, daß sie an ihren Uranus-Problemen arbeiten müssen, um ernsthafte Verletzungen zu vermeiden. (Welcher Art diese Uranus-Probleme waren, wurde während der Konsultation ausführlich besprochen.)

Dr. Stanley Aronson von der *Brown University* studierte 766 tödliche Verkehrsunfälle. Er fand heraus, daß die Wahrscheinlichkeit eines tödlichen Unfalls bei geschiedenen, getrennt lebenden oder alleinstehenden Menschen wesentlich größer ist. Kennst du nicht auch die Erzählungen von Menschen, die an einem Tag ihren Job verloren, vom Partner verlassen wurden und ihr Auto zu Schrott fuhren? Uranus-Transite haben mit Trennung oder Scheidung zu tun. Wenn also ein Klient oder eine Klientin gerade im Begriff ist, sich von seiner Partnerin/ihrem Partner zu trennen, könnte es nützlich sein, auch über die Möglichkeit eines Unfalls zu sprechen. Diese ist insbesondere dann gegeben, wenn Uranus-Transite zur Aszendent/Deszendent- oder zur MC/IC-Achse bestehen.

In der Jugendzeit, einer uranischen Lebensperiode mit stürmischen Identitätskämpfen, ist die Wahrscheinlichkeit eines Unfalls ebenfalls erhöht. Mehr als die Hälfte aller Todesfälle bei Teenagern – bei männlichen Jugendlichen sogar zwei Drittel – sind die Folgen von Unfällen. Dr. Dunbar Flanders ist der Ansicht, daß Jugendliche, die Schwierigkeiten haben, sich verständlich zu machen, praktisch dazu gezwungen sind, etwas zu zerstören oder sich selbst zu verletzen, um Aufmerksamkeit zu erregen.

Ein japanischer Arzt für Meridian-Therapie erzählte mir einmal, daß sich seiner Ansicht nach Unfälle ereignen, wenn es im Körper Energie-Blockaden gibt. Man stößt sich, oder es fällt etwas auf den entsprechenden Körperbereich – manchmal sogar mehrfach –, damit dieser Meridian angeregt wird. Der Schlag oder Stoß kann dann dazu dienen, die Blockierung zu lösen. Eine astrologische Ergänzung für diese Theorie besteht darin, daß Uranus mit Elektrizität und dem Fluß von Energie zu tun hat. Menschen mit einer Neigung zu Unfällen sind uranisch geprägt, und in der Tat sind ja bei den Uraniern manchmal die Leitungen nicht ganz in Ordnung.

Gewaltsame Erschütterungen sind also uranische Ereignisse, wobei die geschlagenen oder verletzten Stellen Körperteile sein könnten, die – in physischer oder in metaphysischer Hinsicht – Stimulierung benötigen. Ein Schlag in den Solarplexus könnte demnach die Aufforderung sein, das Ego nicht außer Kontrolle geraten zu lassen. «Da trifft mich doch der Schlag» ist eine uranische Metapher für plötzliche Bewußtseinssprünge, die zeigt, daß unser Denken auf uranische Weise arbeitet.

Interessant ist es auch zu beobachten, wann Unfälle *nicht* eintreten. 1976 bestand fast das ganze Jahr hindurch ein Uranus/Saturn-Quadrat (zwischen den Zeichen Löwe und Skorpion), und die Zeitungen berichteten von der niedrigsten Unfallrate seit 14 Jahren (was einem halben Saturn-Zyklus entspricht). Offensichtlich sind es die saturnische Vorsicht und Realitätsbezogenheit, die helfen, die Menschen zu erden und Unfälle zu vermeiden. Vielleicht geben sie den Menschen auch die nötige Selbstdisziplin, die eigenen Ziele zu verfolgen.

Einige Fallstudien

Das Leben des Sängers Julio Iglesias hat sich im Alter von 19 Jahren drastisch verändert. Nach einem schweren Unfall mußte er befürchten, sein Leben lang gelähmt zu bleiben. Iglesias hatte als Fußballspieler auf sich aufmerksam gemacht und Rechtswissenschaften zu studieren begonnen, als sich im Juli 1963 der Unfall ereignete. Er war von der Taille an abwärts gelähmt, weigerte sich jedoch hartnäckig, einen Rollstuhl zu benutzen. Er gab nicht auf und mobilisierte alle Kräfte. Diese Art von Reaktion ist typisch für Menschen, die Katastrophen zum Entdecken und Geltendmachen ihrer wahren Identität nutzen – was ein positiver Ausdruck der uranischen Rebellion ist. Iglesias´ Vater, ein Arzt, gab seine Praxis auf und widmete sich voll und ganz der Wiederherstellung seines Sohnes. Dieser lernte während seiner Rekonvaleszenz Gitarre zu spielen, und erkannte, daß ihm das Singen große Befriedigung gewährte.

Das Horoskop von Julio Iglesias ist auf der folgenden Seite abgedruckt. Wir sehen in ihm Uranus im Quadrat zur Merkur/Jupiter-Konjunktion in Haus 10 und in Opposition zum Mond im 1. Haus (womit ein schwaches T-Quadrat gegeben ist). Dieser Aspekt wiederholte sich bei wichtigen Transiten und Solar-Horoskopen. In dieser Kombination liegt nicht nur sein Charisma, sondern auch die Möglichkeit eines Unfalls mit starker positiver Auswirkung auf seine Berufswahl begründet. Die Hilfsbereitschaft seines Vaters zeigt sich durch Jupiter, der, im 10. Haus stehend, Teil des T-Quadrats ist.

Der Zeitpunkt seines Unfalls ist nicht bekannt. Im Juli 1963 lief Uranus vom zweiten zum dritten Jungfrau-Grad, was in Iglesias´ Horoskop ins 10. Haus – das des Berufs – fiel. Pluto stand ebenfalls in der Jungfrau, er lief vom neunten zum zehnten Grad. Die Halbsumme von Uranus und Pluto – zwischen

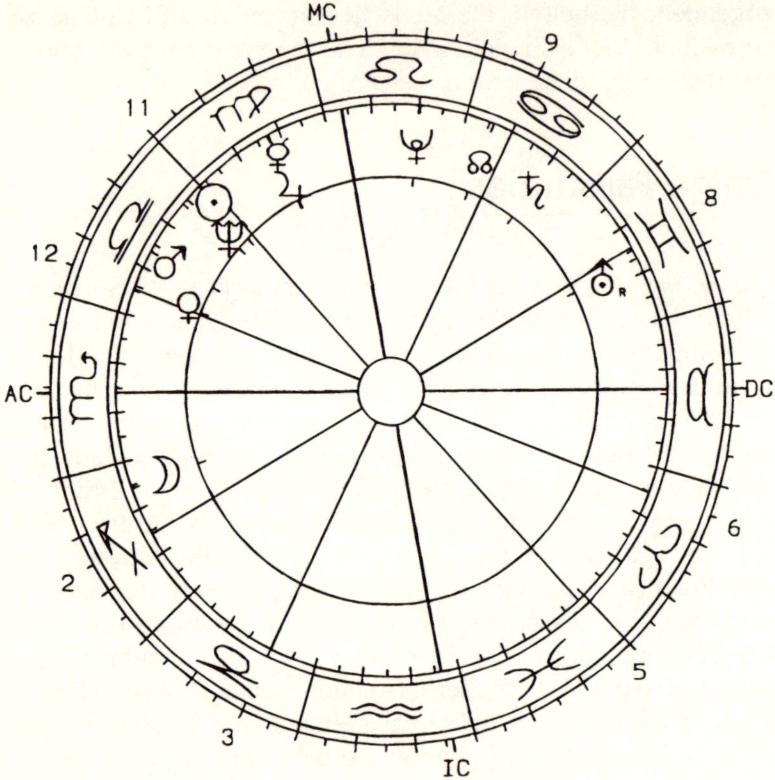

***Julio Iglesias:** Radix: 23. 9. 1944, 11.00 MET (40N44, 03W41)*

☉	0° 15′	♎	♂	16° 33′	♎	♆	03° 51′	♎	AC	16° 00′	♏
☽	05° 34′	♐	♃	12° 42′	♍	♇	09° 45′	♌	MC	26° 12′	♌
☿	12° 25′	♍	♄	09° 59′	♋	☊	24° 05′	♋	Häuser: Placidus		
♀	24° 03′	♎	⛢	13° 08′	♊						

dem fünften und sechsten Grad im Zeichen Jungfrau –, stand damit im genauen Quadrat zum Geburts-Mond, was eine Betonung des Geburts-Aspektes bedeutete. Das Solar-Horoskop vom 23. September 1962, das für die Zeit des Unfalls Gültigkeit hatte, findest du auf der folgenden Seite. Die Opposition zwischen Pluto und Uranus (beide im 6. Haus) und Jupiter in

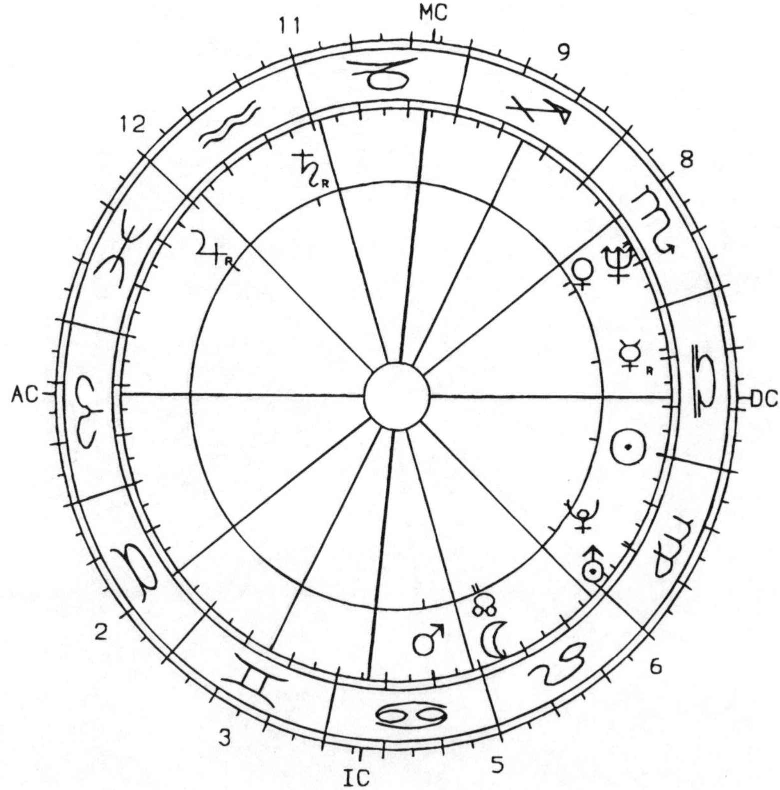

Julio Iglesias: *Solar: 23. 9. 1962, 19.34 MET (40N44, 03W41)*

☉	0° 15′	♎	♂	19° 51′	♋	♆	11° 43′	♏	AC	11° 54′	♈
☽	04° 51′	♌	♃	04° 51′	♓	♇	10° 35′	♍	MC	06° 19′	♑
☿	21° 46′	♎	♄	04° 58′	♒	☊	05° 56′	♌	Häuser: Placidus		
♀	14° 27′	♏	♅	02° 44′	♍						

Haus 12 (einer sehr günstigen Hausposition) weist nicht nur auf den Unfall hin, sondern läßt auch etwas von der Entwicklungsmöglichkeit während der Rekonvaleszenz ahnen. Im Solar-Horoskop des darauffolgenden Jahres kommt es wie im Geburtshoroskop zur Stellung des Mondes im Zeichen Schützen und zu einem Saturn/Neptun-Quadrat.

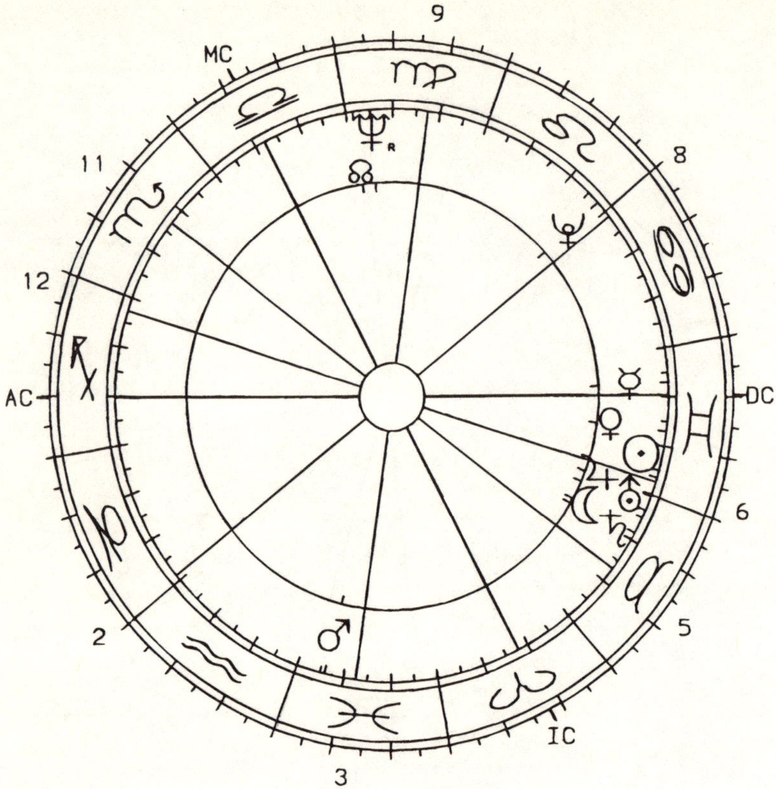

Bob Dylan: *Radix, 24. 05. 1941, 21.05 CST (46N47, 92W07)*

☉	03° 31′	♊	♂	05° 59′	♓	♆	24° 57′	♍	AC	20° 19′	♐
☽	21° 31′	♉	♃	29° 40′	♉	♇	02° 22′	♌	MC	17° 50′	♎
☿	23° 03′	♊	♄	20° 05′	♉	☊	28° 32′	♍	Häuser: Placidus		
♀	12° 59′	♊	♅	26° 38′	♉						

Einer der herausragensten Musiker der 60er Jahre hatte auch einen der herausragendsten Unfälle dieser Zeit. Bob Dylan (Horoskop auf dieser Seite) war auf der Höhe seiner Popularität, als er am 29. Juli 1966 (die Zeit ist nicht bekannt) in Woodstock im Staate New York einen außerordentlich schlimmen Motoradunfall erlitt. In den neun Monaten danach kursierten die verschiedensten Gerüchte: Er sei gestorben, er vegetiere nur noch vor sich hin, der Unfall hätte ihn schrecklich entstellt. Als Dylan schließlich wieder auftrat, hatte sich sein Stil deutlich verändert; er war sanfter und religiöser geworden. Es könnte sein, daß der freiheitsliebende Dylan unbewußt den Unfall dazu benutzt hat, um von den einschränkenden Auswirkungen seiner Berühmtheit loszukommen. Über den Zeitraum unmittelbar vor dem Unfall sagte er, daß der Druck, der auf ihm gelastet hat, unglaublich stark und sehr quälend gewesen sei.

Wie es zu einem berühmten Radikalen paßt, weist Dylans Geburtshoroskop einen markanten Uranus auf. Er ist an einem Stellium im 5. Haus beteiligt; er steht in Konjunktion zu Saturn, Mond und Jupiter (diese vier Planeten im Zeichen Stier) sowie zu der Zwillings-Sonne. Wieder zeigt es sich, daß Menschen mit einem auffallenden Geburts-Uranus zu schweren Unfällen neigen, was damit in Zusammenhang steht, daß sie die Lektion lernen müssen, was es heißt, nur seinen eigenen Willen gelten zu lassen. Im Transit ergab sich zu der Zeit des Unfalls eine Pluto/Uranus-Konjunktion, die womöglich (vielleicht stimmt die Geburtszeit nicht hundertprozentig) im Quadrat zu dem Schütze-Aszendenten gestanden haben könnte. Die Konjunktion steht aber, was dieses Horoskop betrifft, im Halbsextil zum MC. Beachte bitte, daß Dylan kurz zuvor einen doppelten Saturn/Neptun-Transit erlebt hatte: Saturn in Opposition zum Geburts-Neptun und Neptun in Opposition zum Geburts-Saturn. Wir können daraus schließen, daß er in Verbindung damit einige Illusionen in bezug auf Erfolg verlor und die Begrenzungen erkannte, die seinen Idealen auferlegt waren. Diese Kombination könnte auch auf die nachfolgende Umstellung seiner Musik auf religiöse Themen schließen lassen.

Das nächste Horoskop (abgedruckt auf der folgenden Seite) gehört ebenfalls einem Unfallopfer. Es handelt sich dabei um eine Frau, die am Wochenende vor dem Beginn ihres letzten Highschool-Jahres einen bösen Autounfall erlitt, der aufgrund von Kopfverletzungen zu neurologischen Problemen führte. Diese Frau litt in der Folge unter Fallsucht und unter der Schwierigkeit, ihre Nackenmuskeln nicht mehr unter Konrolle

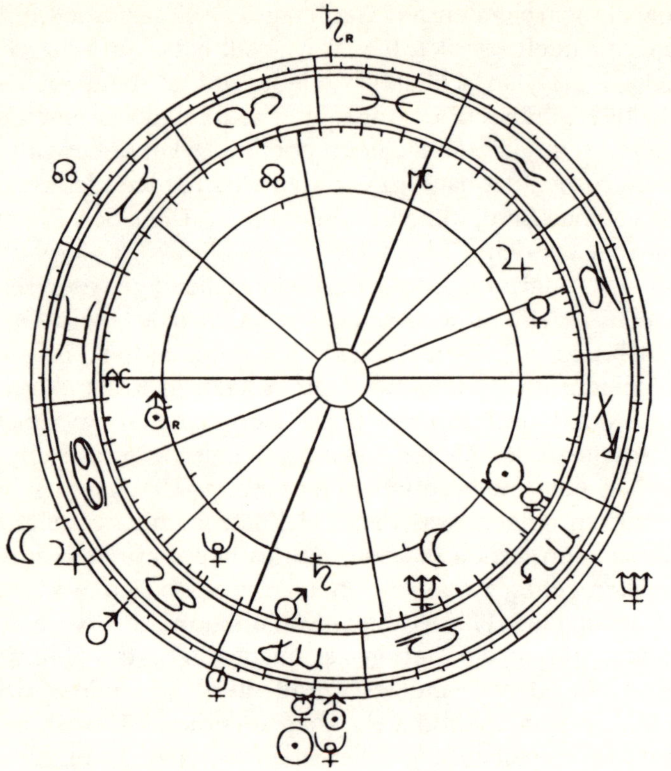

*Innerer Kreis: **Unfallopfer Frau,** Radix, 17. 11. 1949, 18.38 PST (38N35, 121W29)*

☉ 25° 26′ ♏	♂ 12° 06′ ♍	♆ 16° 20′ ♎	AC 24° 56′ ♊
☽ 24° 34′ ♎	♃ 27° 45′ ♑	♇ 18° 12′ ♌	MC 02° 21′ ♓
☿ 23° 13′ ♏	♄ 17° 52′ ♍	☊ 14° 26′ ♈	Häuser: Placidus
♀ 12° 34′ ♑	⛢ 04° 25′ ♋		

Äußerer Kreis: Transite am Unfalltag, 10. 9. 1966, 12.00 PDT

zu haben. Außerdem war es erforderlich, daß sie sich wegen ihres Gesichtes plastischen Operationen unterziehen mußte. Sie brauchte fünf Jahre, um völlig zu genesen. Nur deshalb, weil sie alle Widerstände gegen die Ärzte mobilisierte – die ihr gesagt hatten, daß sie nie wieder vollständig gesunden würde –, schaffte sie es schließlich, die Unfallfolgen zu überwinden. Die zwei möglichen Daten für den Unfall sind der 10. oder der 17. September 1966, wobei die Transite für den 10. (wir haben sie am äußeren Rand des Horoskops abgedruckt) plausibler anmuten. An diesem Tag standen die Sonne, Merkur, Uranus und Pluto dicht beieinander im Zeichen Jungfrau, wobei die Konjunktion der Sonne mit dem Geburts-Saturn offensichtlich der Auslöser des Ereignisses war.

Im Herbst 1973 (das genaue Datum ist nicht bekannt) erlitt diese Frau abermals einen schweren Unfall, von dem sie sich jedoch schneller wieder erholte. Uranus stand zu diesem Zeitpunkt dicht vor dem Trigon zu ihrem Aszendenten. Wenn es im Geburtshoroskop angezeigt ist, kann selbst das Trigon von Problemen begleitet sein. Uranus steht im Horoskop dieser Frau im 1. Haus, nur neun Grad vom Aszendenten entfernt, was auf die Neigung zu Unfällen hinweist. Natürlich gibt es auch Menschen, deren Uranus direkt am Aszendenten steht, ohne daß es zu Unfällen kommt – wie es zum Beispiel bei der radikalen Feministin Kate Millet der Fall ist. Solche Menschen sind ausgesprochen radikale Typen, die auf der Durchsetzung ihrer Persönlichkeit bestehen.

Das zweite und das dritte Unfallopfer (Unfallopfer weiblich: Horoskop Seite 212, Unfallopfer männlich: Horoskop Seite 213) sind heute ein Ehepaar. Sie waren noch nicht miteinander verheiratet, als sie beide in einen Zusammenstoß verwickelt wurden. Sie wurden von einem Auto angefahren, als sie auf dem Motorrad unterwegs waren. Beide verbrachten eine lange Zeit im Krankenhaus, wo sie gegen das System rebellierten, indem sie darauf bestanden, zusammen in einem Zimmer untergebracht zu werden. Die Frau war schwerer verletzt, und es waren mehrere Operationen notwendig, bis sie schließlich wieder richtig laufen konnte. Am Rand ihres Horoskops sind die Transite für den Zeitpunkt des Unfalls eingezeichnet. Es fällt ins Auge, daß sich Uranus in ihrem Gesundheits-Haus befindet und im fast genauen Quinkunx-Aspekt zum Aszendenten sowie im Quadrat zur Sonne steht.

Ihr Mann ist der Chiropraktiker, den ich bereits erwähnt habe. Er war zu jener Zeit ein desillusionierter und ausge-

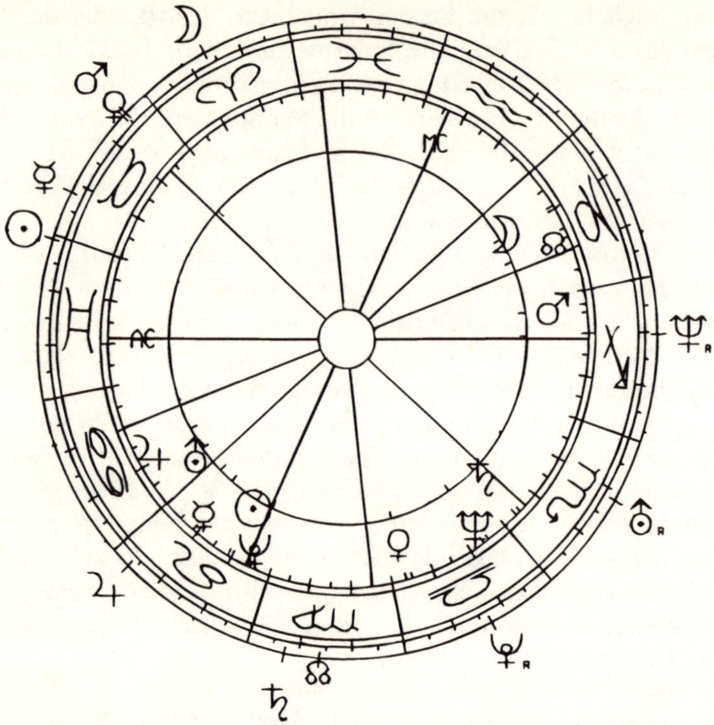

Innerer Kreis: ***Unfallopfer weiblich,*** *Radix, 12. 8. 1954, 1.20 EDT (40N56, 73W58)*

☉	18° 58′	♌	♂	26° 52′	♐	♆	23° 40′	♎	AC	18° 43′	♊
☽	20° 51′	♑	♃	17° 45′	♋	♇	24° 30′	♌	MC	23° 51′	♒
☿	08° 48′	♌	♄	03° 43′	♏	☊	12° 56′	♑	Häuser: Placidus		
♀	03° 29′	♎	♅	24° 57′	♋						

Äußerer Kreis: Transite am Unfalltag, 22. 5. 1979, 8.05 EDT

brannter Lehrer an einer kirchlichen Privatschule. Wie er mit seinem rebellischen Uranus im 9. Haus (dem Haus von Religion und Erziehung) das alles solange ertragen hat, ist schwer zu sagen. Schon lange vor dem Unfall bestanden zwischen den laufenden Planeten Uranus, Neptun und Pluto und dem Geburts-Uranus Aspekte zueinander. Dieser Mann hatte sich

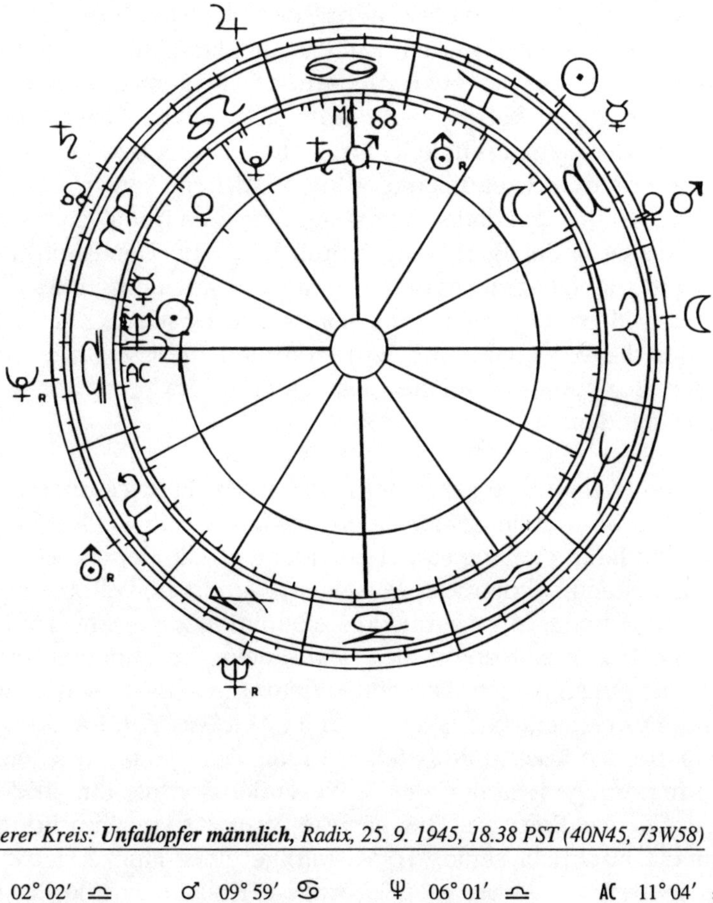

Innerer Kreis: ***Unfallopfer männlich,*** *Radix, 25. 9. 1945, 18.38 PST (40N45, 73W58)*

☉	02° 02′	♎	♂	09° 59′	♋	♆	06° 01′	♎	AC	11° 04′	♎
☽	22° 45′	♉	♃	06° 34′	♎	♇	11° 17′	♌	MC	12° 51′	♋
☿	26° 18′	♍	♄	23° 19′	♋	☊	04° 38′	♋	Häuser: Placidus		
♀	0° 59′	♍	♅	17° 27′	♊						

Äußerer Kreis: Transite am Unfalltag, 22. 5. 1979, 8.05 EDT

schon länger mit dem Gedanken beschäftigt, eine Ausbildung zum Chiropraktiker zu machen – erst während der langen Erholungszeit unternahm er aber konkrete Schritte. Heute hat er die Prüfung hinter sich; bei seiner Arbeit verwendet er viele fortschrittliche Hilfsmittel, die zum Teil aus der alternativen Medizin stammen.

Es ist interessant, das Composit der Horoskope der beiden zu betrachten. Hier finden wir das unfallträchtige Mars/Uranus-Quadrat, das zu zwei Menschen, die gemeinsam einen schweren Unfall haben, paßt. Mars steht in der Waage (dem Zeichen der Gemeinsamkeit) im 3. Haus (das kurze Reisen regiert). Das dem Uranus zugeordnete Zeichen Wassermann im 7. Haus deutet ebenfalls darauf hin, daß der Unfall etwas mit der Festigung der Beziehung zu tun hat. Zum Unfallzeitpunkt bestand ein Quadrat zwischen dem Transit-Uranus und dem Geburts-Pluto im 1. Haus des Composits. Es scheint, als hätte Uranus die Vorbehalte und Barrieren niedergerissen, die einer engen Beziehung – welche diese Stellung erwarten läßt – im Wege standen.

Der Planet Uranus regiert unter anderem die Entwicklungsjahre. Rick Nelson war in seinen Teenager-Jahren ein Rock-Idol; in späteren Jahren gelang es ihm nie mehr, an die Popularität dieser Zeit heranzukommen. In seinem Geburtshoroskop (siehe Seite 215) finden wir Uranus in Konjunktion zur Sonne am MC und im Trigon zu Neptun im 1. Haus. Seine Berühmtheit resultiert aus einem Augenblick der Auflehnung – als er sich anläßlich eines Gemeinschaftskonzertes im *Madison Square Garden* weigerte, die Rock´n-Roll-Nummern der 50er Jahre zu spielen. Die feindselige Reaktion der Anwesenden spornte ihn zu dem Lied *Garden Party* an. Das nächste, was wir von ihm hörten, war die Nachricht seines Todes infolge eines Flugzeugabsturzes in Texas – wobei möglicherweise Kokain eine Rolle gespielt hat. Die Transite zum Zeitpunkt des Absturzes am Neujahrsabend des Jahres 1985 sind am äußeren Rand des Horoskops abgedruckt. Es war eine Uranus/Merkur-Konjunktion gegeben, die im Hinblick auf das Geburtshoroskop zu Neptun im Quadrat und zu Mars in Opposition stand. Da es sich um ein Todes-Horoskop handelt, sind die Pluto-Aspekte außerordentlich bedeutsam. Im Transit wiederholt sich das – nicht ganz exakte – Geburts-Quadrat zwischen Pluto und Saturn. Als Nelson starb, befanden sich der Transit-Pluto und -Mars im Skorpion, von wo aus sie eine Opposition zum Ge-

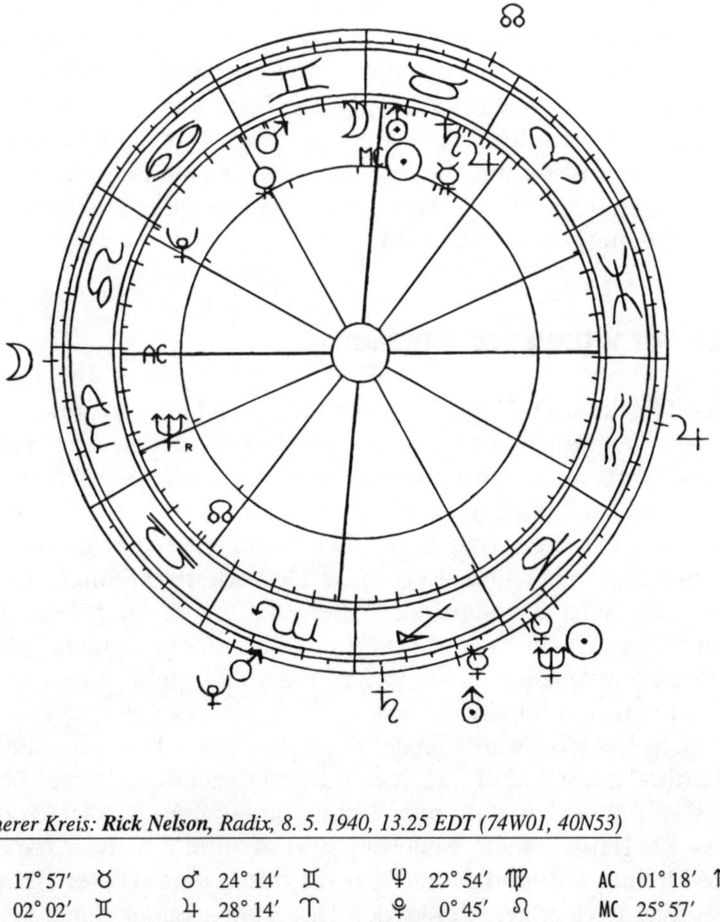

Innerer Kreis: ***Rick Nelson,*** *Radix, 8. 5. 1940, 13.25 EDT (74W01, 40N53)*

☉ 17° 57′ ♉	♂ 24° 14′ ♊	♆ 22° 54′ ♍	AC 01° 18′ ♍
☽ 02° 02′ ♊	♃ 28° 14′ ♈	♇ 0° 45′ ♌	MC 25° 57′ ♉
☿ 03° 26′ ♉	♄ 06° 09′ ♉	☊ 18° 44′ ♎	Häuser: Placidus
♀ 01° 28′ ♋	♅ 21° 45′ ♉		

Äußerer Kreis: Transite am Todestag, 31. 12. 1985, 13.25 EWT

burts-Saturn bildeten. Der laufende Saturn stand im Trigon zu seinem Geburts-Pluto.

Wenn wir diese verschiedenen Horoskope studieren, merken wir, daß die Transite nicht immer zum Todeszeitpunkt exakt werden. Zumeist aber wirken sie schon einige Zeit vorher.

Zweifellos bedarf es einer genaueren und feineren Technik wie zum Beispiel der Untersuchung der Halbsummen oder der planetarischen Bilder, um nähere Aussagen treffen zu können.* Eine der traditionellen astrologischen Lehren bewahrheitet sich aber schon jetzt: Kein Transit bringt etwas, was nicht bereits im Geburtshoroskop angedeutet ist. Jeder der Menschen, die wir hier vorgestellt haben, weist gemäß seinem Geburtshoroskop eine Neigung zu Unfällen auf.

Die Verhütung von Unfällen

Der Zweck dieses Kapitels ist, dem Klienten bei der Vermeidung ernsthafter Verletzungen zu helfen. Dabei ist eine sich erfüllende Vorhersage etwas, womit sich der Astrologe schmücken kann; hilft man dagegen, einen Unfall zu verhindern, hat man keinen greifbaren Beweis an der Hand. Deshalb kann man letztendlich nicht sagen, ob diese Methode funktioniert. Es ist mir allerdings wichtiger zu helfen statt recht zu haben. Ich bemühe mich deshalb während des Beratungsgespräches dem Klienten aufzuzeigen, worum es eigentlich geht, wenn er in Gefahr zu sein scheint.

Astrologische Warnsignale könnten – wie schon angeführt – Uranus-Transite über die Aszendent/Deszendent-Achse, über das MC, über den Mars oder einen Planeten des 1., des 6. oder des 12. Hauses sein. Weiterhin sind anzuführen die Aspekte, die Uranus während seines Transits durch eines dieser Häuser zu einem wichtigen Punkt des Horoskops bildet. Eine Reihe kleinerer Unfälle oder gerade noch vermiedener Mißgeschicke vor dem Exaktwerden eines Uranus-Transits sind ein Zeichen, daß die Person sich vorsichtig verhalten sollte. Erschwerend kommt hinzu, daß auch andere Streßsituationen im Zusammenhang mit uranischen Ereignissen wie zum Beispiel eine Trennung oder der Verlust des Arbeitsplatzes auftreten können. Vielleicht fühlt sich der Mensch jetzt frustriert, wünscht sich eine Veränderung oder hat den Eindruck, in einer aus-

* Diese astrologische Technik wird unter anderem von der Ebertin-Schule praktiziert.

weglosen Lage zu stecken und vom Weg abgekommen zu sein. Vielleicht zeigt sich der Mensch aber auch rücksichtslos und rebellisch und kümmert sich nicht mehr um die Konsequenzen seines Handelns. Erinnere dich daran, daß Unfälle immer dann geschehen, wenn der Mensch seine innere Wahrheit mißachtet.

Als ich über die Trennung als möglichem Ergebnis des Uranus-Transits schrieb, riet ich davon ab, eine Scheidung vorherzusagen, weil das Aussprechen dieses Wortes möglicherweise den Lauf der Dinge beeinflußt. Vielleicht solltest du dir überlegen, ob das auch für Unfälle gelten könnte. Ich bin der Ansicht, daß du darauf hinweisen solltest, daß vielleicht eine Unfallgefahr vorhanden ist – wenn das Beratungsgespräch richtig verläuft, wirst du damit niemandem einen Unfall zufügen. Wenn es schon zu einem Unfall gekommen ist, kann der Astrologe dabei helfen zu erkennen, in welchem Lebensbereichen der Klient mehr Unabhängigkeit und Freiheit braucht und wo er das Gefühl hat, in der Falle zu sitzen. Das Horoskop liefert Informationen darüber, wo das Bedürfnis nach Freiheit besteht. In meinen Konsultationen mache ich manchmal ganz bewußt Gebrauch von der spirituellen Autorität, die mit dem scheinbar mysteriösen Wissen um die Astrologie verbunden ist. Diese Autorität besteht – ob es uns gefällt oder nicht –, und warum sollten wir sie nicht benutzen, wenn wir damit helfen können? Ich verwende sie, um dem Klienten die Erlaubnis zu geben, er selbst zu sein.

Deuten die Aspekte zum Beispiel auf das 6. Haus, forsche ich nach, wie der Klient sich in bezug auf seine Arbeit fühlt. Häufig höre ich dann die Antwort, daß er seinen Job nicht mehr ertragen kann und gerne freiberuflich arbeiten würde, es aber aufgrund seiner Verpflichtungen oder aus Angst vor der Veränderung nicht tut. Ich komme dann auf das Thema Unfälle zu sprechen und versuche herauszufinden, ob sich in dieser Hinsicht vielleicht schon etwas ergeben hat. (Hierbei könnte es sich im übrigen auch um Arbeitsunfälle handeln. Schwere Unfälle dieser Art führen meistens zu einer finanziellen Entschädigung oder Abfindung oder auch zu einer Umschulung. Dies könnte ein unterschwelliges Motiv des Unfalls sein.)

Dann erwähne ich, daß es gefährlich ist, das Bedürfnis nach Freiheit und Selbstausdruck zu ignorieren. Als nächstes ergründen wir dann gemeinsam die Möglichkeiten für eine freiberufliche Tätigkeit oder einen Berufswechsel. Wir überlegen, welche Ausbildung dafür erforderlich ist, wie man Geschäftskontakte knüpfen könnte usw. Hier zeigt sich, daß Astrologen durchaus über die verschiedenen Berufe Bescheid wissen sollten. Andere Bedeutungen des 6. Hauses – der Verlust des Arbeitsplatzes oder Gesundheitsprobleme, die vielleicht etwas mit einem schwachen Kreislauf zu tun haben – werden ebenfalls besprochen, wobei wir uns wiederum auf das grundlegende Problem des Berufswechsels beziehen.

Betrifft der Aspekt das 1. Haus, deute ich dies als den Wunsch, die eigene Persönlichkeit zu verändern, um das wahre Selbst genauer zum Ausdruck zu bringen. Vielleicht sah sich dieser Mensch sein Leben lang gezwungen, dem familiären oder sozialen Druck zu entsprechen, was ihn möglicherweise auf eine Art und Weise hat handeln lassen, die der eigenen Natur fremd war. Während des Transits entsteht der Wunsch, gegen gesellschaftliche Normen zu rebellieren und andere zu schockieren, wie es Jugendliche tun. Wenn dieser Mensch sich aber weiterhin anpaßt, kann die unterschwellige Wut und Frustration plötzlich in Form eines Unfalls oder einer gesundheitlichen Krise ausbrechen. Ich untersuche dabei, wieweit die aufgesetzte Maske sich auf den Bereich der Beziehungen (die Aszendent/Deszendent-Achse) auswirkt. Ich versuche den Klienten dazu zu ermutigen, sein wahres Selbst zu erkennen.

Ich werde hier keine Interpretationen aller unfallträchtigen Aspekte geben – astrologische Berater können das Gesagte auf jedes Horoskop hin interpretieren. Es ist jedoch wichtig, sich bei Mars/Uranus-Transiten genügend Zeit zu nehmen, um herauszufinden, wie diese Menschen mit ihrer Wut umgehen und um konstruktive Ausdrucksmöglichkeiten zu ergründen. Für die Vorbeugung wäre es gut, wenn der Astrologe aufschreiben würde, zu welchen Zeiten die Unfallneigung am größten ist (zum Beispiel dann, wenn der Aspekt exakt ist, oder auch, wenn es zwischen dem Mars oder dem Mond und dem Transit- oder Geburts-Uranus zu einer Verbindung kommt). Du kannst deinen Klienten auch dazu auffordern, den Mondphasen Aufmerksamkeit zu schenken, weil ja auch hier – wie wir gesehen haben – eine erhöhte Unfallgefährdung besteht. (Du mußt dabei erklären, wie diese Phasen zu erkennen sind.) Du könntest auch anregen, daß der Klient sich seinen Bio-Rhythmus berechnen läßt – oder vielleicht das Computer-Programm, daß du bisher nie benutzt hast, heraussuchen und die kritischen und besonders kritischen Tage ausdrücken.

Vielleicht überlegst du, ob es deinen Klienten ängstigen könnte, wenn du so viel von Unfällen sprichst. Meine Klienten empfinden nicht so – wir besprechen das, was möglich wäre, und suchen dann nach Wegen, wie die Frustration vermieden und Fortschritte erzielt werden können. Werden dem Klienten Mittel zur Vorbeugung gegeben, bekommt er das Gefühl, auf die Situation Einfluß nehmen zu können. Wenn wir auf diese Weise vorgehen, wird es nicht länger problematisch sein, Uranus zum Ausdruck zu bringen. In dieser positiven Manifestation kommt es zur Weiterentwicklung des Bewußtseins und der Persönlichkeit.

Blüten-Essenzen zur Unfallverhütung und zur Behandlung von Unfallfolgen

Es gibt etliche Heilmittel, die einem Unfallopfer helfen können. Unmittelbar nach einem Unfall nimmt man *Rescue* (unverdünnt) ein. Die Einnahme ist über mehrere Tage lang alle zwei Stunden fortzusetzen. Dann geht man zur verdünnten Form über und verwendet gleichzeitig *Self Heal*, das die Selbstheilungskräfte des Körpers stimuliert. Als Langzeitmittel ist eine Mischung von je einem Teil *Rescue* und *Star of Bethlehem* zu empfehlen, selbst dann, wenn der Unfall schon länger zurückliegt. Diese Kombination befreit den Energiekörper von dem Schock und vom Trauma. Die Blüten-Essenz *Comfrey* bringt Erleichterung bei Kopfverletzungen, hilft bei der nervlichen Regeneration und gegen Muskelschmerzen (als *Heilpflanze* ist Schwarzwurz übrigens gut für Beschwerden im Zusammenhang mit dem Knochengerüst). Essenzen und Elixiere, die helfen können, wenn Anzeichen für einen Unfall bestehen, sind vor allem *Pennyroyal*, *Daffodil*, *Forget me not*, *Emerald* und *Amethyst*. *Forget me not* ermöglicht in Gefahrensituationen eine schnellere Reaktion.

Kapitel 10

Heilen durch Astrologie und Energiearbeit

Ich habe insgesamt drei Bücher zu den äußeren Planeten geschrieben – der vorliegende Band ist eines davon. Ursprünglich dachte ich an ein einziges Buch, das den Titel bekommen sollte: *Die äußeren Planeten und unser Innenleben.* Dann aber stellte sich das Material als zu umfangreich für einen Band heraus. Das Bedürfnis nach mehr Raum wuchs mit meinem eigenen Bewußtsein über die äußeren Planeten. Als erstes Buch dieser Serie erschien *Erkennen und Heilen von Pluto-Problemen.* Es enthält Heilmittel und Übungen für die Arbeit an Problemen, die mit dem Planeten Pluto in Beziehung stehen (Traumata, die mit unseren Familienerlebnissen zusammenhängen; tief in uns Verborgenes, was uns zu vergiften droht; Gefühle von Schuld, Rache oder seelischer Kummer). Das vorliegende Buch ist das zweite der Reihe. Es konzentriert sich auf Saturn- und auf Uranus-Phänomene (auf die verschiedenen Formen von Angst und Depression, auf Unfälle, Trennungen sowie die *Midlife crisis*) und versucht, Vorschläge zur Lösung der damit verbundenen Probleme aufzuzeigen.

Im dritten Buch dieser Serie stehen neptunische Phänomene im Mittelpunkt (die Entwicklung der Psyche, Schizophrenie, die Prozesse der Kreativität, der Spiritualität sowie die verschiedenen Formen der Süchte und Abhängigkeiten). Es finden sich wiederum Hinweise auf Heilmittel, die den positiven Ausdruck des Planeten unterstützen. Daneben werden noch verschiedene andere Themen behandelt, die mit den äußeren Planeten sowie mit der Arbeit des astrologischen Beraters in Verbindung stehen. Auch in diesem Band werden Blüten-Essenzen vorgestellt. Jeder Band liefert, für sich allein betrachtet, hilfreiche Informationen; in ihrer Gesamtheit bringen sie meine persönliche Sichtweise der äußeren Planeten zum Ausdruck. Dabei möchte ich dir an dieser Stelle meinen Dank dafür aussprechen, daß du mich bei der Erforschung der äußeren Planeten und bei der Entdeckung der entsprechenden Heilmittel begleitet hast.

Astrologie und Energiearbeit

Der Titel dieses Bandes ist *Astrologie und Energiearbeit.* Zum Abschluß möchte ich klarmachen, warum ich diesen Titel gewählt habe. «Energie» ist im New-Age-Bereich ein Schlüsselwort, und es hat seinen Grund, warum es so oft verwendet wird: Energetische Schwingung ist eine Realität – jedenfalls auf der subtilen Ebene. Auf dieser Ebene spüren wir die verschiedenen Schwingungsmuster der Menschen sowie die Veränderungen, die sich im Laufe des Lebens ergeben.

Der physische Körper besteht, wie alle materielle Form, aus energetischer Schwingung. Die Messung der Gehirnströme und Elektro-Kardiogramme zeigt das Pulsieren sowie die Veränderung der Intensität dieser Energie. Die feineren Bestandteile von uns, die Chakren und die verschiedenen Schichten unserer Aura, reagieren sofort auf diese Schwankungen. Allerdings ist es schwer, bei diesen subtilen Formen der Materie Veränderungen zu messen. Astrologie ist ein Mittel, um sich auf Veränderungen des Schwingungszustandes sowohl im persönlichen als auch im kollektiven Bereich einzustellen. Jeder Planet unseres Sonnensystems und jedes der zwölf Tierkreiszeichen verkörpert eine bestimmte Art von Energie beziehungsweise ein bestimmtes Schwingungsmuster.

Das Studium des Geburtshoroskops ist eine Methode, etwas über das Zusammenspiel der verschiedenen Schwingungen und Energien in unserem Leben zu erfahren. Die Schwingung Saturns unterscheidet sich von jener des Uranus, die Schwingung von Uranus ist anders als die des Neptun, und so fort. Einige dieser Schwingungen prägen die Persönlichkeit – bestimmte Menschen erkennt man sofort als Saturn-, Pluto- oder Venus-Typen. Auch manche Kombinationen sind sehr augenfällig. Daneben ist zu beachten, daß in manchen Lebensphasen bestimmte Energien eine besondere Bedeutung erhalten – daß es sich also um einen zeitlich befristeten Zustand handelt, der mit einem Transit einhergeht. Ohne die Astrologie als Wegweiser könnten wir die sich entfaltenden Energiemuster nicht erkennen und kanalisieren. Wir könnten nur konstatieren, daß wir uns deprimiert, erschöpft oder wütend, rastlos oder ausgebrannt fühlen.

Das Studium der Astrologie ist ein unübertreffliches Werkzeug zum Erkennen von Schwingungsveränderungen und Blockaden im Energiefluß – was das Individuum *und* das Kollektiv betrifft. Die Astrologie ist nicht auf das Kausalitätsprinzip gegründet – sie ist eine Reflektion. Das heißt, daß Saturn und Uranus nicht die Ursachen von unseren Problemen sind, sondern, daß ihre Schwingung den Energiefrequenzen, die beim Transit dieser Planeten in unser Leben kommen, entspricht. In gewisser Weise stellen sie die Linsen dar, durch die kosmische Energien fokussiert werden.

Astrologie kann uns helfen, eine bestehende Situation zu verstehen. Die Interpretation durch einen qualifizierten Astrologen ist ein präzises Diagnoseverfahren – man erhält in einer Stunde ein genaues und klares Bild der Geschehnisse und gewinnt tiefere Einsichten über den Ursprung bestimmter Muster. Man erfährt auf diese Weise mehr als in sechs Monaten auf den verschlungenen Pfaden der Selbsterfahrung in der traditionellen Therapie. Astrologie kann keine Therapie ersetzen – sie ist aber ein wirksames Mittel, um Erkenntnisse und ein erweitertes Bewußtsein zu erlangen. Dies allerdings nur unter der Voraussetzung, daß man sie richtig versteht und nicht den Sternen die Schuld an den Problemen gibt. Sich etwas bewußt zu machen – die Scheuklappen der Verweigerung und des Leugnens abzustreifen – und nicht mehr automatisch auf die Geschehnisse zu reagieren ist oftmals schon der erste Schritt zur Heilung. Eine Horoskop-Interpretation kann uns auf uranische Weise auf eine andere Bewußtseinsebene katapultieren. Sie kann aber auch vorbeugend wirken – indem sie uns hilft, den

Mißbrauch von Energien oder die selbstzerstörerische Anwendung eines an sich positiven Impulses zu vermeiden.

Astrologie und alternative Heilmethoden

Wenn neben dem Studium des Geburtshoroskops bestimmte Mittel eingesetzt werden, wird der Heilungsprozeß verstärkt. Im Kapitel über die homöopathische Astrologie sprachen wir darüber, wie Gleiches von Gleichem geheilt wird – wie die Wahl eines Saturn-Mittels ein Saturn-Problem lösen hilft. Kennt man die Mittel, die bei Saturn-Schwierigkeiten wirksam sind, und wendet man sie an, wenn Saturn infolge eines Transits besonders stark ist, begünstigt dies den Heilungsprozeß. Ein anderer Beitrag der Astrologie zur Heilkunst ist die Feststellung des richtigen Zeitpunktes. Wenn man weiß, wann welche Blockaden zugänglich sind, arbeitet man *mit* dem Energiefluß – und nicht gegen ihn. Damit entspricht man dem, was sich der Klient von der Beratung erhofft.

Zwischen den Schwingungen des Planeten, des Heilmittels und dem Energiekörper des Menschen besteht eine Resonanz, die es wert ist, näher erforscht zu werden. Die homöopathische Astrologie – die diesem und den anderen Bänden dieser Reihe zugrundeliegt – versucht, diese Resonanz zu identifizieren. Es ist wünschenswert, daß es auf der Schwingungsebene zur Heilung kommt, weil sie bewirkt, daß du mit den subtilen Teilen von dir in ein harmoisches Verhältnis kommst. Diesen Vorgang kann man in gewisser Weise mit dem Stimmen eines Instrumentes vergleichen.

Ein Problem, das sich auf der physischen Ebene manifestiert, ist für gewöhnlich auf der subtileren Ebene schon länger vorhanden – was dem langsamen Herannahen des äußeren Planeten im Transit entspricht. Wenn man dies vom Physischen aus betrachtet, reagiert man lediglich auf die Symptome. Man berührt dann nicht die Ursache, die damit zu tun hat, daß ein Ungleichgewicht vorhanden ist. Kommt es auf allen Ebenen zum freien Energiefluß, ist man auf dem Weg zu wahrer Gesundheit und zu wirklichem Wohlbefinden.

Das beste Beispiel zur Heilung durch Schwingung ist Licht, wobei die Farbe verschiedene Energiefrequenzen bedeutet. Das subtile Licht der Aura, das bei den Meditationen und Übungen dieses Buches Erwähnung gefunden hat, durchdringt und stärkt den Energiekörper. Klang ist ebenfalls eine Schwingungsform. Die astrologischen Gesänge sind ihrem Wesen nach energetisch. Ihre Schwingung erweckt und stärkt – dem Planeten, auf den sie gerichtet sind, entsprechend – bestimmte Teile des Gehirns und des Energiekörpers. Und die Blüten-Essenzen wirken ebenfalls am stärksten auf der subtilen Ebene. Die verschiedenen Formen von Energiearbeit, wie zum Beispiel das Reiki oder das Handauflegen, sind ebenfalls sehr wirksam.

Astrologen empfehle ich, diese energetischen Hilfsmittel intensiv zu studieren. Heilern wiederum empfehle ich das Studium der Astrologie, welche die verschiedenen Ebenen, auf denen sich die Schwierigkeiten manifestieren, auf eine ungemein tiefe und hilfreiche Weise durchleuchtet. Wir haben erst einen kurzen Blick auf die Möglichkeiten der Heilung durch Energiearbeit geworfen und beginnen gerade zu verstehen, welchen Beitrag die Astrologie dabei leisten kann. Jene unter uns, die hieran arbeiten, müssen ihre Erkenntnisse mit anderen teilen. Durch das Weitergeben sowie die Reaktionen darauf wird sich unser Verständnis weiter vertiefen; unsere persönlichen Grenzen und schwachen Punkte werden dabei keine Rolle mehr spielen. Es geht darum, daß sich unsere persönliche Erfahrung mit der anderer Suchender verbindet. Ein solcher Austausch kann wertvolle Zeit sparen. Wir haben keine Jahrzehnte zur Verfügung, um diese Erkenntnisse zu entwickeln; wir müssen jetzt Wissen erwerben, damit so vielen Menschen so schnell und umfassend wie möglich geholfen werden kann.

Astrologie und kollektive Heilung

Die Erde ist nicht der einzige Körper des Sonnensystems. Die Astrologie, die wie auf einer Landkarte die planetarischen Interaktionen verzeichnet, kann uns dabei helfen, uns auf das

Geschehen im gesamten System einzustellen. Die Erde entwickelt sich, das Sonnensystem entwickelt sich, und auch wir als Einzelne tun dies innerhalb des großen Ganzen. Auch wenn die Wachstums-Enthusiasten uns oder sich vormachen, daß wir unser Leben ohne jede Einschränkung frei gestalten und bestimmen könnten – wenn wir den Bedürfnissen der Erde keine Aufmerksamkeit schenken, werden wir bald an unsere Grenzen kommen.

Die Heilung des Menschen ist das zentrale Thema dieses Buches. Heilung ist in globaler Hinsicht ein notwendiger Prozeß. Ohne die kollektive oder globale Heilung wird das Individuum auf der Strecke bleiben. Unsere persönlichen Leiden und Krankheiten entsprechen denen der Menschheit in ihrer Gesamtheit. Diese Erkenntnis schmeckt uns individualistischen Amerikanern nicht. Noch weniger sind wir bereit zu akzeptieren, daß unsere Gesundheit und unsere Entwicklung auf dem Zustand der Erde beruht – was seinen Grund darin hat, daß wir nichts anderes als miteinander in Verbindung stehende Zellen des irdischen Organismus sind. Viele klagen heute über Erschöpfung, ohne zu erkennen, daß das, was wir spüren und worauf wir reagieren, seine Ursache in der erschöpften, ausgebeuteten Erde hat.

Wir sind Teil der Erde, und wir können nicht verhindern, daß wir uns so fühlen wie sie. Sie ist krank – wir haben sie durch Ausbeutung beraubt und krank gemacht –, und wir müssen uns in den kommenden Jahren um sie und uns kümmern. Ansonsten kann es, wenn die äußeren Planeten in die Zeichen Wassermann und Fische eintreten, zu großen Problemen für die Menschheit kommen. Die äußeren Planeten haben sich von den persönlichen Zeichen zu den gesellschaftlichen weiterbewegt, was bedeutet, daß die narzißtische Ich-Generation ihre persönlichen Angelegenheiten jetzt hintan stellen und sich dem zuwenden muß, was für die Allgemeinheit gut ist. Die Blüten-Essenzen und die Edelsteine bieten ihre heilenden Kräfte an, um die Menschheit auf eine höhere Schwingungsebene zu bringen. Sie können – und sollen – uns unsere Arbeit nicht abnehmen.

Wir müssen ganz bewußt das positive Potential der gegenwärtigen Stellung der äußeren Planeten nutzen. Wir können die heilende und regenerierende Kraft von Pluto im Skorpion verwenden, um die Zerstörung aufzuhalten und um Schäden wiedergutzumachen. Während sich die äußeren Planeten im Steinbock befinden, müssen wir die persönliche und kollektive Verantwortlichkeit für das, was geschieht, übernehmen. Wir können die planende und visionäre Voraussicht von Uranus und Neptun im Steinbock und die Fähigkeit, für eine Vision Opfer zu bringen, nutzen, um diszipliniert und uneigennützig für den Prozeß der Regeneration zu arbeiten.

* * * * * * *

Literaturempfehlungen

Im laufenden Text wurde von Donna Cunningham bereits auf verschiedene Bücher hingewiesen. Die Literaturhinweise der amerikanischen Originalausgabe haben wir in Hinblick auf den deutschen Sprachraum überarbeitet.
Nachfolgend sind weitere Bücher aufgeführt, die eine Vertiefung der in diesem Buch angesprochenen Themen ermöglichen.

Verlag Hier & Jetzt

Zum Thema Angst

Erni, Margrit, *Leid als Chance,* 1991, 173 S., Walter-Verlag.

Lange, Klaus, *Herz, was sagst du mir? Selbstvertrauen durch innere Erfahrungen, 1991*, 260 S., Kreuz Stuttgart.

Krystal, Phyllis, *Lösung aus kollektiven Bindungen. Frei von Angst und Ablehnung*, 2. bearb. Aufl. 1993, 260 S., Ryvellus.

Zum Thema Trauer

Krollpfeiffer, Hannelore, *Die Kunst, Abschied zu nehmen von Menschen, Orten, Dingen,* 1993, Droemer Kraur München.

Canacakis, Jorgos, *Ich begleite dich durch deine Trauer,* 5. Aufl. 1993, 96 S., Kreuz Stuttgart.

Käsler, Helga, *Mit der Trauer leben,* 1993, 156 S., Kösel.

Zum Thema Farben

Kraaz von Rohr, Ingrid/Rohr, Wulfing von, *Die richtige Schwingung heilt. Das große Praxisbuch für Bach-Blüten, Farbe und andere Energien,* 1992, 222 S., Goldmann.

Muths, Christa, *Christa Muths Farbtherapie*, 1989, Heyne.

Hulke, Waltraud M. *Das Farben-Heilbuch. Über den praktischen Umgang mit Farben und ihre Wirkungen auf Körper, Seele und Geist*, 3. Aufl. 1992, 192 S., Windpferd.

Mit Farben leben. Ein buntes Buch für Harmonie und Heilung, 1993, Sphinx Verlag Basel.

Zum Thema Krisenbewältigung

Karpinski, Gloria D., *Initiation im Alltag. Die sieben Prinzipien der Wandlung*, 1992, Droemer Knaur München.

Korteweg, Hans/Korteweg-Frankhuisen, Hanneke/Voigt, Jaap, *Den Sprung wagen. Von Krisen, die zu Chancen werden*, 1993, 232 S., Aurum Braunschweig.

Spirituelle Krisen, Chancen der Selbstfindung, Grof, Stanislav/ Grof, Christina (Hrsg.), 3. Aufl. 1993, 292 S., Kösel.

Zum Thema Bach-Blüten

Scheffler, Mechthild, *Selbsthilfe durch Bach-Blütentherapie*. 1988, Kt, Heyne.

Scheffler, Mechthild, *Bach-Blütentherapie, Theorie und Praxis*. 19. Aufl. 1992, 320 S., Hugendubel.

Blome, Götz, *Das neue Bach-Blüten-Buch*, 3. Aufl. 1993, 468 S., Hermann Bauer Verlag.

Krämer, Dietmar, *Neue Therapien mit Bach-Blüten. Beziehungen der Blüten zueinander. Innere und äußere Blüten. Auswertung anhand der zwölf Schienen*, 6. Aufl. 1992, 232 S., Ansata. Ebenfalls sehr empfehlenswert Bd. 2 und 3.

Damian, Peter, *Astrologie und Bach-Blütentherapie*, 2. Aufl. 1987, 152 S., Aquamarin.

Weitere von Donna Cunningham empfohlene Bücher

Burns, David, *Fühl Dich gut. Angstfrei mit Depressionen umgehen*, 6. Aufl. 1992, 332 S., éditions trèves.

Rubin, Theodore I., *Persönliche Probleme lösen. Wegweiser aus destruktiven Krisen,* 2. Aufl. 1991, 336 S., mvg.

Rubin, Theodore I., *Sich selbst annehmen. Vom Selbsthaß zum positiven Ich,* 1991, 302 S., mvg.

Wallace, Amy/Henkin, Bill, *Anleitung zum geistigen Heilen. Zur sicheren, einfachen und wirksamen Entwicklung des geistigen Heilpotentials*, 1982, 224 S., Synthesis Vlg.

Gurudas, *Heilung durch die Schwingungen der Edelstein-Elixiere. Bd. 1,* 1989, 500 S., Pb, Urania Neuhaus.

Gurudas, *Heilung durch die Schwingungen der Edelstein-Elixiere. Bd. 2*, 1990, 309 S., Urania Neuhaus.

Sullivan, Erin, *Saturn im Transit. Prüfung für Körper, Seele und Geist,* 1992, Droemer Knaur München.

Greene, Liz, *Saturn,* 8. Aufl. 1991, 264 S., Hugendubel.

Bücher von Donna Cunningham in deutscher Übersetzung

Erkennen und Heilen von Pluto-Problemen (Trilogie Bd. 1), 1987, Urania Neuhaus.

Astrologie und Energiearbeit, Der heilende Umgang mit Saturn und Uranus, (Trilogie Bd. 2), 1993, Hier & Jetzt.

Astrologie und spirituelle Entwicklung (Trilogie Bd. 3), erscheint 1994 im Verlag Hier & Jetzt.

Moon Signs, Der Einfluß des Mondes auf unser Leben, 1992, Droemer Knaur München.